영유아 프로젝트 수업

| 이명조 저 |

Project Approach for Young Children

동문사

이 저서는 2009년도 한국외국어대학교 교내 학술연구비 지원에 의하여 작성되었다.

Preface

머리말

프로젝트 접근법이 우리 유아교육현장에 도입된 지 벌써 15년 정도 된다. 그동안 이 접근법은 수많은 유아교육기관의 유아들, 교사들, 부모들로부터 사랑을 받아 왔다. 이에 저자는 『영유아 프로젝트 수업』 책으로 이를 보답하려 한다.

2007년 출판된 『유아교육현장에 쉽게 적용할 수 있는 프로젝트 접근법』(이명조 · 배미희 공저)은 프로젝트 수업을 처음으로 실시하려는 교사에게 도움을 주기 위해 만 5세 활동 자료를 가지고 프로젝트 수업의 과정을 제시하였다. 이번의 『영유아 프로젝트 수업』은 이를 전반적으로 보강하여 미흡했던 이론이나 사례들을 대폭 추가하게 되었다. 만 3, 4, 5세 유아에서 만 1, 2세 영아에 이르기까지 모든 연령층의 영유아를 위한 수업 활동들을 제시하였다.

우리나라 영유아 교육 및 보육의 현장은 나날이 발전 · 변화하고 있다. 최근 만 1, 2세 영아보육의 확대로 인해 교사들은 그들 나름대로의 아이디어를 짜내고 시행착오를 겪으면서 영아를 위한 프로젝트 수업을 수행하려고 노력하고 있다. 하지만 이들은 늘 기존의 유아를 위한 프로젝트 수업이 과연 영아에게 적절한지 의문을 가져왔다. 그리하여 저자는 만 3, 4, 5세 유아용 이외 만 1, 2세 영아에게 적합한 프로젝트 수업 지침과 사례를 마련하여 교사들의 고민을 덜어 주고자 한다.

제1부에서는 프로젝트 접근법에 대한 전반적인 이해, 제2부에서는 프로젝트 수업과 이론, 제3부에서는 프로젝트 수업사례(유아 편), 제4부에서는 프로젝트 수업사례(영아 편)로 나누어 모두 11개의 장을 소개했다. 어떤 연령의 영아반이나 유아반의 교사이건 프

로젝트 수업의 이론을 기초로 해서 실제 수업을 진행하는데 크게 도움이 되리라 믿는다. 그러나 부족한 점들 또한 많이 발견될 것이다. 보완할 수 있도록 많은 조언을 부탁드린다.

이 책이 나오기까지 도움을 준 분들께 감사의 마음을 전하고 싶다. 수업자료를 제공해 준 배미희 선생님, 이명이 원장, 길미애 원장, 차승원 원장, 전영희 원장께 감사드리고, 이들의 유아교육 및 영유아 보육의 열정에 대해서도 찬사를 보낸다. 또한 이 책의 출판을 맡아준 동문사에게도 감사드린다.

2010년 8월
저자 드림

차 례

Contents

Part 01 프로젝트 접근법의 이해 ▶ 9

Chapter 01 프로젝트 접근법의 역사적 배경 11

Chapter 02 프로젝트 접근법을 뒷받침하는 이론들 15

1. Dewey의 경험주의 15
2. Vygotsky의 사회적 구성주의 18
3. 정보처리이론 22
4. Gardner의 다중지능 이론 27

Chapter 03 프로젝트 접근법의 성격 31

1. 프로젝트 접근법의 개념 31
2. 프로젝트 학습의 목적 32

Chapter 04 프로젝트 지향 교육과정: 레지오 에밀리아 접근법 43

1. 레지오 에밀리아 접근법의 특징 44
2. 레지오 에밀리아 접근법과 프로젝트 접근법의 특징 비교 51

Part 02 프로젝트 수업과 이론 ▶ 53

Chapter 05 프로젝트 수업의 특징 ······ 55

1. 프로젝트 수업의 일반적 실천 원리 ······ 55
2. 프로젝트 수업지원을 위한 다양한 수업법 ······ 59
3. 프로젝트 수업의 활동과정 특성 ······ 68
4. 프로젝트 수업 시 교사 유의점 ······ 71
5. 만 1, 2세 영아반 프로젝트 수업의 특징 ······ 74

Chapter 06 프로젝트 수업과 이론: '나비' 프로젝트 ······ 79

Part 03 프로젝트 수업 사례: 유아 편 ▶ 135

Chapter 07 만 5세반 프로젝트 수업 사례 ······ 137

- '로봇' 프로젝트 ······ 137

Chapter 08 만 4세반 프로젝트 수업 사례 ······ 169

- '내 얼굴' 프로젝트 ······ 170
- '물' 프로젝트 ······ 194

3Chapter 09 만 3세반 프로젝트 수업 사례 ······ 215

- '나뭇잎' 프로젝트 ······ 216
- '자동차' 프로젝트 ······ 234

Part 04 프로젝트 수업 사례: 영아 편 ▸ 253

Chapter 10 만 2세반 프로젝트 수업 사례 ······ 255

- '친구' 프로젝트 ······ 257
- '토마토' 프로젝트 ······ 274
- '월드컵' 프로젝트 ······ 285

Chapter 11 만 1세반 프로젝트 수업 사례 ······ 301

- '응가' 프로젝트 ······ 303
- '거북이' 프로젝트 ······ 314
- '인형' 프로젝트 ······ 329

Appendix 부록 ▸ 337

- 참고문헌 ······ 357
- 찾아보기 ······ 363

Part 01 프로젝트 접근법의 이해

프로젝트 접근법에 대한 전반적인 이해를 위해 1, 2, 3, 4장을 살펴볼 것이다.

1장 프로젝트 접근법의 역사적 배경

2장 프로젝트 접근법을 뒷받침하는 이론들
- 1. Dewey의 경험주의
- 2. Vygotsky의 사회적 구성주의
- 3. 정보처리이론
- 4. Gardner의 다중지능 이론

3장 프로젝드 접근법의 성격
- 1. 프로젝트 접근법의 개념
- 2. 프로젝트 학습의 목적

4장 프로젝트 지향 교육과정: 레지오 에밀리아 접근법
- 1. 레지오 에밀리아 접근법의 특징
- 2. 레지오 에밀리아 접근법과 프로젝트 접근법의 특징 비교

01 Chapter

프로젝트 접근법의 역사적 배경

프로젝트 접근법의 첫 배경으로는 1830년대 Cobbet에 의한 교육 방법으로 거슬러 올라간다. Cobbet은 그 당시 학생들이 학교에서 실생활과는 무관한 주입식 교육을 받는다는데 불만을 품고 자신의 가정에서 실생활에 필요한 활동을 통한 교육방법을 시도하였는데 그것이 오늘날의 프로젝트 학습 방법과 유사하였다고 한다(Stewart, 1986).

프로젝트 접근법을 수업의 중심 활동으로 시도했던 대표적인 인물로는 Parker와 Dewey를 들 수 있다. 1875년 Parker는 교사 본위의 기계적 수업 방법을 비판하고 Pestalozzi와 Froebel이 제안한 바 있는 '자연에 따른 학습 방법'을 주장하였다. 이때부터 지리 교과인 경우 교과서를 읽고 쓰는 대신 학교주변을 직접 견학하면서 주변의 지형을 스케치하거나 지형의 모형을 직접 만들어 보는 등을 시도했다. Dewey도 1886년 자신의 실험학교에서 교사에 의한 피동적 교육이 아닌, 활동을 통한 학습을 실현하고자 하였다. 그의 실험학교 교육과정은 기존 학교와 같은 전통적 교과목에 의한 것이 아니라 프로젝트 형식을 취하는 일련의 워크숍과 유사한 것이었다(Tanner & Tanner, 1980).

프로젝트 접근법에 대한 구체적인 체계화는 1919년 Kilpatrick이

Dewey의 이론에 바탕을 두고 『프로젝트법(The Project Method; the use of the purposeful act in the educative process)』을 저술하면서 이루어졌다. 여기서 그는 프로젝트를 '전심을 다하는 유목적적 활동'이라고 정의하였고, 목적 달성을 위해 학습자들이 프로젝트 진행과정에 능동적으로 참여함으로써 학습자 스스로가 주체적인 역할을 수행하고 스스로 내적 동기화되어 활동에 전념하게 된다고 강조하였다.

Kilpatrick이 프로젝트법을 발표한 후, 이를 실제에 적용하고 그 효과를 검증하는 많은 연구들이 수행되었는데, 그 대표적 연구로 Collings(1923)의 연구를 들 수 있다. 그는 4년간의 연구를 수행한 결과 프로젝트 교육과정을 통해 학습한 아동들이 전통적인 교과 위주로 구성된 교육과정에 의해 학습한 아동들보다 전국 단위의 학업 성취도 검사에서 더 높은 점수를 얻었을 뿐 아니라, 아동과 부모 모두 학교에 대한 긍정적인 태도를 형성하는데도 더 효과적이었다고 보고한 바 있다. Rawciffe(1927) 또한 그 당시 프로젝트를 하고 있는 생동적인 교실 상황을 상세히 묘사하면서 1920년대에 들어와 미국에서 프로젝트법에 의한 학습 활동과 이에 대한 관심이 크게 증가하고 있다고 보고하였다.

그러나 1920~30년대 미국의 진보주의 교육운동은 1957년 소련의 스푸트닉 인공위성 발사 이후 학문중심 교육과정이 대두되면서 쇠퇴하게 되었고 프로젝트법 역시 관심 밖으로 밀려나기 시작하였다. 하지만 1960년대 말 미국에서는 지나치게 정형화된 그 당시 교육과정에 대한 비판과 교육의 비인간화 현상을 우려하는 소리가 높아지면서 새로운 대안으로 자유학교운동(free school movement)이 등장하였다. 그리고 1970년대에 들어와 인간중심 교육, 예컨대 인성 계발, 지적 교육과 정의적 교육이 균형을 이루는 교육 등의 교육운동이 전개되면서 프로젝트 학습 활동에 대한 관심도 다시 살아나게 되었다. 특히 유아교육 분야에서는 프로젝트의 아이디어를 교육에 적용시키려는 노력이 꾸준히 진행되어 왔다. 그 구체적 예로 뱅크 스트리트 대학(Bank Street College)의 '뱅크 스티리트 접근법(Bank Street Approach)'을 들 수 있으며 이는 프로젝트법과 매우 유사한 특성을 지니고 있다(Katz & Chard, 1989).

Katz와 Chard(1989)는 지난 20년간 이루어진 프로젝트 활동 관련 연구들을 검토한 결과 프로젝트에 의한 학습활동이 유아의 학문적, 인지적, 정서적 발달에 매우 바람직한 영향을 미친다는 점을 확인할 수 있었다고 주장하면서 종전의 프로젝트에 의한 학습 방법을 '프로젝트 접근법(Project Approach)'이라는 용어로 재조직하여 발표하였다.

우리나라는 지난 1990년대 중반 이후 프로젝트 접근법이 도입되기 시작하여 현재 70%의 유아교육기관에서 적용되고 있다. 프로젝트 접근법을 우리 유아교육현장에 적용한 연구를 보면 유아 학습준비도, 사회 및 정서발달에 증진을 가져왔고(지옥정, 1996), 유아들의 탐구력과 문제해결력, 표현력, 창의력, 또래 유아들과의 상호작용을 통한 협동적 태도를 길러줄 수 있는 효과적인 방법이라고 강조하고 있다(안소영, 1998). 또한 유아들이 한 주제에 대해서 여러 가지 방법으로 탐구할 수 있는 능력, 사회성 발달, 통솔력을 기른다고 주장하고 있다(정선영, 2004).

이상과 같이 프로젝트 접근법은 Dewey의 이론을 근거로 해서 Kilpatrick가 체계화한 '프로젝트법'을 Katz와 Chard가 오늘날 교육의 현실에 맞게 재조직한 교육의 내용 및 방법이며, 이 접근법의 현장 적용은 국내외 연구물에 따르면 유아발달에 매우 긍정적인 영향을 주는 것으로 보고되고 있다.

02 Chapter

프로젝트 접근법을 뒷받침하는 이론들

Dewey의 경험주의와 Vygotsky 사회적 구성주의 이론은 프로젝트 접근법을 뒷받침하는 가장 핵심적인 이론이다. 그 밖에 정보처리이론, Gardner 이론 등도 오늘날 유아교육현장에서의 프로젝트 접근법 적용에 그 바탕이 되고 있다. 이들 이론들을 중심으로 살펴보도록 하자.

1 Dewey의 경험주의

1) 일상생활경험의 중요성

Dewey(1938)는 교육을 성장으로 보았다. 성장이란 지적·정서적·도덕적 성향이 발달하는 것이고 이러한 성장은 교육적 경험을 통해서 이루어진다. 여기서 교육적 경험이란 경험을 끊임없이 재조직 또는 재구성하여 개인으로 하여금 장차 보다 깊고 폭넓은 질(質)의 경험을 준비하도록 하는 것이다. 만약 유아기에 특정한 방향의 기계적인 기능을 강조하는 경험, 예컨대 초등학교 진학 준비를 위해 특정 교과의 단편적인 지식이나 기술 그 자체의 학습만을 한다면, 이는 판에 박힌 생활을 하게 해서 이후의 경험 영역을 좁히게 한다. 또한 서로 연관되지 않은 개별적인 경험은 그 자체로서는 매우 흥미 있는 것들일 수 있으나, 다른 경험과 연관됨이 없이 격리되어 다루어지기 때문에 그 후의 교육적 상황과 실제 삶의 여건하에서는 유용한 것이 되지 못한다(이명조 재인용, 2005).

따라서 유아가 체험하게 되는 경험은 일상생활경험이어야 한다. 일상생활경험은 유아의 실제적 관심거리를 중심으로 한 그들의 삶 자체이며, 여러 교과요소가 내재한 통합적인 것이다. 이들 일상생활경험을 재구성하고 그 경험들 간의 관련과 연속성을 이루어지도록 하는 과정을 통해 유아는 진정한 교육적 경험을 하게 된다. 이는 장차 경험의 내용과 방향을 결정짓도록 해서 관련된 경험을 더 하고자 하는 호기심과 탐구심을 증대시키게 된다.

Dewey(1938)는 유아들에게 실생활과 밀접하게 관련된 경험을 체험하도록 하기 위해 놀이의 제공을 강조했다. 그는 놀이란 아동의 자연성의 발로이며 유아의 활동을 보다 높은 수준으로 자극하는 것으로 보았다. 또한 조사, 탐색, 수집 등을 할 수 있는 일상생활 놀이, 유아들의 의식과 능력을 보다 높은 수준으로 향상시켜 주는 자발적인 상상놀이(imaginative play)를 강조하였다.

2) 교육활동과정에서 발생하는 교육목적

교육을 성장으로 보는 Dewey에게 성장은 교육목적을 뜻한다. 그런데 Dewey는 교육목적이 외부에서 주어지는 것을 비판하였다. 유아의 현재 경험 상태와 상관없이 외부에서 주어지는 교육목적은 유아의 능동적 활동을 이끌어내지 못하므로 유아의 성장을 방해한다. 따라서 Dewey에게 교육목적이란 교육활동과정에서 발생되어 궁극적으로 유아의 성장을 가져오는 것을 의미한다. 즉 유아들이 현재의 조건하에서 다양한 경험의 탐색 과정을 통해서 유아는 지

의 안내나 보다 유능한 또래들과 협력해서 부분적으로 도움을 받으면 성공적일 수 있는 영역을 말한다. 실제로 학습이 이루어질 수 있는 영역이기 때문에 교수-학습 차원에서 매우 중요하다(그림 2-1 참조).

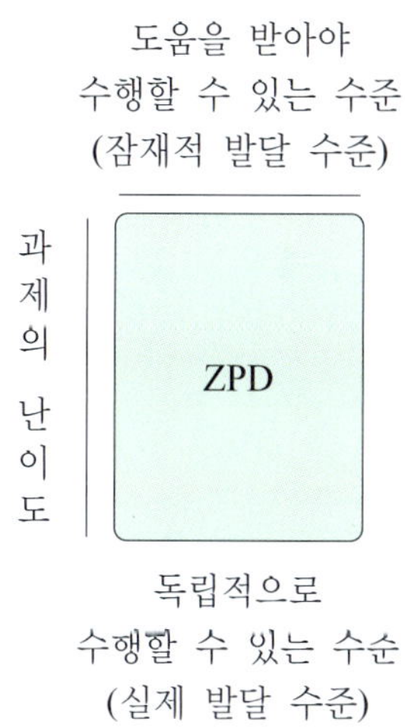

|그림 2-1| 근접발달영역

셋째, 비계(scaffolding)가 학습에 중요한 역할을 한다. 학습은 교사나 좀 더 유능한 또래의 도움, 예컨대 적절한 조언, 실마리, 암시, 단서, 질문, 설명, 예증, 토론, 격려 등과 같은 매개된 행동을 통해 이루어질 수 있다. Berger(2004, p.50)는 근접발달영역을 '마법의 중간지대(magic middle)'라 일컬으며 이 공간에서의 비계 설정으로 학습을 지원할 수 있다고 본다. 이러한 비계설정을 통한 학습 지원은 활동이 진행되면서 점차 감소시켜 궁극적으로 아동 스스로 학습할 수 있는 자기주도적 학습으로 나아갈 수 있도록 한다. 만약 독립적으로 학습하는 것이 가능해지면 또다시 새로운 근접발달영역을 도입 · 파악해서 이전과 같은 과정을 거침으로써 연속적인 인지발달을 가져올 수 있도록 해야 한다. 이러한 근접발달영역의 역동적인 특성은 그림 2-2에 나타나 있다.

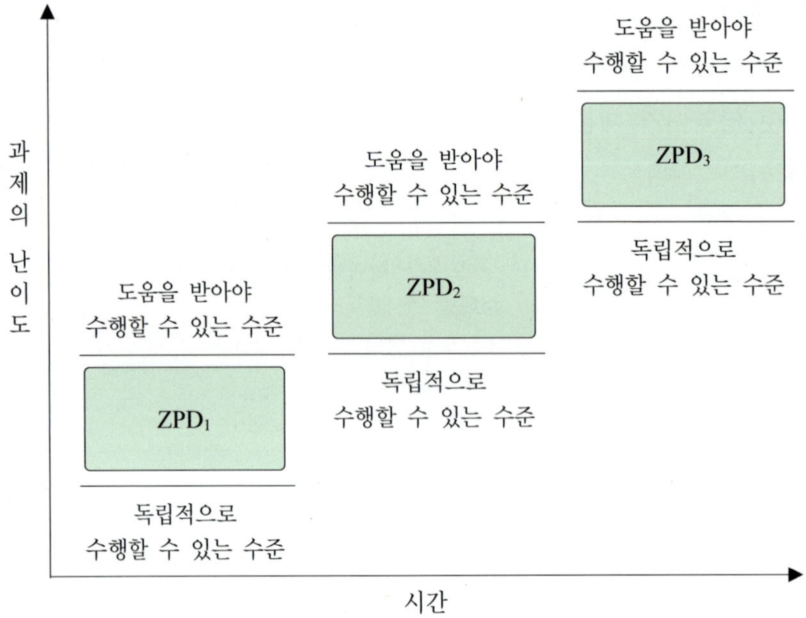

|그림 2-2| 근접발달영역의 역동성

3) 사회적 구성주의 학습의 공통 조건

이상과 같은 관점을 기초로 최근 사회적 구성주의 접근 학자들은 공통적으로 학습을 위해 다음의 조건들을 갖출 것을 제안한다.

첫째, 우선 참 과제(authentic tasks)여야 한다. 구성주의자들은 단순한 과제를 제시하거나 기초적인 기술을 연습하는 상황이 아닌 학교 밖의 세상이 제시하는 도전적이고도 복합적인 학습 환경(complex learning environments)이 주어져야 한다고 본다. 이는 아동과 관계되어 아동 자신에게 의미를 주는 참 과제이며, 아동이 배운 것을 실제로 적용할 수 있는 상황, 즉 상황학습과 같은 것을 말한다(Needles & Knapp, 1994; Resnick, 1987).

둘째, 고등정신과정은 사회적 협상(social negotiation)과 협동을 통해 발달한다. 많은 구성주의자들은 상대방의 관점을 존중하면서 동시에 자신의 관점도 전달해서 의미를 공유할 수 있는 상호 협상과 상호작용이 강조되는 협동을 중요시하고 이를 위해 의사소통의 기술 또한 필요하다고 본다.

셋째, 내용의 다양한 표상을 중요시한다. 아동들은 하나의 모델이나 하나의 유추나 또는 하나의 내용이해 방식만을 모든 상황에 단순하게 적용하려는 경향이 있다. 따라서 수업자료에 다양한 표상을 포함시키는 교사의 적절한 모델링 역할이 필요하다. 보다 진보된 지식을 획득하기 위해서는 관점, 목적, 시기 등을 달리해서 재배치된 맥락 속의 같은 자료를 다시 살펴보아야 한다. 이는 학기 초부터 모든 주제의 기본 구조를 소개한 뒤 점차 복잡한 형태로 그 주제를 다시 학습하는 Bruner의 나선형 교육과정의 방식과 유사하다(Spiro et al., 1991).

넷째, 아동이 자기 자신의 지식을 구성하기 위해서는 자신의 상위인지를 아는 것이 전제가 되어야 한다. 아동 자신의 상위인지란 아동 자신의 고유한 정신과정과 학습하는 방식에 관한 지식을 말한다. 예컨대, 나의 시청각적 정보에 대한 집중력과 이해력이 어떤지, 장기기억의 인출은 어떤지, 탐색능력은 어떤지, 학습하면서 타인과 상호작용하는 방식(예: 지지, 협동, 도움 등)은 어떤지 등이다. 이들과 같은 자신의 사고 형성에 영향을 주는 것들을 알아서 타인의 입장을 존중하면서 자신을 비판적인 방식으로 자신의 위치를 선택, 발달시키고 방어할 수 있게 되면 지식을 구성하게 된다고 구성주의자들은 강조한다(Woolfolk, 2007).

Vygotsky의 사회적 구성주의는 프로젝트 접근법에 다음과 같은 시사를 하고 있다.

- 유아의 인지발달은 외부에서 내부로 향한다. 즉, 유아의 인지발달은 유아가 외부적 환경과의 상호작용을 통하여 지식을 흡수하거나 받아들여 스스로 사용하게 되는 내면화에 의거한다.
- 외부적 환경과의 상호작용은 유아가 교사나 좀 더 유능한 또래의 도움과 또래끼리의 협동을 말하며, 이러한 도움이나 협동을

통해 발달적 변화를 이룰 수 있다.

- 도움이나 협동은 주로 매개된 언어적 행동, 예컨대 적절한 조언, 실마리, 암시, 단서, 질문, 설명, 예증, 시범, 토론, 격려, 주의집중 시키기 등과 같은 비계를 통해 이루어진다. 물론 교육매체도 비계에 포함될 수 있다.
- 학습의 공통조건인 참과제, 사회적 협상과 협동, 교육내용의 다양한 표상, 유아 자신이 상위인지에 대한 지식 등의 학습조건을 갖추도록 한다.

이와 같이 사회적 구성주의 이론에 따르면, 교사가 지식을 유아에게 단순하게 전달하는 것이 아니라 유아들이 자신의 마음속에서 지식을 구성해야 하고, 교사는 교수를 통해 이러한 유아의 지식의 구성과정을 촉진시킨다. 유아의 학습이 유아 자신의 발달을 주도한다.

3 정보처리이론

1) 정보처리이론의 기본관점

정보처리이론(information-processing theory)은 학습자 내부에서 학습이 발생하는 기제를 설명하는 이론으로 독일의 형태주의 심리학의 지각에 대한 연구가 확장된 것이다. 형태주의 심리학에서는 인간의 지각과정과 이 지각과정이 학습에 미치는 영향에 관한 연구가 주로 다루어졌고, 지각하는 인간은 수동적, 객관적이지 않고 능동적이고 주관적임을 강조한다. 이러한 형태주의 심리학의 연구를 기초로 인간이 지각하는 정보를 어떻게 처리하는가를 컴퓨터와 비교하여 유추・설명해주는 이론이 바로 정보처리이론이다.

정보처리이론은 아동이 어떻게 환경으로부터 정보를 받아들여 이미 기억 속에 저장되어 있는 기존의 정보와 비교·검토하여 문제를 해결하는가를 컴퓨터의 투입, 과정, 산출의 모형분석에 비추어 설명해준다. 정보처리이론에서는 인지발달을 아동의 정보처리 능력, 즉 정보처리 속도, 전략의 종류, 지식의 양 등에서 일어나는 점증적인 변화를 의미하기 때문에 양적인 것이라고 주장한다.

2) 정보처리단계: 유아의 인지전략

정보를 처리하는 단계에는 정보저장소와 인지처리과정이 두 가지 요소로 구성되어 있다. 정보저장소는 투입된 정보가 머무르는 곳으로 감각등록기, 단기저장, 단기·작동기억, 장기기억을 들 수 있고(그림 2-3 참조), 인지처리과정이란 이들 각각의 정보저장소로부터 정보가 이동하는 지적인 활동, 즉 인지전략(cognitive strategies)을 말하며, 여기에는 주의집중, 부호화, 시연, 인출, 조직화, 망각 등이 포함된다. 유아의 경우, 정보 자료인 자극이 주어졌을 때 먼저 주의를 집중하고, 기억해 두었다가, 기억을 살려 문제를 해결하고, 학습의 전이가 일어나도록 하는 등의 인지전략을 사용하게 된다. 이들을 중심으로 살펴보면 다음과 같다(이명조, 김소아, 2009).

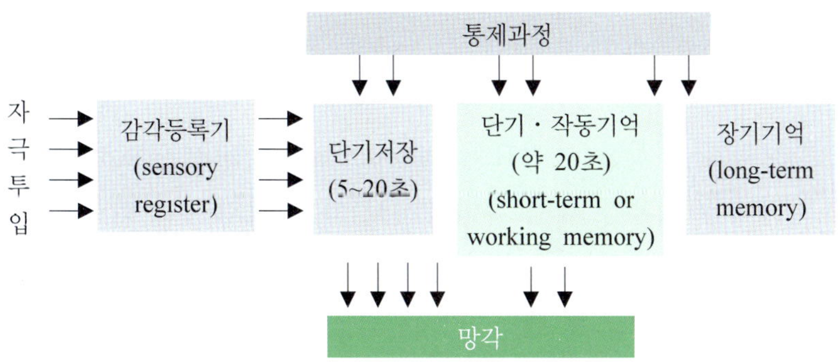

|그림 2-3| 학습의 정보처리모형

(1) 주의집중

유아는 연령에 따라 주의 집중력에 상당한 변화를 보이게 되고 관심의 정도에 따라서도 선택적 집중을 하게 된다. 교실에서 유아들의 주의집중 유도는 유아교사가 해야 할 첫 번째 임무라 할 수 있다. 그 방법은 매개체(예: 딸랑이 소리, 종소리 등)의 활용, 학습 목적의 분명한 전달, 실생활과의 관련성 언급, 적절한 질문 제기 등이 주의집중을 도와준다. 그 밖에 교사의 눈 맞춤(eye-contact)이나 적절한 움직임과 같은 시각적 단서와 청각적 단서(예: 목소리의 강약고저)를 적절히 활용하는 것도 필요하다. 무엇보다 유아들이 능동적으로 참여할 수 있는 기회를 제공한다.

(2) 장기기억

기억은 받아들인 정보의 저장창고로서 단기기억과 장기기억으로 나눌 수 있다. 단기기억은 유아가 노력하면 장기기억으로 저장된다. 그 방법은 다음과 같다.

- 단기기억 속에 정보를 활성화시켜 보유하기 위해서는 반복적으로 되뇌는 시연(rehearsal)이라는 처리과정을 거쳐야 한다. 분산연습이 집중연습보다 정보를 장기기억에 넣고 인출하는데 더 효과적이다. 또한 학습 후 즉시 복습하는 것이 기억을 도울 수 있다.
- 장기기억저장소에 정보를 오래 저장하기 위해서는 서로 다른 정보들과 연상하는 정교화(elaboration) 작업이 필요하다. 예컨대 단어를 배우기 위해 유아들 자신의 경험과 관련해서 유의미한 문장을 만들어보게 하거나, 읽고 있는 책의 맥락 속에서 단어를 정의해보도록 한다.
- 기억의 강화를 위해서는 재미있어 하고 기억할 만한 구체적이고도 특별한 학습경험을 계획한다.

- 정보를 조직한다. 개념도(concept map) 혹은 다이어그램(diagram) 작성하기, 개요(outline) 만들기 등의 활용을 통한 정보의 조직화는 기억력을 제고할 수 있다.
- 이중부호화 학습전략을 사용한다. 이 전략은 장기기억의 효율성 증진을 위해 두 가지 인지처리과정을 동시에 사용하는 것을 말한다. 예컨대, 철자학습에서 "선생님 보세요. 편지 읽기에서 '읽'자는 'ㄹ'을 먼저, 그다음 'ㄱ'을 쓰는 거란다."처럼 시각적인 시범과 언어적 지도를 함께 사용하는 경우 기억이 촉진될 수 있다.

(3) 기억력 및 문제해결력

유아는 문제를 해결해 나가는 과정에서 과거의 경험이나 기억을 끄집어 낸다. 몇 가지 문제해결방법을 소개하면 다음과 같다.

- 인출(retrieval)을 효과적으로 한다. 장기기억에서 정보를 찾는 탐색과정인 인출은 부호화와 밀접하게 관련되어 있으므로 적절한 부호화가 요구된다. 부호화란 감각기관을 통해 들어오는 정보들을 기억하기 위해 어떤 표상 형태로 변형하는 것을 말한다. 예컨대, 1-9-8-8-2-0-0-8이라는 숫자를 기억하기 위해 1988을 서울올림픽 개최연도로, 2008을 베이징 올림픽개최연도로 부화화해서 저장한다면 기억의 용량을 키우고 인출을 용이하게 할 수 있다.
- 초인지(meta-cognition)를 활용한다. 어떤 과제를 수행하기 위한 계획, 점검 · 평기, 평기결과에 따른 전략의 조절 등과 같은 일런의 인지 활동과정인 초인지(meta-cognition)를 활용하게 된다. 계획하기, 점검하기, 조절하기를 소개하면 다음과 같다.

  -계획하기(planning): 성공적인 문제해결 혹은 공부를 하기 위해 어떤 전략과 정보처리를 할 것인가를 생각한다. 예컨대, 문제에

대한 해결방책을 만들기 위해 스스로 질문을 만들어 볼 수 있다.

-점검하기(monitoring): 문제해결하는 과정 중이나 학습활동 중에 지속적으로 인지과정을 점검한다. 예컨대, 문제해결 절차를 파악하고 적절하게 해결해 나가고 있는지 검토하기, 학습내용을 이해 · 적용 · 평가해보기 등이다.

-조절하기(regulating): 문제해결활동이나 학습활동이 거의 이루어지게 되면 그 활동이 효율적이었는지를 재차 점검하면서, 필요한 경우 그 활동을 조정한다. 예컨대, 문제해결이 다소 미흡하다거나 그 효율성이 다소 떨어진다면 앞 단계를 점검 · 보충하기 위한 노력 기울이기, 학습결과가 만족스러운지 재점검하면서 충분한 이해를 위해 시간 내기 등이다.

(4) 학습의 전이

학습의 전이(transfer)란 학습한 것이 새로운 학습이나 상황에 영향을 미치는 현상을 말한다. 하나를 가르치면 열 가지를 알도록 하는 학습의 효율적인 전이를 위해서는 실생활 적용학습, 다양한 상황속의 학습, 철저한 이해학습이 강조된다. 특히 기계적이 아닌 의미 있는 방식으로 철저하게 이해한 것은 전이가 잘 이루어진다.

정보처리이론은 프로젝트 접근법에 다음과 같은 시사를 하고 있다.

- 다양한 방법으로 유아들의 주의 집중을 유도하도록 한다.
- 장기기억을 강화하기 위한 방법을 강구한다(예: 시연, 분산연습, 정교화, 구체적인 특별한 학습경험 계획, 개념도 · 다이어그램 · 개요 활용, 이중부호화 학습전략 등).
- 문제해결을 위해 효과적인 인출과 초인지의 활용을 모색하도록 한다.
- 학습의 전이를 위해 다양한 상황에서의 실생활 적용학습을 하도록 한다.

4 Gardner의 다중지능이론

1) 다중지능이론의 기본 관점

Gardner(1993)는 인간에게는 여러 가지 다양하고 특수한 형태의 지능들이 존재한다는 다중지능이론(Theory of Multiple Intelligences: MI이론)을 제시하였다. 다중지능이론에 의하면 지능을 특정 문화권에서 문제를 해결하는 능력 또는 문화적 산물을 창출해 내는 능력이라 본다. Gardner는 지능이란 한 사회에서 중요시하는 인간의 능력이므로 사회에 따라 새롭게 설정할 수 있다고 보았던 것이다.

Gardner는 지금까지 지능이 갖는 한계점, 즉 학교공부의 성공 여부를 상당히 정확하게 예언하는 언어와 논리-수학적 능력 위주의 지능이 갖는 한계점을 극복하기를 원했다. 그래서 그는 기존의 지능을 전문적 일이나 생활 사태에서의 성공을 예언하는 다양한 영역의 지능, 즉 다중지능으로 확장하였다. 음악지능, 신체-운동지능, 논리-수학지능, 언어지능, 공간지능, 대인관계지능, 개인이해지능 등이 바로 다중지능이다. 따라서 다중지능이론에서 지능은 일련의 소질, 재능을 포함한 정신기능의 조합이라 할 수 있다. Gardner는 정상적인 모든 인간은, 지능의 정도와 조합의 성질에서 차이가 있을 뿐, 이러한 지능을 어느 정도 다 가지고 있다고 본다. 그러나 문화와 상황에 따라 이러한 지능을 다르게 발전시켜 나가므로 어떤 문화권에서 생활하느냐에 따라 지능이 더욱 주장될 수도 있고 안 될 수도 있다(Gardner, 1993).

이와 같이 Gardner에게 지능은 사회적 문화적 맥락이 반영된 개념이고 과거의 지능 개념보다 광범위하게 확장된 개념이라 할 수 있다. Gardner가 최초로 제안한 다중지능은 일곱 가지, 즉 음악지능, 신체-운동지능, 논리-수학지능, 언어지능, 공간지능, 대인관계지능, 개인이해지능이었다. 그러나 이들은 가설적 · 유동적이라고 했으며, 후에 자연탐구지능과 실존지능을 추가로 제안하였다. 가드너의 다중지능은 다음과 같다.

- 음악지능(musical Intelligence)

리듬, 가락, 톤, 하모니, 감상 등 음악과 관련된 표현형식과 현상에 대해 민감하고 이들을 이해 · 표현할 수 있는 능력을 말한다. 음악지능은 가수, 연주자, 작곡가, 음악평론가 등에게서 발견된다.

- 신체-운동지능(bodily-kinetic Intelligence)

정교하고도 숙련된 방식으로 신체 운동적 표현을 할 수 있거나 신체운동 기능을 일정한 목적달성에 효율적으로 사용할 수 있는 능력을 말한다. 신체-운동지능은 무용수, 운동선수 등에게서 발견된다.

- 논리-수학적지능(logical-mathematical Intelligence)

숫자를 효과적으로 사용하고 논리적으로 사고하며 추론하는 능력을 말한다. 논리-수학적지능은 과학자, 수학자 등에게서 발견된다.

- 언어지능(linguistic Intelligence)

언어를 효과적으로 사용하는 능력을 말한다. 언어적 지능은 문학가, 언론인 등에게서 발견된다.

- 공간지능(spatial Intelligence)

공간적 세계를 정확히 지각하고 이를 머릿속에서 변형, 회전시켜 볼 수 있는 능력을 말한다. 공간적 지능은 건축가, 조각가, 비행사 등에게서 발견된다.

- 대인관계지능(interpersonal Intelligence)

타인의 기분, 의도, 동기, 감정을 지각 · 구분하여 이에 적절히 대처할 수 있는 능력을 말한다. 대인관계 지능은 정치지도자, 교사, 판매원, 심리치료사 등에게서 발견된다.

◎ 개인이해지능(intra personal Intelligence) 혹은 내성지능

자기 자신에 대한 객관적 이해 및 지식을 기초로 하여 자신의 감정, 행동을 잘 조절할 수 있는 능력을 말한다. 개인이해 지능은 사상가, 철학자에게서 발견된다.

◎ 자연탐구지능(naturalist Intelligence)

자연 세계를 이해할 수 있는 능력을 말하며 이 지능은 과학자에게서 발견된다.

◎ 실존지능(existential intelligence)

철학적 종교적으로 사고할 수 있는 능력으로 아동기에는 나타나지 않는다. 실존지능은 철학자, 종교인에게서 주로 발견된다.

이상과 같이 가드너(Gardner)는 인간의 다양한 직업분야나 생활상태에서 요구되는 여러 가지 능력을 지능으로 개념화시켰다.

2) 다중지능이론에 따른 지능의 측정과 현장 교수법

Gardner는 IQ 검사와 같은 필답식의 선다형 위주의 측정방식에 의한 지능측정은 개인의 다양한 지적 능력을 정확하게 설명할 수 없기 때문에 적절하지 못하다고 보았다. 개인의 연령, 성숙 정도, 문화적 배경 등에 따라 지적 능력을 분석하는 방법이 달라져야 한다고 주장한다.

Gardner는 '프로젝트 스펙트럼(Project Spectrum)' 연구에서 유아의 지능측정과 교육과정 개발을 위한 대안적인 접근을 시도하였다. 이는 유아 개개인은 서로 다른 능력의 독특한 프로파일(profile),

즉 지능의 연속체(spectrum of intelligences)를 갖고 있다는 데 근거한 연구이다. Gardner는 지능은 지적 특성이 충분히 활성화될 수 있는 환경 속에서 아동의 자발적인 행동을 측정할 때 의미 있는 지능측정이 가능하다고 강조하였다. 스펙트럼(spectrum) 교실에는 실제로 일어나는 활동을 측정하기 위해 다양한 활동 코너(예: 언어코너, 건축코너, 자연관찰코너 등)를 설치하고 1년에 걸쳐 연속적으로 총 15개의 활동을 통해 7개의 지능 영역을 측정한다. 여기서 밝혀진 개인의 강점과 약점의 프로파일은 가정과 학교, 지역사회가 개인을 위해 무엇을 해야 할지에 관한 정보로 제공된다. 즉, 개인의 상대적 약점의 보강과 강점의 강화를 위한 현장 교수의 역할이 어떠해야 하는지를 제공해 준다는 것이다. Gardner에 의하면 모든 개인은 최소한 하나 이상의 우수한 지능을 가지고 있으므로 각 개인의 우수한 지능에 맞추어 내용을 제시하는 것이 최선이라 본다. 예컨대, 국어시간이라도 음악지능이 높은 아동에게는 음악적 방법을 활용한 교수법이 가장 효과적일 수 있다. 이와 같은 Gardner의 프로젝트 스펙트럼 연구는 지능측정과 교육과정 개발에 시사한 바가 크다.

Gardner의 다중지능이론은 프로젝트 접근법에 다음과 같은 시사를 하고 있다.

- 지능은 다양하고도 풍부한 환경 조성으로 그 발달이 촉진될 수 있다.
- 종래의 획일적 교육이 아닌 유아 각자의 개인차를 고려한 유아 중심의 교육을 강조한다.
- 유아 각자의 강점(또는 잠재능력)을 강조한다. 유아마다 강점과 약점이 있으므로 각자의 강점을 발견하고 활용해서 약점을 보강하는 교수방법을 사용한다.
- 기존의 지필검사 위주의 객관식 평가 방식에서 벗어나 수행평가, 포트폴리오 평가가 권장된다.

03 Chapter

프로젝트 접근법의 성격

1 프로젝트 접근법의 개념

프로젝트 접근법(Project Approach)에서 프로젝트란 다음과 같이 한 반의 전체, 소집단, 또는 개별 유아가 이행하는 특정 주제에 대한 깊이 있는 탐구로 정의된다.

> Project refers to an in-depth study of a particular topic, usually undertaken by a whole class working on subtopics in small groups, sometimes by a small group of children within a class, and occasionally by an individual child.
>
> (Katz & Chard, 2000, p.2)

프로젝트에서 유아들은 교사의 도움이나 지도하에 하나의 주제에 대해 여러 주 동안 흥미가 충족될 때까지 정신을 몰입시켜 철저하게 탐구하면서 심화 학습해 나가게 된다. 프로젝트는 마치 탐구의 과정을 거치는 일종의 연구(investigation)라 할 수 있는데, 이것이 바로 프로젝트의 핵심이다.

프로젝트 접근법은 또한 다음의 주된 특성을 통해 이해된다(Katz & Chard, 2000).

첫째, 교육의 내용 및 방법과 관련된다.

프로젝트 접근법은 무엇을 가르치고 배우느냐의 교육의 내용뿐만 아니라 어떻게 가르치고 배우는가의 교육의 방법에 관한 것이다. 즉 프로젝트 접근법은 활동내용과 더불어 교수-학습 방법을 함께 제시한다. 활동내용은 유아와 친숙한 일상적인 삶과 관련되고, 교수-방법은 유아가 중심이 되어 능동적으로 활동에 참여하도록 교사가 안내하고 도와주는 유아주도의 방법론적 측면을 강조한다.

둘째, 기존의 교육과정과의 조화를 이루도록 한다.

프로젝트 접근법은 기존의 유아교육방법을 전적으로 대체하는 것이 아니라 놀이중심 또는 교사중심의 교육방법에서 부족했던 점을 보완하거나 절충하는 방법이다. 프로젝트 접근법은 놀이만이 유아의 학습방법이 아니라 탐구·연구도 유아의 학습방법이 될 수 있음을 뜻한다. 탐구·연구하고자 하는 욕구는 인간의 타고난 성향으로 초등학교에 들어갈 때쯤 대부분의 아동에게 꽤 강하게 나타나기 때문에 그 성향을 강화시켜야 한다. 또한 프로젝트 접근법에서 강조하는 유아주도의 방법은 기존의 교사중심의 교육방법, 즉 교사가 사전에 계획하고, 목적을 설정하고, 모든 아동이 같은 활동을 하도록 하는 교육방법을 보완하도록 해서 그 조화를 이루도록 하자는 것이다.

2 프로젝트 학습의 목적

프로젝트 접근법의 전반적인 목적은 유아의 정신(mind)에 활기를 불어넣어 정신을 계발하는 것이다. 여기서 정신이란 지식, 기능뿐만 아니라 정서적·도덕적·심미적 감수성까지 포함하는 개념이다. 다시 말해 프로젝트 접근법에서는 지식(knowledge)의 획득, 기능(skill)의 습득, 성향(disposition)의 계발, 느낌(feeling)의 발달 등의 상호보완적이고 유기적인 관계를 통한 유아의 통합적 발달을 강조한다. 이들 4가지 범주의 프로젝트 학습목적 각각이 무엇인지 살펴보고, 그 발달을 위한 지도방안을 제시하면 다음과 같다(지옥정, 2006; Chard, 1992, 1994; Katz & Chard, 2000).

1) 지식의 획득

지식의 획득에 대해 설명하기 위해 우선 지식의 형태에 대해 간단하게 언급하면 지식은 그 형태에 따라 행동지식(behavioral knowledge), 표상지식(representational knowledge), 사건지식(event knowledge), 대본지식(script knowledge)으로 구분된다. 행동 지식이란 혼자서 세발자전거나 그네를 탈 줄 안다거나, 놀이터에서 집을 찾아 갈 줄 아는 것과 같은 직접적인 경험이나 행동을 통해 얻게 되는 지식을 말한다. 반면 표상 지식은 직간접적인 경험에 대한 정신적 표상, 예컨대 세발자전거를 어떻게 타야 하는지를 말이나 글로 설명하거나 놀이터에서 집으로 오는 길을 스케치하거나 지도로 그릴 수 있는 것과 같은 정신적 표상과 관계된 지식이다. 어린 유아일수록 행동지식을 쌓기 위한 직접적인 경험이 필요하고, 행동지식은 후속되는 표상지식을 발달시키는 기초가 된다.

사건지식은 어떤 특정 사건에 대한 기억을 표상하는 것이고, 대본지식은 특정사건이 전개되면서 관련 인물들의 이야기나 행동이나 상호작용에 대한 기억을 표상해 낼 수 있는 것을 말한다. 나이가 많아지고 경험을 쌓아갈수록 아동들은 더 길고 더 세부적이고 복잡한 대본지식을 발달시키게 된다.

사회적 구성주의 관점에 의하면, 아동은 이들 다양한 지식을 스스로 구성한다고 하지만 어린아이의 경우 지식을 잘못 구성할 수 있기 때문에 교사의 도움이 필요하다. 교사는 아동이 자신의 경험을 자기 스스로 이해하거나 혹은 오해할 수 있음을 받아들이고, 그 이해와 오해들이 무엇인지를 확실히 알고 아동을 의도적으로 도와주어야 한다. 즉, 아동이 이해한 것들에 대해서는 더욱 충분하게 깊이 이해하도록 하고, 보다 정확하게 이해하도록 하고, 더 정교화 하도록 한다. 그리고 아동이 오해한 것들에 대해서는 이들이 무엇인지 밝혀서 최소화되도록 해야 한다. 근접발달영역, 비계 등은 이러한 구성주의 관점의 교수에서 중심적인 개념이며, 19쪽을 참고하기 바란다.

2) 기능의 습득

기능(혹은 기술, skill)에는 신체적 기능, 사회적 기능, 의사소통 기능, 읽기 · 쓰기 · 셈하기의 학문적 기능이 포함된다. 이들 기능의 습득을 위해서는 대개의 경우 그 숙달을 위해 교사의 도움과 반복적인 연습이 요구된다. 여기서는 사회적 기능, 의사소통 기능, 학문적 기능을 위주로 살펴볼 것이다.

사회적 능력은 5~6세경에 최소한의 발달이 이루어지지 않는다면 상당한 위험이 따른다. 학교를 다니지 못하게 되거나 청소년기나 성인기에 범죄자가 되거나 정신건강과 관련된 문제를 발생시킬 가능성이 많아진다(Katz & McClellan, 1997; Parker & Asher, 1987). 교사는 유아를 집단에 단순히 상호작용하도록 내버려둔다고 해서 그들의 사회적 능력 기술을 습득한다고 보아서는 안 된다. 프로젝트 활동을 하는 동안 아동들은 서로 간에 바라는 바나 질문을 예상하기도 하고, 서로 간의 아이디어와 질문을 듣기도 하고, 논쟁을 해결하기도 하고, 서로 도움을 주고받기도 하고, 자신의 제안과 생각을 소통하기도 하고, 타인과 노력을 조정하기도 하는 등의 기회를 충분히 갖도록 해야 한다. 또한 그들이 특별히 좋아하지 않는 또래와도 활동하는 기회를 가지도록 하는 것이 필요하다. 유아들은 이들 모든 경험을 통해 사회적 능력을 연습하고 습득하게 된다.

의사소통 능력은 복잡한 지식과 기술이 요구된다. 대화를 할 때는 타인의 이야기에 귀를 기울이는 능력, 자신의 의사를 표현하는 능력, 원만한 의사소통을 위한 추론하는 능력 등이 증진된다. 사회적 기능과 같이 의사소통능력의 발달이나 강화도 언어적 상황에 수동적으로 노출되는 것으로는 충분하지 않다. 의사소통능력은 대화의 내용이 풍부한 소집단 활동을 통해 증진될 수 있으며, 성인이 개입하여 소집단 유아들의 언어적 상호작용에서 그들의 견해나 아이디어의 도출을 유도하는 질문을 할 때 의사소통 능력은 촉진된다(Blank, 1985).

읽고 쓰는 학문적 기술에 대해 많은 유아들은 자발적으로 흥미를 보인다. 프로젝트 활동은 이러한 흥미를 비형식적인 방법을 통해 장려하고 지지한다. 하지만 현장에서는 흔히 구조화된 연습이나 훈련이 강조되고 있다. 학문적 기술의 교수방법이 비형식적인 방법이어야 하는지 혹은 구조화된 방법이어야 하는지에 대해서는 유아의 바람직한 성향의 발달에 미치는 잠재적인 누적 효과의 측면에서 평가되어야할 것이다(36쪽 참조).

3) 성향의 계발

성향이란 어떤 사건이나 상황에 대한 습관적 행위(habits of action)나 정신적 습성(habits of mind)을 말한다. 이는 바람직한 것과 바람직하지 않는 것으로 나눌 수 있는네 전사의 경우는 시적 호기심과 유머, 관대함, 책임감, 독립적이고 진취적인 것, 인내심과 끈기를 갖는 것, 타인에게 도움이 되려는 것 등이고, 후자의 경우는 탐욕적이고, 싸움을 좋아하고, 성을 잘 내고, 정이 없는 냉담함 등과 같은 것을 그 예로 들 수 있을 것이다.

(1) 지적 성향

지적 성향을 발달시키고 강화시키는 일은 프로젝트 수업의 주요 교육목적이다. 예컨대, 문제를 예측하고, 분석 · 종합하고, 점검하고, 원인-결과의 관련성이나 행위의 결과를 밝히고, 창의적으로 해결하고, 정확성을 기하는 등과 같은 유아의 타고난 탐구 · 연구의 지적 성향을 프로젝트 활동은 강조한다. 이는 놀이만이 유아 학습을 위한 유일한 방법이 아니라 관찰과 탐구 · 연구도 유아 학습의 방법이 될 수 있음을 뜻한다. 그런데 이들 인간의 타고난 성향은 학교에 들어갈 때 쯤 대부분의 아동에게 꽤 강하게 나타난다. 교육과정은 이들을 사용하여 그 성향을 강화시켜야 하는데 그러지 못할 경우 약화되고 없어질 수 있으며, 일단 없어진다면 다시 되돌리기 어려울 수 있다.

지적 성향과 학문적 기술에 대해 교사들은 조심스러운 해석을 해야 한다. 학문적 기술, 즉 3R의 숙달 역시 학교나 사회가 요구하는 중요한 기술이지만 어린 나이에 이들 기술을 가르치기 위해 연습과 반복을 지나치게 강조하는 교육은 학문적, 지적, 사회성 발달을 저해할 수 있다(Marcon, 1995). 기초 기술의 숙달을 위한 이러한 직접적인 형식적 교육은 단기의 효과는 있는 것으로 나타나나 기술을 획득하는 과정에서 그 기술을 사용하는 성향은 손상된다. 즉, 어린 시기의 3R 위주의 학문적 과제 수행에 대한 압력이 처음에는 해가 없고 유익한 것으로 나타날 수 있지만 초등학교 고학년이 되면 그 부정적 영향이 분명해진다. 그렇다고 해서 기술은 무시하고 성향만 발달시킨다는 것도 교육목적에 부합되지 않는다. 따라서 프로젝트 활동은 과잉 연습과 반복을 요구하지 않는 한도에서 기술을 획득하도록 하고, 그리고 그 기술을 적용해서 바람직한 지적 성향을 발달하도록 하는 모두를 학습자가 갖추도록 도와주는 것이어야 한다.

(2) 흥 미

프로젝트 교사들은 아동들이 활동에 대해 흥미를 느끼고 몰입하는 것을 보게 되면 이에 대해 감탄을 금치 못해 보상하고 싶어 한다. 하지만 어린 아이들은 대개 새로운 활동에 대해 쉽게 매료되는 경향이 있으므로 보상하는 것에 대해 유의해야 할 필요가 있다. 일반적으로 흥미를 유발시키는, 다시 말해 동기를 유발시키는 요인들은 다음과 같다.

첫째, 어떤 과제를 수행하는 목적이 뚜렷해야 한다.

둘째, 보상을 가끔씩 주는 것은 적절하고 이로울 수 있지만 어린 유아기부터 빈번하고도 지속적인 보상 기대의 누적적인 영향은 흥미를 갖는 일, 책임 의식을 가지는 일, 도전을 추구하는 일에 손상을 가져온다. 어떤 과제에 대해 자발적으로 흥미를 보여주는 경우에 외부로부터 보상을 받으면 '그 과제에 흥미를 가지는 것이 틀림없이 잘못된 것일 거다'로 생각할 수 있기 때문에 그 흥미가 사라진다(Deci & Ryan, 1982). 보상은 책임감, 창의적이고 도전적인 과제 수행 등과도 관련이 있다. 보상이 지나치게 강조되면 아동은 자신의 일에 대한 책임 인식이 미흡해 지고, 창의적인 과제 수행도 방해받기 쉽다. 보상이 기대되면 그 보상을 받기 위해 좀 더 단순한 과제, 덜 도전적인 과제를 선택하기 때문이다(McCullers, Fabes, & Moran, 1987).

셋째, 구체적이고 긍정적인 피드백을 제공한다. 구체적이지 못한 일반적인 긍정적 피드백(예: '잘했어!', '아주 잘했어!', '대단해!', 스티커 붙이기 등)은 학문 중심 프로그램에서 현실적 상황과 유리된 단순한 과제에서 전형적으로 강조된다. 이 일반적인 긍정적 피드백은 표면적으로는 성공감을 심어주고 결과물 생산에 박차를 가하는 것 같지만 실제로는 흥미를 감소시키는 결과를 가져온다. 그리하여 초등학교 상급학년이 되면 학구적으로 기진맥진하게 되는

슬럼프에 빠질 수 있다(Marcon, 1995). 반면 과제수행에 대해 구체적인 정보를 제공해 주는 긍정적인 피드백은 흥미를 불러일으킨다.

넷째, 항상 즐거움, 재미, 흥분을 주어야 한다는 교수방법을 재고해야 한다(Katz, 1995). 왜냐하면 이 방법은 아동이 가치 있는 활동에 흥미를 가지고 몰입하려는 성향의 발달에 손상을 주기 때문이다. 예컨대, '바다'라는 주제에 아동들이 흥미를 갖도록 하기 위해 교사들은 해적들의 로맨틱하고 흥분을 자아내는 무법적인 행동들에 관한 이야기를 도입하게 되는데 이러한 이야기가 정말로 필요한 것인지 숙고해야 한다. 아이들은 파도의 크기 · 힘 · 소리, 조류의 움직임, 펼쳐진 모래 바닷가, 해초, 조약돌, 조개껍질, 낭떠러지 등등 수많은 바다에 관한 실세계에 대해서도 충분히 흥미롭게 탐구 · 연구할 수 있음에도 불구하고 이러한 이야기를 함으로써 가치 있는 활동을 방해하는 결과를 초래할 수 있다.

다섯째, 주제와 활동 그 자체가 흥미로워야 한다. 주제와 활동 그 자체의 현상에 재미를 느끼는 성향을 강화하는 일은 교사의 몫이다. 이를 위해 아동에게 흥미있는 주제의 선정이 매우 중요하고 교사는 아동의 흥미를 인식해서 이에 대해 관심을 보이고 반응해 주어야 한다.

여섯째, 흥미를 가지고 몰입하는 성향은 빈번한 방해를 받지 않아야 계발된다. 흥미와 몰입을 강화하는 일은 반복적인 연습이 필요한 과제가 아닌 여러 날 혹은 여러 주에 걸친 프로젝트 활동을 통해 이루어진다. 따라서 프로그램 수행을 위해 15~20분씩 활동을 쪼개는 학급 스케줄은 깊게 몰입할 수 있는 성향을 손상시킬 수 있으므로 수업의 일정을 융통성 있게 조정하는 것이 필요하다. 수업시간을 늘려 프로젝트 활동이 지속되게 하는 것은 깊게 몰입하는 성향을 강화시키며, 이는 프로젝트 활동의 주요 원리임을 유념해야 한다.

(3) 노력, 숙달, 도전감

두 가지 조건의 목적, 즉 수행목적(performance goals)이냐 혹은 학습목적(learning goals)이냐에 따라 숙달을 하려하고, 학업성취를 하려고 하고, 노력을 지속하려고 하고, 도전을 하려고 하는 성향에 의미 있는 누적적인 영향을 준다. 수행목적의 예를 든다면, '이 과제에서 네가 오늘 얼마나 잘하는지 알고 싶어', '네가 몇 문제를 맞히는지 알고 싶어'이고, 학습목적의 경우는 '이 과제에서 네가 오늘 얼마만큼 할 수 있는지 알고 싶어', '~에 대해 무엇을 알아낼 수 있는지 알고 싶어'라 할 수 있다. 이들 두 가지 조건의 목적은 다른 종류의 반응을 이끌어내어 아동의 노력과 숙달에 대한 성향에 영향을 주게 된다.

수행목적하에서 아동은 자신의 능력에 관심을 두고 능력에 대한 부정적인 판단을 피하려는데 초점을 두면서 도전의식을 방해할 수 있는 방어적인 전략을 모색하게 된다. 만약 수행목적을 둔 과제에서 실패한다면 아동은 그 실패를 능력 부족으로 돌리게 되고 이는 불안으로 불안은 그들의 수행을 방해하고 궁극적으로 노력을 하지 않게 될 수도 있다. 반면, 학습목적하에서는 자신의 능력과는 상관없이 도전적인 과제를 선택하고, 그 과제를 이해하고 숙달하려는데 초점을 둔다. 학습목적을 지닌 과제를 하는 동안 아동들은 장애물이나 어려움에 대해서는 그들의 노력을 증가시키는 계기로 삼고 전략을 분석하게 되고 다양화시키게 되고 그리하여 그들의 작업을 향상시키게 된다(Dweck, 1986, 1991).

〈표 3-1〉 수행목적과 학습목적의 비교

구분	수행목적	학습목적
교사	-'이 과제에서 얼마나 잘하는지 알고 싶어' -'몇 문제를 맞히는지 알고 싶어'	-'이 과제에서 얼마만큼 할 수 있는지 알고 싶어' -'무엇을 알아낼 수 있는지 알고 싶어'
아동	-능력에 관심을 둠 -능력의 부정적인 판단을 피하려는 데 초점, 도전의식을 방해하는 방어 전략모색 -실패하면 능력부족으로 돌리고 불안하게 됨 -불안은 수행을 방해하고 노력을 감소시킴	-능력과 관계없이 도전적인 과제 선택 -과제를 이해하고 숙달하는데 초점 -장애물이나 어려움에 대한 노력 증가, 전략을 분석해서 다양화 함 -작업의 향상을 가져옴

(4) 사회적 성향

사회적 성향을 계발하기 위해 프로젝트 활동은 다음과 같은 상황을 제공해야 한다. 첫째, 민주사회의 시민들에게 요구되는 성향이 강화될 수 있는 상황을 제공해야 한다. 예컨대, 책임을 져야 하는 다양한 활동을 통해 선택과 결정을 내리게 함으로써 민주시민의 기초적 성향을 키워야 한다. 민주사회의 시민들에게는 복잡한 이슈들을 심도 있게 이해하고 선택과 결정을 내려야만 하는 일들이 빈번하게 발생하기 때문이다. 그 밖에 도움을 준다거나, 자선을 베푼다거나, 타인의 노력에 감사하는 것 등도 사회적 능력과 관련된 성향이다.

둘째, 어려운 일을 감당하는데서 오는 만족감이나 장애를 극복하는데서 오는 만족감을 얻는 상황을 제공해야 한다. 이는 매우 중요한 사회적 성향임에도 불구하고 그동안 이러한 성향을 키우는 일에 유아교육이 소홀한 것이 사실이다. 프로젝트 활동을 통해 이러한 성향들이 끌어내어져 정교화되고, 강화되고, 평가받는 자연스러운 상황을 제공하도록 해야 할 것이다.

셋째, 프로젝트 교사는 학급을 하나의 공동체로 경험하도록 하고 경쟁적 목표를 최소화해야 한다. 흔히 학급의 목표 구조는 경쟁적인 목표 구조, 협동적인 목표 구조, 개별적인 목표 구조로 나뉘는데 이들이 아동의 사회적 성향에 영향을 준다. 경쟁적인 목표 구조란 어떤 목표를 성취하거나 보상을 얻을 가능성이 능력 있는 다른 아동들이 존재함으로써 감소되는 경쟁적 구조를 말하고, 협동적인 목표 구조는 보상을 받을 가능성이 다른 능력 있는 아동들이 존재함으로써 신장되며, 개별적인 목표 구조에서는 보상을 받을 가능성은 다른 사람의 능력과 관련 없이 과제 그 자체가 목표가 되도록 사람을 과제의 요구와 융화시키는 것을 말한다. 학급의 구조가 개별적인 것과 협동적인 것은 노력하려는 성향, 숙달하려는 성향, 협동하려는 성향 등을 더욱 촉진시키는 것 같다(Ames & Ames, 1984). 교사는 협동해야 하는 상황 속에서 유아들이 공동체 의식을 발달시키도록 그들을 지지하고, 집단생활에 필요한 기능과 통찰을 발달시키도록 도와주어야 한다. 그리하여 유아는 광범위한 삶의 기능, 성향, 감정을 경험하고 학습하게 된다.

넷째, 교사가 아동을 인정하고, 가치를 바르게 평가하는 기회를 제공하고, 외적 보상을 최소화하고, 일반적 피드백보다는 정보를 가진 구체적 피드백을 주는 경우 사회적 성향은 계발된다. 이러한 요인들을 고려한 잘 계획된 집단 프로젝트 활동을 하는 동안 아동들의 사회적 성향은 강화될 것이다.

4) 느낌의 발달

느낌이란 수용의 감정, 편안한 느낌, 능력이 있다는 감정, 집단에 소속해서 기여한다는 감정 등을 일컫는다. 이러한 감정은 집단 속에서 자신에게 의미를 주는 다른 사람과 상호 작용하는 가운데 학습될 수 있고, 또한 유아 각자의 발달에 따른 적합한 실제 학습을 통해 발달될 수 있다.

무엇보다 교사는 모든 유아들에게 각자의 개인적 준비도와 학습 과제를 일치시키도록 배려·지도함으로써 그들에게 주는 압력을 완화시키도록 해야 할 것이다. 만약 유아 개개인의 발달적 차이로 그들의 지식과 기능이 주어진 학습 과제와 그 수준이 맞지 않으면 스트레스, 실망감, 권태로움 등을 가지게 된다. 혼동하거나 이해하기 어렵거나 잘못 이해함으로써 유아들은 무기력해지고, 희망을 버리게 되고, 무능력하다는 느낌을 가지게 된다(Skinner, Zimmer-Cembeck, & Connell, 1998). 이렇게 자신의 수준과 맞지 않는 상황에서 자신이 무능력하다는 감정은 간혹 유순한 태도로 나타날 수 있지만, 시간이 경과하면서 누적되면 바보스럽다는 느낌을 가지게 되고 종국적으로 포기하게 되는 결과를 가져올 수 있다.

프로젝트 활동의 궁극적 목표는 유아의 지식, 기능, 성향, 느낌의 통합적 발달이다. 그러나 교육의 현장에서는 성향이나 느낌의 발달보다는 지식이나 기능의 발달에 주된 관심을 두어왔다. 그 주된 원인의 하나가 전시회나 발표회를 하려면 외부 사람들이 눈으로 확인할 수 있는 표현결과물이 나와야 했기 때문이고, 그 표현결과물의 산출이 프로젝트 성공과 직접적인 관련이 있다고 보았기 때문이다. 지식, 기능, 성향, 느낌의 통합적 발달을 강조하는 교사의 역할이 필요하다(지옥정, 2005).

04 Chapter

프로젝트 지향 교육과정: 레지오 에밀리아 접근법

프로젝트[1] 지향 교육과정(project oriented curriculum)이라 일컬어지는 레지오 에밀리아 접근법(Reggio Emilia Approach)에 대한 관심이 최근 커지고 있다. 이장에서는 프로젝트 접근법에 대한 이해를 좀 더 확장하고자 레지오 에밀리아 접근법[2]에 내해 간단히 살펴볼 것이다.

레지오 접근법은 이탈리아 북부의 중소도시인 레지오 에밀리아 시에서 제2차 세계대전 직후 지역주민에 의해 시작되었으며, 교육철학자이며 교육운동가인 말라구찌(Loris Malagzzi)에 의해 발전하였다. 레지오 접근법은 시에서 운영자금을 지원받아 지역사회 주민

---

1) 프로젝트(projects)는 주제(themes)나 단원(units)과는 다르다. 주제란 어떤 폭넓은 토픽(topic)을 중심으로 활동을 할 때 사용되는 용어이다. 예컨대 '봄'을 중심으로 다양한 기본 기술(셈하기, 읽기, 쓰기, 철자 맞추기 등)을 배우고, 그림을 그리거나 만들기를 하는 것과 같은 일련의 활동들을 할 때 이를 주제 중심 교육이라고 한다. 단원이란 학교 교육과정의 여러 교과에서 볼 수 있는 일련의 레슨(lesson)이다. 단원은 미리 계획된 것으로 아동이 획득해야 하는 교과별 단원을 말한다. 프로젝트는, 이러한 주제나 단원과는 달리, 3장에서 정의했듯이 '특정 주제에 대한 깊이있는 탐구/연구'를 말한다. 탐구/연구란 아동들이 무언가를 결정하고, 논의하고, 설명하고, 예측하고, 가설을 세우고, 점검하고, 인터뷰하고, 새로이 추진하고, 관찰이나 상상으로부터 이끌어내고, 발견한 것을 보고하고, 누군가를 격려하고, 책임감을 갖고 수행하는 등과 같은 것을 포함하게 된다.

2) 레지오 에밀리아 접근법은 이 장에서 레지오 접근법, 레지오 에밀리아, 레지오 등으로 표현되고 있다.

모두가 협력 · 운영하는 독특한 영유아 교육철학 및 교육방법, 기관 조직, 환경구성 등을 통칭하는 교육체제이다. 0~3세 아동을 위한 영유아센터와 3~6세 아동을 위한 유치원에서 실시되고 있는 레지오 유아교육은 1991년 미국의 뉴스위크지가 뽑은 세계에서 가장 훌륭한 10개의 학교 중 유아교육분야에 선정되어 '어린이들의 창의성과 예술적 표현'에 찬사를 보내면서부터 유아교육자들의 관심을 끌고 있다.

레지오 접근법은 프로젝트 지향 교육과정이다. 일반적으로 한 가지 주제에 대해 깊이 있게 학습해 나가기 때문이다. 하지만 레지오 에밀리아 교육자들은 유아들의 상징적 표상에 특별히 초점을 두고 유아들의 지적발달을 유도하는 색다른 교육방법을 지향하고 있다. 유아들로 하여금 자신의 주변을 탐색하고 다양한 '백 가지 언어', 즉 말, 몸동작, 선그림, 페인팅, 조각, 그림자놀이, 콜라주, 음악 등의 여러 표현 방식을 통해 자신들을 표현하도록 격려하고 있다. 레지오 접근법의 대표적인 특징을 제시하면 다음과 같다(김혜민, 2004; 이기숙, 김정원, 이현숙, 전선옥, 2008; Forman, 1993).

1 레지오 에밀리아 접근법의 특징

1) 뒷받침하는 이론

일반 유아교육 프로그램은 특정 유아교육이론을 기반으로 개발되는 것이 일반적이다. 하지만 레지오 접근법은 교사와 부모들의 교육현장 경험을 통해 구성한 지식을 기존의 이론과 계속적으로 결합 · 통합시켜 발전되어 왔다. 따라서 레지오 유아교육은 교사의 개인적인 철학, 직관, 경험이 반영되고, 부모참여가 중요시되고, 유아 · 학부모 · 동료교사 · 지역사회의 상호작용이 강조되고 있다. 레지오 교육현장 지식과 결합된 핵심이론으로는 비고츠키(Vygotsky)의 사회적 구성주의다. 비고츠키의 비계설정 개념, 사회적 상호작용, 다상징적 표상물의 내면화 등은 레지오 접근법의 이론적 기초를 이룬다. 또한 듀이(Dewey)의 진보주의, 피아제(Piaget)의 인지적 구성주의, 가드너(Gardner)의 다중지능이론, 브루너(Bruner)의 탐구학습 혹은 발견학습, 브론펜브레너(Bronfenbrenner)의 생태학이론 등도 결합 · 통합되어 레지오 접근법의 이론적 바탕이 되고 있다.

2) 교육과정의 운영

레지오 에밀리아 접근법의 교육목적은 '백 가지 언어'를 통한 자기표현, 교사 · 또래 · 부모와의 의사소통, 사회문화적 환경 등을 통합하여 사고할 수 있는 총체적 어린이(whole child)를 기르는 일이다. 이를 위해 어린이 각자에게 초점을 맞추고, 부모, 교사, 학교환경, 지역사회, 그리고 보다 넓은 사회와 다각적인 상호협력의 관계 속에서 교육이 이루어지고 있다.

(1) 발현적 교육과정

레지오 접근법의 교육과정을 발현적 교육과정의 성격을 띤다. 프로젝트 주제는 유아의 흥미를 토대로 선정되고, 학습내용은 미리 정해진 순서를 따르는 것이 아니라 유아의 관심, 유아를 위한 교육적인 가치, 사회문화적인 환경 등을 기초로 지속적으로 정해진다. 즉, 교사는 유아들의 활동을 매일 관찰하면서 그들의 '백 가지 언어'에서 나타난 관심에 대해 이야기를 나누고, 유아를 위한 교육적인 가치와 사회문화적인 의미 등을 고려하면서 다음번에 어떻게 활동을 전개할 것인가에 대하여 유아와 함께 결정한다.

교사는 또한 협동적이면서 동시에 자율적인 활동 여건을 만들어 주기 위해 보통 3~4명으로 구성된 소집단으로 프로젝트를 진행한다. 어릴수록 더 적은 인원수로 구성하여 상호작용의 질을 높이고, 간혹 혼합연령 집단으로 구성하기도 한다. 프로젝트 진행 기간은 유아의 흥미에 따라 달라지기 때문에 미리 정해지지 않는다.

레지오 접근법에서는 장 · 단기 프로젝트를 구상하기는 하나 이것은 하나의 기본적인 뼈대 역할만 할 뿐이다. 프로젝트가 일단 진행되면 그때그때 모두 유아와 교사가 결정하는 발현적 교육과정의 특성을 지닌다.

(2) 표상활동

레지오 에밀리아 교육자들은 유아들이 주제를 탐구하는 동안 그림, 페인팅, 조각, 그림자놀이, 콜라주 등의 여러 상징적 매체, 즉 유아의 '백 가지 언어'를 통해 자신의 생각을 표상하도록 한다. 교사는 유아들이 주제에 대해 이해하기 위하여 표현하고자 의도한 것을 자신의 표상방법을 통해 충분히 표현했는지에 대해 토론하고, 활동을 반복하고('상징화 주기' 참조), 서로의 작품을 수정하도록 격려한다. 이처럼 유아들이 작품을 탐색하고 평가하는 과정에 참여함으로써 유아들은 자신의 작품에 대한 지속적인 발전의 중요성을 인식하게 된다.

(3) 상징화 주기

레지오 접근법에서는 프로젝트가 전개되면서 유아의 흥미와 교사의 판단에 따라 활동 경험을 반복하는 기회를 충분히 갖는다. 프로젝트 접근법이 어떤 주제에 관련된 궁금한 점들을 토의활동, 현장활동, 조사활동, 전시활동을 통해 탐색하여 전체 주제에 대한 이해의 폭을 넓힌다면, 레지오 접근법은 한번 탐색했던 현상이나 사건을 다상징적 매체를 사용하여 거듭 표상하고 재표상하는 순환적 전개, 즉 상징화 주기(Cycles of Symbolization)를 통해 이해의 수준을 깊게 하는 특징이 있다. 즉, 주제와 관련된 현상이나 사건을 관찰, 재관찰하고, 다양한 표상 매체를 통해 거듭 표상함으로써 중요한 경험을 깊이 있게 고찰하고 탐색시켜 나가는 교수전략을 활용한다. 아동들의 사고가 직선적인 방식보다 나선형의 방식으로 이루어진다고 본 것이다.

(4) 기록 작업

레지오 접근법에서는 유아들의 활동과정과 활동결과(작품)를 기록으로 남기는 작업에 다음과 같은 특별한 의미를 부여한다. 첫째, 교사는 유아 각자의 활동이나 소집단 내에서의 활동에 대한 관찰기록을 가지고 유아의 발달과 학습의 정도를 파악 · 평가할 수 있어 다음 교육과정을 계획하는데 근거가 된다. 둘째, 유아들은 자신 활동 기록물, 예컨대 작업 모습이 담긴 자기 사진, 완성된 작품 샘플, 활동 기간 동안의 대화자료 등을 가지고 자신의 활동 경험을 돌이켜보고 새로운 활동에 반영할 수 있는 기회를 가지게 된다. 마지막으로 포트폴리오와 다이어리 형태의 작업 기록은 유아의 일상생활, 발달상황, 평가결과 등에 대한 정보를 담고 있어 가족과 지역사회를 연결하는 도구가 된다.

3) 인적 · 물리적 환경

(1) 교사

레지오 접근법에서는 유아를 이해하려는 교사의 노력이 무엇보다 강조된다. 그리하여 2명의 교사가 팀이 되어 한 학급(0~3세 영아학급 혹은 3~6세 유아학급)을 3년간 담당한다. 교사는 유아의 학습을 지원해주고, 유치원 안팎의 인물들과 상호 교류한다. 레지오 접근법에서 교사의 역할을 요약하면 다음과 같다.

첫째, 유아를 관찰·기록한다. 교사는 유아들의 활동과정을 세심하게 관찰하고, 사진을 찍고, 유아들 간의 대화를 기록하거나 녹음한다. 이는 앞서 언급했듯이 교사, 유아, 가족 및 지역사회에 여러 의미를 부여할 뿐만 아니라 프로젝트 활동 진행에 대한 계획을 세우고 앞으로 발현될 모든 가능성을 대비할 수 있는 자료가 된다.

둘째, 유아가 가설적 문제를 찾아서 해결하도록 지원한다. 주제에 대한 탐구를 하는 동안 유아의 지적 성장을 가져오기 위해 유아 내적으로 인지적 불균형을 가져오는 가설적 문제를 찾을 수 있도록 도와주고, 유아 자신의 다양한 아이디어, 깊은 사고, 반복적인 사고, 검증 등을 통해 최선을 다해 가설적 문제를 해결하도록 돕는다.

셋째, 유아의 학습활동에 적절히 개입한다. 유아가 상징화 주기를 통해 이해의 수준을 깊게 하는 과정에서 교사의 순간적인 판단에 의한 적절한 개입은 아주 유용하다. 예컨대, 상징화 주기과정 동안 아동들끼리 지식의 공동 건설을 촉진시킬 수 있다고 교사가 판단하면 유아의 이야기에 귀를 기울이고 있다가 이를 놓치지 않고 곧바로 개입하여 주의를 환기시키면 아동들 간의 대화, 토론, 공동 활동 등을 자극하고 확장하게 되어 지식의 공동 건설을 가져올 수 있다.

넷째, 교사도 자신의 사고를 재구성하고 변화시킨다. 레지오 접근법에서는 유아나 성인 모두 서로 배우는 자세를 가진다. 프로젝트가 진행되면서 교사는 끊임없이 유아의 말을 듣고 행동을 관찰하면서 그들의 사고, 아이디어, 행동에 대한 가설을 계속 실제에 적용·수정하면서 활동을 이끌어가도록 도와준다. 이러한 과정에서 교사도 자신을 개방하여 자신의 생각을 재구성하고 변화시켜 나아간다.

다섯째, 다른 동료교사들, 아뜰리에리스타, 페다고지스타, 학부모, 지역사회 인물 등과 상호작용한다. 교사는 이들과 의견을 교환하고 토론을 하는 일을 자신의 주요 임무 중 하나로 보고 이를 통해 교육의 발전과 자신의 변화를 도모한다. 특히 교수 행동에 대한 동료 교사들과의 의사소통, 공동 행위, 비판, 정서적 지원 등을 통해 프로젝트 활동 과정의 진행을 배우게 되는데, 이러한 모습은 유아나 부모에게 협동의 본보기를 보여주게 된다.

여섯째, 레지오에서는 현장 훈련에 의한 전문가로서의 자기 성장을 위해 현직 교사훈련이 무엇보다 강조된다.

(2) 아뜰리에리스타

아뜰리에리스타(atelierista)는 시각 미술을 전공한 교사이다. 이들은 아뜰리에에서 주로 일하면서 유아가 프로젝트를 잘 수행할 수 있도록 도와주며, 창의적인 자료를 사용할 수 있도록 지원한다. 또한 학급의 담임교사들과 협력하여 교육과정의 개발과 기록 자업을 함께 하거나 다른 유아교육기관과 연계하여 장기 프로젝트에 참여하기도 한다.

(3) 페다고지스타

페다고지스타(pedagogista)는 교육과정 및 활동을 조정하고 상담하는 일종의 장학사로 우리말로는 교육조정자라 일컬어진다. 페다고지스타는 영유아센터 혹은 유치원을 3개 정도 담당하여 교직원의 임무배정, 작업시간 조정, 설비의 보수 등과 같은 운영에 관한 일을 하고, 현재 진행되고 있는 프로젝트에 참여하여 자문도 해준다. 또한 특징 주제의 프로섹트와 관련하여 좀 더 깊이 있고 폭 넓은 연구를 위하여 다양한 기관 또는 전문가들과 함께 장기적인 프로젝트를 운영하기도 한다. 그 밖에 학교와 부모 또는 지역사회와의 다양한 종류의 만남을 계획·실행하고, 다른 페다고지스타와 함께 유치원과 영유아센터 전반에 관련된 정책이나 문제를 토론하거나 교사의 현직 교육을 계획 · 실행한다.

(4) 부모 및 지역사회

레지오 접근법에서는 부모와 지역사회 참여를 교육의 필수조건으로 본다. 교사, 부모, 시민, 지역사회의 여러 집단이 참여한 학교-도시 위원회(school-city committee)는 학교 정책의 수립, 아동발달, 교육과정의 계획과 평가를 함께 의논하고 결정을 하는데 이는 레지오 에밀리아가 부모 및 지역사회 중심으로 운영되고 있음을 말한다.

(5) 물리적 환경

레지오의 물리적 환경은 순환성, 투명성, 아름다움 등이 그 주된 특징이다. 순환성이란 모든 공간이 자연스럽게 연결되어 어느 곳이나 통할 수 있도록 물리적 환경을 배치하고 있음을 의미한다. 이는 유아 · 교사 · 부모 · 환경 간의 상호작용을 최대한 장려하는 레지오의 정신을 반영하여 만남, 상호대화, 관계를 촉진할 수 있도록 한다. 중앙에 위치한 공용 공간(피아자, piazza)을 향해 개방된 교실, 아뜰리에, 도서실, 부대시설 등으로 배치되고 이들 모두 문을 통해 연결된다. 각 교실은 극놀이 영역, 대소근육 영역 등의 영역별 활동 공간이 있다. 아뜰리에는 손과 정신으로 여러 도구, 재료를 탐색하고 기술을 익히며, 교실에서 계획한 활동과 연계하여 프로젝트를 수행한다. 이러한 큰 아뜰리에 이외에 각 교실 옆에 미니 아뜰리에와 같은 작은 공간도 있다.

투명성은 유리문과 창문, 여러 종류의 빛, 빛을 활용하는 기구 등을 활용하여 투명성의 원리를 레지오 에밀리아가 실현하고 있음을 뜻한다. 문과 창문은 모두 유리를 사용하여 교사나 유아들이 서로의 존재를 보고 느낄 수 있고, 또한 자연채광, 형광등, 백열등 등과 같은 여러 가지 빛이나 투시물 환등기, 슬라이드 프로젝트, 빛 책상, 손전등 등과 같은 다양한 빛을 활용하는 기구를 가지고 투명성의 원리를 실천한다.

그 밖에 레지오의 물리적 환경은 다양한 상징매체를 활용한 유아의 작품들, 기록물, 사진 등이 심미적으로 전시되어 있어 아름답다. 또한 프로젝트 활동을 위한 자료도 잘 정돈되어 있어 안전하게 활동하는 공간 이상의 유아에게 적합한 학습 공간으로서의 의미를 지닌다.

2 레지오 에밀리아 접근법과 프로젝트 접근법의 특징 비교

레지오 에밀리아 접근법과 프로젝드 집근법의 특싱을 비교·정리하면 표 4-1과 같다.

〈표 4-1〉 레지오 에밀리아 접근법과 프로젝트 접근법의 특징 비교

	레지오 에밀리아 접근법	프로젝트 접근법
역사적 배경 및 이론	• 교육현장에서 교사와 부모들의 경험을 통해 구성한 지식을 기존의 이론과 계속적으로 결합·통합시켜 발전함. 말라구찌가 그 기초를 마련 • 교육 경험과 통합된 이론은 듀이, 피아제, 비고츠키, 가드너, 브루너, 브론펜브레너 등의 이론들임	• 듀이의 이론을 근거로 해서 킬패트릭이 체계화한 '프로젝트법'을 캐츠와 차트가 오늘날 교육의 현실에 맞게 재조직한 교육의 내용 및 방법 • 듀이의 이론 외에 비고츠키 이론의 교육방법, 정보처리이론, 가드너 이론 등이 프로젝드 집근법의 기초가 됨
교육과정의 운영	• 교육목적은 자기표현, 의사소통, 사회문화적 환경을 통합적으로 사고하는 총체적 어린이(whole child) 양성 • 발현적 교육과정의 성격을 지닌	• 교육목적은 유아의 지식, 기능, 성향, 느낌의 통합적 발달 • 프로젝트 접근법은 특정 주제에 대한 깊이 있는 탐구를 통해 주제에 대한 이해의 폭을 넓힘.

	프로젝트 지향 교육과정임. 다양한 매체로 '백 가지 언어'를 표현하는 상징적 표상에 특별히 초점을 둠. 대부분 소집단 형태로 활동 진행 • '상징화 주기'를 거치면서 토의하고 표상하면서 의미 있는 지식을 유아 스스로 구축, 재구축해 나가는 비구조적 과정을 밟게 됨. <예> • 1주기: 유아가 알고 있는 것과 경험한 것 말하기 • 2주기: 주제에 대한 표상(그림, 구성물 등)하기 • 3주기: 주제에 관련된 실제 경험하기 • 4주기: 실제 경험 후 다시 표상하기 • 5주기: 첫 그림과 비교하기 • 6주기: 주제와 관련된 경험 확장하기 • 7주기: 주제와 관련된 경험 후 표상하기 • 8주기: 이전 그림들과 비교하기 ⋮ • 마지막 주기: 전시 및 평가	연령 및 프로젝트 경험 유무에 따라 융통성 있게 대-소집단으로 활동 진행 • 프로젝트 각 단계의 특성에 따라 특징적인 활동들(예: 토의 · 현장 · 표현 · 조사 · 전시 활동)을 중심으로 해서 어느 정도 구조화된 과정(준비단계, 시작단계, 전개단계, 마무리단계)을 밟게 됨 <예> • 준비단계: 주제 선정(교사의 준비: 예비 주제망 구성, 자원목록 작성 및 필요한 자원 준비, 환경구성, 부모에게 알리기) • 시작단계: 경험 나누기 → 생각 모으기 → 유목화 → 주제망 구성 → 질문목록 작성 → 흥미유발 활동 • 전개단계: 문제해결을 위한 예측활동 → 실험 · 실습 · 관찰활동 → 표상활동 → 소집단 협동활동 → 현장견학, 전문가 초빙 • 마무리단계: 마무리 행사 준비 → 마무리 행사(발표회, 전시회 등) → 마무리 행사 이후 • 평가
인적 · 물리적 환경	• 2명의 교사가 한 학급의 유아를 3년 동안 담당함 • 아동의 지적 성장을 가져올 수 있는 문제를 해결해 나가도록 자극하는 과정에서 동료 교사뿐만 아니라 유치원 안팎의 사람들과 상호작용하고 의견을 교환함(예: 아뜰리에리스타, 페다고지스타, 학부모, 지역사회 인물 등) • 순환성, 투명성, 아름다움이 물리적 환경의 특징임	• 1~2명의 교사가 학기 초 새로운 학급을 담당하는 것이 일반적임 • 아동 흥미를 불러일으키는 생활 중심 문제를 아동과 해결해나가면서 주로 동료 교사와 토의 · 상의하고 부모나 지역사회 전문가의 협조를 받음 • 유아의 개별작품이나 소집단 활동 결과물을 벽면이나 게시판에 전시함

Part 02 프로젝트 수업과 이론

프로젝트 수업 시작을 위해 교사가 알아두어야 할 내용을 다룰 것이다. 5장은 프로젝트 수업의 다양한 특징을 소개할 것이고, 6장에서는 '나비' 프로젝트 사례를 통해 실제 수업과 이론을 접목해 볼 것이다. 어느 연령의 영유아반 교사이건 '나비' 프로젝트를 통해 프로젝트 수업의 이론을 구체적으로 숙지하게 되면 교사 나름의 창의적인 프로젝트 수업을 진행하는데 큰 도움을 주리라 본다.

5장 프로젝트 수업의 특징

1. 프로젝트 수업의 일반적 실천 원리
2. 프로젝트 수업지원을 위한 다양한 수업법
3. 프로젝트 수업의 활동과정 특징
4. 프로젝트 수업 시 교사 유의점
5. 만 1, 2세 영아반 프로젝트 수업의 특징

6장 프로젝트 수업과 이론: '나비' 프로젝트

05 Chapter

프로젝트 수업의 특징

앞서 프로젝트 수업의 목적을 지식의 획득, 기능의 습득, 성향의 계발, 느낌의 발달이라 했다. 이들 네 가지 통합발달을 위한 프로젝트 수업의 일반적 실천 원리, 다양한 수업법, 활동과정 등을 소개하면 다음과 같다.

1 프로젝트 수업의 일반적 실천 원리

프로젝트 수업에서 교사는 도전의식을 가지는 것이 중요하다. 어떠한 여건과 상황(예: 부족한 교육 공간이나 설비 혹은 교육자료, 높은 교사 대 유아 비율 등)이라도 이를 도전이라 여기고 창의적이고 건설적인 해결 방안을 도출해야 한다. 이는 교사 자신은 물론 유아도 계발되어야 하는 가치 있는 성향이라 할 수 있다. 프로젝드 수업목적인 유아의 지식, 기능, 성향, 느낌의 통합발달을 위한 수업의 일반적 실천 원리는 다음과 같다(Katz & Chard, 2000).

(1) 학교는 생활의 장이다.

학교 바깥으로 연결될 수 있는 실제적인 삶을 학교에서 경험할 것을 프로젝트 접근법은 강조한다. 예컨대 항상 경험하는 일상의 활동, 외부적 압박이 없는 활동, 도전적인 활동 등을 위한 시간을 할당해서 아동들이 집중하도록 하고, 노력하도록 하고, 몰입하도록 한다. 유아가 어릴수록 더욱더 그들의 활동은 자신의 직접적인 경험과 실제적인 환경과 관련되어야 한다.

(2) 수업활동이 유아 개개인에게 유의미하여야 한다.

유아마다 발달 수준, 환경에 따른 경험의 다양성, 지식의 정도, 학습 스타일 등에서 많은 차이를 보인다. 프로젝트 수업에서는 이러한 개인차를 존중하여 개개 유아가 자신감을 가지고 활동에 적극적으로 참여하여 뜻있는 경험을 하도록 한다.

(3) 유아의 발달을 촉진하기 위해 상호작용을 강조한다.

유아의 성인, 또래 유아, 환경, 다양한 교구들과의 상호작용은 이들의 다양하고도 폭넓은 학습을 촉진시켜 발달을 이루도록 한다. 이는 유아들의 활동이 수동적이기 보다 좀 더 능동적이고, 수용적이기 보다 표현적인 활동의 중요함을 의미한다.

(4) 부모를 비롯한 지역사회 자원을 활용한다.

교육의 효과를 위해서는 교사나 교육기관뿐만 아니라 유아 주변의 인적·물적 자원, 예컨대 부모의 협조로 제공한 풍부한 활동자료, 지역사회 구성원들과의 전문적인 면담 등이 필요하다.

(5) 체계적 교수나 놀이활동과 프로젝트 활동이 균형을 이루도록 한다.

프로젝트 활동은 기존의 체계적인 교수나 자발적인 놀이에 의거해서 학습한 내용을 보충・강화함으로써 체계적 교수나 놀이활동과 프로젝트 활동이 균형을 이루도록 한다(표 5-1 참조).

〈표 5-1〉 체계적인 교수와 프로젝트 활동의 비교

체계적인 교수	프로젝트 활동
교사는 아동이 기능(skill)을 습득하도록 도와준다.	교사는 아동이 기능(skill)을 적용할 수 있는 기회를 준다.
아동은 교사를 만족시키고 보상을 획득하기 위해서 동기유발된다. (외재적 동기유발)	아동의 흥미와 몰입이 노력과 동기유발을 불러일으킨다. (내재적 동기유발)
교사가 학습활동을 선정하고 적합한 교수자료를 제공한다.	아동은 교사가 제공하는 다양한 활동을 아동 자신의 도전 수준에서 선정한다.
교사가 전문가며, 교사가 아동의 문제점을 알려준다.	아동이 전문가며, 교사는 아동의 실력을 활용한다.
교사가 아동의 학습, 진전, 성취에 대해 책임이 있다.	아동과 교사 모두가 학습과 성취에 대해 책임이 있다.

출처: Katz, L. G. & Chard, S. C.(2000). *Engaging children's minds: The project approach*(2nd ed). p. 13. Stanford: Ablex.

(6) 교사는 공동학습자의 역할을 하도록 한다.

교사들은 흔히 자신들이 프로젝트 주제에 대해 광범위하게 알고 유아의 질문에 답을 해 주어야 한다고 생각하는 경우가 많다. 하지만 이는 구성주의에 근거를 두고 있는 프로젝트 교수의 원리라 볼 수 없다. 프로젝트 교사는 유아의 활동을 자극하고, 안내하고, 인시갈등을 유도하고, 격려하는 등과 같은 공동학습자의 역할을 하도록 한다.

(7) 학급의 질서유지를 위한 규칙이 적정수준이어야 한다.

유아들에게 유익한 프로그램이란 그들의 마음이 몰입되어 활동이 전개되는 프로그램을 말한다. 이를 위해 학급은 규칙이나 규정, 질서 등이 적정 수준이어야 한다. 왜냐하면 질서유지를 위한 규칙이 지나치게 되면 비 지적인 것에 압도당하고, 너무 적으면 학급 내 혼동과 혼란을 초래하기 때문이다. 유아가 몰입하게 되는 교육상황에서 나타나는 유아의 이야기는 다음과 같다. 즉 '선생님, 다시 설명해 주실 수 있나요?', '이것을 천천히 다시 말씀해 주실 수 있나요?', '이것 좀 도와주실 수 있나요?', '또 다른 것을 해도 될까요? 이제 더 잘할 수 있을 것 같아요.' 등이다.

(8) 유아들의 자기 평가를 유도한다.

교사의 도움으로 유아가 자신의 활동을 평가하게 되면 활동 진행 과정에서 더 큰 책임감을 가지게 된다. 예를 들어보자. 유아가 자기 활동의 결과물을 매일 집으로 가져가게 되면 그날의 결과물만을 강조하게 된다. 그러나 한 주 동안의 결과물들을 포트폴리오로 만들어 그중 어떤 결과물을 가지고 가족과 나누고 싶은지 한 가지를 선정하도록 하면 유아는 자신의 노력을 평가하는 성향을 강화시킬 수 있을 것이다. 이러한 자기평가를 기초로 유아는 과제를 되풀이해보고 싶어 하고, 다르게도 해보려 할 것이고, 정교화시켜 보고자 할 것이다. 유아의 자기평가를 위한 교사 발언의 예를 든다면, '네가 잘해내고 있다고 생각하니?', '더 열심히 작업해야 한다고 생각하니?', '누군가가 너를 도와주면 좋겠니?' 등이다. 이와 같은 말은 유아의 자기평가로 이어지고 이는 활동의 진전을 위한 책임감 발달에 바탕이 될 수 있을 것이다.

(9) 다양한 수업법을 활용한다.

다양한 배경과 발달적 패턴을 지닌 유아들에게 동질적인 수업법은 이질적인 결과물을 낳게 한다. 모든 유아가 지식, 기능, 성향, 느낌 등의 통합적 계발이라는 공동의 프로젝트 목적을 이루고 동시에 유아들의 능력과 재능에서의 개인차를 존중하기 위해서는 다양한 수업 전략과 교육과정 요소들이 필요하다. 게다가 어린 유아일수록 교수법은 더욱 다양하여야 한다. 이는 어릴수록 환경에 대해 표준적으로 반응할 수 있는 사회화가 잘 안 되고, 어릴수록 그들의 배경경험이 더욱 독특하기 때문이다.

2 프로젝트 수업지원을 위한 다양한 수업법

어린 유아를 위한 프로젝트 접근법은 다양한 수업법의 지원이 필요하다. 예컨대, 인지적 도제, 발견학습, 문제해결학습, 또래교수, 교수적 대화, 협동학습, 자기주도학습 등과 같은 학습법들이다. 이들은 프로젝트 학습법과 마찬가지로 사회적 구성주의에 그 바탕을 두고 제각각 특정한 측면의 수업법을 강조한다. 따라서 이들 수업법들은 개인차가 큰 유아들에게 적절히 활용하면 모든 유아가 지식, 기능, 성향, 느낌 등의 통합적 계발이라는 공동의 프로젝트 목적을 이루는데 도움을 줄 수 있을 것이다. 이들 학습법들에 대해 간단히 살펴보면 다음과 같다(이명조, 김소아, 2009; Slavin, 2006; Woolfolk, 2007).

1) 인지적 도제

구성주의자들은 도제의 방식이 비록 역사적으로 오래된 것이지만 일상의 교실수업에 전이하여 적용할 것을 제안한다. 도제란 학습자가 독자적으로 일할 수 있을 때까지 전문가와의 상호작용을 통해 전문지식을 점진적으로 습득해가는 과정이다. 이는 지식과 경험이 풍부한 대가(master)와 다른 도제들 곁에서 수공업 기술, 무역 등을 학습했던 오래전 방식을 응용한 학교 학습방법의 형태로 현대 직업세계에서도 이러한 도제방식을 많이 취한다. 간단히 말해 현장 학습 방식이라 할 수 있다.

인지적 도제는 아동들이 과제를 수행하고 교사가 이를 돕는 경우, 혹은 능력이 서로 다른 학습자들끼리 도와주는 경우 매우 효과적인 교수-학습이 될 수 있다(Greeno, Collins, & Resnick, 1996; Harpaz & Lefstein, 2000). 인지적 도제 학습방식의 절차와 특징은 다음과 같다(Collins et al., 1989).

① 아동들은 전문가(교사)가 시범을 보이는 것을 관찰함
② 아동들은 개인 교수나 지도(힌트, 피드백, 모델, 조언 등)를 통한 외적 지지를 받음
③ 아동들이 제공받는 안내, 지지, 격려 등과 같은 발판(scaffolding)은 유능해지고 숙달 될수록 점차 약화됨
④ 아동들은 학습한 내용을 포함해서 자신의 지식을 끊임없이 서로 연결함
⑤ 아동들은 자신의 문제해결을 전문가의 수행과 비교해보고 자신의 초기 수행과도 비교하며 자신의 진보를 반추함
⑥ 아동들은 자신이 학습한 것을 적용할 새로운 방식, 즉 교사가 시도하지 않았던 방식을 탐구하도록 요구됨

최근에 학교 상황에서 읽기 이해를 증진시키기 위해 인지적 도제가 적용되고 있다. 소규모 읽기집단의 아동들에게 다음 네 가지 전략, 즉 문단 내용 요약하기, 요점 질문하기, 어려운 부분 명확히 하기, 다음에 올 것 예측하기를 학습하도록 설명하고 모델을 보여준

다음 연습하도록 격려한다. 이렇게 처음에는 교사가 중심적인 역할을 맡지만 점차 아동이 독립적으로 하도록 한다. 이와 같은 학습방식을 상보적 교수(reciprocal teaching)라고도 한다.

2) 발견학습

발견학습(discovery learning)은 Dewey의 영향을 받아 Bruner(1966)에 의해 체계화된 오랜 역사를 지닌 구성주의 교수방법 중 하나이다. 발견학습은 학습자에게 제공해야 할 내용을 최종 결과의 형태로 제시하는 것이 아니라, 학습자 스스로 조직하도록 요구되는 상황에서 일어나는 학습이다(윤기옥 외, 2002). 마치 해당 분야의 과학자가 하는 것과 같은 방식으로 교사는 아동에게 특정 경험이나 실험을 수행하게 하여 아동 스스로 개념과 원리를 발견하도록 하는 방법이다. 예컨대, 공과 블록을 경사로에 굴리보게 하여 굴리 내려오는 속도를 결정하는 숨은 원리를 발견하도록 한다. 이처럼 구체적인 사례를 통해 일반화를 찾아보게 하는 발견학습의 의의는 앎이란 결과물이 아닌 과정이라는 관점에서 아동 스스로 지식습득의 과정에 참여해 보도록 한다는 점이다(Bergstrom & O'Brien, 2001; Bruner, 1966). 이러한 발견학습은 학습자의 호기심을 유발시켜 해답을 찾을 때까지 탐구하게 하는 동기를 유발시킨다.

발견학습은 구성주의가 중점을 두는 하향식(top-down) 수업을 지향한다. 하향식 수업이란 학습자가 복잡한 문제를 해결하기 위해 학습을 시작한 다음 교사의 안내로 필요한 기초적 기술들을 발견하거나 배우는 것이다. 여기서 문제란 단순하거나 부분적인 과제가 아니라 아닌 복잡하고 완전하며 실제적인 과제를 말한다. 이 접근은 전통적인 상향식(bottom-up) 수업, 즉 기초적인 기술에서 차츰 더 복잡한 기술로 발전해 간다고 보는 수업과는 대조를 이룬다(Slavin, 2006).

발견학습의 방법과 교사의 강의 방법의 차이점은 표 5-2와 같다(윤기옥 외, 2002, p.158).

〈표 5-2〉 강의법과 발견법의 차이점

강의법	발견법
교사가 주로 이야기하며, 아동들은 거의 질문이 없다.	교사의 말은 주로 질문이다. 아동들은 수업에 적극적으로 참여한다.
먼저 개념이나 법칙을 정의하고, 그 다음에 예를 들어 설명한다.	먼저 예들을 소개한다. 아동들은 이를 분석하여 개념이나 법칙을 결정한다.
교사가 추상적 개념을 정의한다.	아동들이 추상적 개념을 정의한다.

3) 문제해결학습

문제해결학습(problem solving learning)은 참 과제(authentic tasks)로 학습을 시작한다. 즉, 아동과 직접적으로 관계되어 아동 자신에게 의미를 주는 실제 문제가 제시되고 그 해결책을 찾는 과정을 통해 교과의 내용을 학습하게 한다. 예컨대, 실제 신문기사 내용의 문제(예: 조기취학, 조기영어교육, 아동 왕따 등과 같은 문제)를 가지고 이를 해결하는 과정에서 읽기, 쓰기, 말하기 등을 학습하게 된다. 한국교육개발원에서는 문제해결의 과정을 문제의식, 문제이해, 계획수립, 실행, 반성의 5단계로 설정하고, 먼저 교사와 아동들이 함께 토론하면서 문제해결 단계 및 전략을 익히고 나서, 다음에는 아동을 소집단으로 나누어 각 집단 별로 문제를 해결해보도록 한다(윤기옥 외, 2002).

그런데 우리의 대부분의 참문제는 창의적인 방법으로 해결해야 하는 경우가 많다. 이를 위해 우선은 문제가 모든 아동의 호기심을 자극하여 동기유발시킬 수 있는지를 검토해야 한다. 그 다음 제시된 문제를 해결하기 위해서는 문제의 성격에 따라 때로는 문제의 주요 특징이나 구체적인 요소들을 상세히 분석할 수 있고, 때로는 브레인스토밍방법을 활용하기도 한다. 그리고 창의적인 사고에 집중할 수 있는 개방적이고 허용적인 편안한 분위기와 해결과정에 대한 피드백도 문제해결 과정에 중요한 요소이다(이명조, 김소아, 2009).

4) 또래교수

Vygotsky의 관점에 근거하고 있는 또래교수(peer-tutoring)는 또래 아동 간 불균형적인 능력을 지적발달의 기제로 간주한다. 예컨대, 한 아동이 상대방 아동보다 항상 더 높은 발달적 수준에 있을 때도 있지만 특수한 과제에서는 그렇지 못할 때도 있다. 따라서 아동들끼리 교사와 아동의 역할을 서로 번갈아가면서 가르친다면 매우 실용적이고 효과적인 학습이 될 수 있다(Mathes, Torgeson, & Allor, 2001). 즉, 가르치고 배우는 아동 모두의 성취를 향상시킬 수 있다. 가르치는 아동은 가르치기 위해 정보를 조직화해서 자신의 말로 바꾸고 관련 예까지도 생각해야 하고, 배우는 아동 역시 질문에 답하면서 자신이 이해하고 있는지를 점검하게 된다.

한편, 가르치는 아동이 배우는 아동보다 성취도 향상이 더 큰 것으로 나타난 연구도 있는데 이는 다른 사람에게 어떤 것을 가르침으로써 그것을 완전하게 배울 수 있기 때문이다(Rekrut, 1992). 또래교수 방법을 효과적으로 이용하기 위해서는 구체적인 수업활동 속에서 가르치는 자와 배우는 자 모두 규칙(예: 교정적 피드백, 상호 의견 존중, 양보 등)에 대해 명확하게 이해하도록 훈련을 받아야 한다(Slavin, 2004).

5) 교수적 대화

교수적 대화(instructional conversation)란 아동의 학습을 촉진시키는 대화를 말한다. 이러한 교수적 대화는 교사가 일방적으로 아동에게 말하는 교사중심의 강의를 의미하는 것이 아니라 아동이 자신의 이해를 구성하도록 돕는 안내자 역할을 하는 대화이다. Vygotsky에 의하면 학습은 교사나 다른 아동들의 발판, 즉 비계를 필요로 한다고 보았는데 이 교수적 대화는 비계의 일종이라 볼 수 있다. 교사는 아동들이 이러한 대화를 통해 자신들 스스로의 이해를 구성하도록 돕는 안내자가 된다.

교수적 대화를 촉진하는 King(2002)의 상보적 질문(reciprocal questioning)은 다음 표 5-3과 같다. 앞서 언급한 상보적 교수(reciprocal teaching)나 또래교수(peer tutoring)와 같은 구성주의 방법들도 이 생산적인 질문 방법으로 상호작용을 촉진하고, 사고를 정교화하도록 한다.

〈표 5-3〉 상보적 질문의 예들

상보적 질문	
-의 새로운 예는 어떤 것이 있을까? -만약 ~이라면 어떤 일이 있을까? -은 우리가 전에 배운 것과 어떻게 연결되나? -은 어떻게 하는지 설명하라. -은 무슨 의미를 갖는가? -측면에서 ~과 ~을 비교하라. -왜 ~이 중요한가?	-을 위해 ~을 어떻게 사용할 것인가? -의 장점과 단점에는 어떤 것이 있나? -이 왜 그런지 설명하라. -은 ~에 어떻게 영향을 미치나? -과 ~은 어떻게 유사한가(혹은 다른가)? -을 야기한 것은 무엇이라고 생각하는가? -이라는 말에 찬성하는가? 혹은 반대하는가? 그 이유를 대라.

6) 협동학습

협동학습(cooperative learning)은 학습능력이 각기 다른 소집단의 아동들이 최대의 학습효과를 가져오기 위해 공동으로 노력하여 주어진 학습과제의 목표에 도달하기 위해 활동하는 수업방법이다(이수련, 2008; Johnson & Johnson, 1999; Jolliffe, 2007). 협동학습에 대한 연구는 사회심리학 분야에서 시작되어 1900년대 초기 Dewey가 프로젝트 접근법에서 협동학습을 강조하였으며, 1960년대 이후 이론

연구를 비롯해 다양한 배경을 지닌 아동들의 통합교육의 필요에 의해 교실현장의 본격적인 도입이 이루어지게 되었다(송응식, 2004).

오늘날 사회적 구성주의가 아동교육에의 적용이 확대되고, 21세기 정보기술, 상호의존, 다문화 등의 사회적 특성은 경쟁이 아닌 도움을 주는 협동의 필요성이 강조됨에 따라 협동학습에 대한 관심이 증폭되고 있다. 최근 유아를 대상으로 한 협동학습에 대한 연구에서 창의성에 긍정적인 효과를 나타내고(김성숙, 2000; 선지은, 2005; 하은미, 2001; Yelland, 1995; Young, 2008), 사회적 능력을 향상시키고(이수련, 2008; 최형원, 2001; Arterberry, Cain, & Chopko, 2007), 자아존중감에 긍정적인 영향을 준다고 보고하고 있다(이수련, 2008; Willis, 2007).

협동학습의 협동이란 아동들이 어떤 집단에 속해진다고 해서 자동적으로 발생되는 것이 아니다. 진정한 협동학습 집단이 되기 위해서는 학습과제를 시작하기 전에 다음의 협동학습의 주요 요소들을 배우고 연습해야 한다(Johnson & Johnson, 1999).

① 긍정적 상호 의존: 협동학습은 서로 간의 설명, 지지, 안내를 필요로 하며, 이를 위해 역할 분담을 강조한다. 긍정적인 상호 의존은 나의 일이 타인에게 도움이 되고 타인의 일이 나에게 도움이 되어 서로 의존하도록 한다. 그리하여 서로 윈윈(win-win)할 수 있는 결과를 가져온다.

② 대면적 상호작용: 협동학습은 가까운 위치에서 서로 얼굴을 맞대고 상호작용한다.

③ 개별 책임감: 협동학습은 구성원 간의 협동을 중시함과 동시에 구체적인 역할에 대한 책임을 물어 궁극적으로 각자의 학습 결과가 드러나야 한다.

④ 사회적 협력기술: 집단이 효과적으로 기능하는데 필요한 건설적인 피드백주기, 조화 이루기, 모든 구성원 포함하기 등과 같은 기술이 필요하다.

⑤ 집단 처리과정: 집단이 효율적으로 함께 작업하는 법과 집단 역학을 배워야 한다. 즉, 집단으로서 함께 잘 작업하고 있는지를 알아야 하고 점검이 필요하다.

다양한 협동학습 유형 중 유아를 대상으로 한 연구에서 가장 많이 활용되고 있는 LT(Learning Together) 모형의 협동 요소도 이상의 요소들과 유사하다. 즉, 긍정적 상호 의존, 유아들 간의 상호작용, 학습과제를 완성하기 위한 개별 및 그룹 책무성, 소그룹 및 대인 기술, 그룹과정 등 다섯 가지 요소들이다. 여기서 그룹과정이란 학습 진행 방식에 대한 반성적 과정을 말한다. '우리는 어떻게 하고 있나?', '우리가 할 수 있는 다른 방법은 무엇일까?' 등의 상위인지적인 과정을 경험하는 것이다. 이들 LT 모형의 협동학습의 요소는 유아의 발달특성에 맞을 뿐만 아니라, 융통성 있게 활용할 수 있고, 또한 상위인지 기능과 하위인지 기능 모두를 획득할 수 있도록 고안되었다(이수련, 2008).

7) 자기주도학습

구성주의 관점에서 자기주도학습(self-directed learning)을 이상적인 학습이라 본다(Paris & Paris, 2001). 21세기 지식정보화사회에서 학습의 양이 엄청나게 많아지면서 기존의 방식, 즉 한정된 지식을 미리 정해진 교수목표에 따라 계획적으로 전수하는 교육방식은 이제 더 이상 맞지 않는다. 따라서 교육기관도 아동 스스로 학습을 선택하고 실행하는 능력을 갖춘 자기주도학습자를 기르기 위한 교육적 전략들이 필요하다. 자기주도학습의 전략은 다음과 같다(Zimmerman, 2002).

첫째, 자신의 학습량과 질에 대해 스스로 평가한다.

둘째, 보다 효율적인 학습을 위해 점검하고 조직화한다.

셋째, 교육목표와 하위목표를 세우고, 목표에 성공적인 도달을 위해 여러 방안을 구체적으로 계획한다.

넷째, 학습을 위해 여러 자원, 예컨대 도서관에서 자료 찾기, 인터넷 활용하기 등과 같은 자원을 적극 활용한다.

다섯째, 효과적인 학습을 위해 물리적 환경이 적합하도록 스스로 조정한다.

여섯째, 학습에 대한 성공이나 실패에 대한 보상이나 벌을 미리 생각해 두고 학습결과에 따라 스스로 강화한다.

일곱째, 학습을 위해 최소한 같은 내용을 몇 번을 정독·요약하면서 기억하려고 스스로 노력한다.

여덟째, 학습을 하다가 모르는 내용이 있으면 그냥 넘어가지 않고 선생님이나 또래 등 주변 사람에게 도움을 요청하는 일도 주도적으로 해본다.

마지막으로, 학습내용을 보다 완전하게 이해하기 위해 복습을 하고 필요하면 기록도 해보면서 철저히 공부한다.

이상의 구성주의에 기초를 두고 있는 인지적 도제, 발견학습, 문제해결학습, 또래교수, 교수적 대화, 협동학습, 자기주도학습 등에 대한 핵심적 아이디어와 교수-학습의 원리를 교사가 깊이 이해·숙지해서 프로젝트 학습 수행시 적절히 활용해야 할 것이다. 개인차가 큰 어린 유아일수록 프로젝트 수업의 궁극적 목적인 통합발달을 이루기 위해서는 다양한 수업법이 필요하기 때문이다(Katz & Chard, 2000).

3 프로젝트 수업의 활동과정 특징

프로젝트 수업의 3단계(시작, 전개, 마무리)마다 활동 내용에 따른 활동의 요소(혹은 방식)가 달라서 각 단계마다 교사의 민감한 역할이 요구된다. 프로젝트 수업의 활동 방식은 토의 활동, 현장 활동, 표현 활동, 조사 활동, 전시활동이며 각 단계에 맞게 아동의 활동을 촉진하고, 중재하고, 함께 학습하는 교사의 역할이 필요하다 (Katz와 Chard, 1989).

1) 토의활동

프로젝트 수업에서는 주제 선정을 시작으로 해서 전체 진행 단계에 걸쳐 토의 활동이 필수적으로 요구된다. 제기된 문제에 대해 해결책 모색하기, 아이디어 내기, 각자 수행하고 있는 활동에 대한 의견 교환하기 등을 전개하면서 가지게 되는 토의 활동은 유아로 하여금 타인의 생각을 공유하는데 도움을 주고 점차 자율적인 학습자로 성장하도록 하는데 크게 공헌한다. 특히 어린 유아의 경우에는 몇몇 소규모로 모여 교사와 이야기를 나누는 소집단 토의가 바람직하다. 어린 유아들은 소집단일 때 잘 참여하고 교사도 유아의 생각을 이끌어 주기 쉽다. 프로젝트 진행 단계별 토의 활동의 예는 다음과 같다.

- 주제에 대한 이전 경험과 현재의 지식을 상호 공유한다.(시작단계)
- 현장견학 후에 흥미로웠던 점, 배운 것, 문제점 등을 모둠별로 토의 · 발표한다.(전개단계)
- 프로젝트 활동 전반을 검토하고 평가한다.(마무리단계)

2) 현장 활동

현장 활동은 교실 안에서 학습한 것을 교실 바깥의 세계와 연결할 수 있도록 한다. 직접적인 경험을 통한 현장 활동은 교실 내에서의 정보를 정확하게 그리고 풍부하게 이해하도록 하는데 도움을 준다. 뿐만 아니라 유아의 호기심과 흥미를 유발하는데도 크게 기여한다. 예컨대, 유아교육기관의 바깥놀이터나 마당에서, 가정에서, 가까운 이웃에서, 지역사회 공공기관에서, 박물관에서 유아들은 다양한 활동을 할 수 있으며, 이를 통해 지식을 쌓고 확장시킬 수 있게 된다

- 주제와 관련해서 사고확장이 잘 이루어지지 않으면 견학과 같은 현장 활동을 통해 흥미가 유발될 수 있다.(시작단계)
- 현장견학을 나간다. 교실이나 현장에서 전문가와 면담한다.(전개단계)
- 외부 사람들을 초청해서 프로젝트 결과물을 공유하고 평가받는다.(마무리단계)

3) 표현 활동

유아들은 프로젝트 주제와 관련된 경험을 개인적으로 혹은 다른 유아들과 함께 해석, 정리, 표현하고 공유하게 된다. 이때 사용될 수 있는 표현 기법은 그림 그리기, 글쓰기, 수학기호 사용하기, 극화놀이 등 다양하다.

- 주제와 관련된 이전 경험과 현재 지식을 교사나 친구들과 상호 공유하기 위하여 그리기, 쓰기, 구성하기, 극화놀이 등의 활동을 한다.(시작단계)
- 현장 활동을 하면서 간단하게 현장을 스케치하거나 노트한다. 현장 활동 후 미술, 언어, 수·과학, 신체·음률, 극놀이 등의 영역에서 표현활동을 한다. 예컨대 수 다이어그램, 지도 작성하

기, 남과 다른 재미나는 팔다리 움직이기 등을 한다.(전개단계)

- 프로젝트 전체 활동 과정을 요약 · 정리해서 다른 사람에게 공개적으로 발표하거나 전시하는 활동을 한다.(마무리단계)

4) 조사 활동

유아들은 프로젝트 주제와 관련된 개인적 경험을 검토 · 정리하고 다른 유아들의 것들과 차이점을 논의하면서 앞으로 조사해야 할 질문사항들을 작성한다. 작성된 질문에 답하기 위해 다양한 자원을 활용해서 조사활동을 한다. 부모나 전문가와의 면담하기, 어떤 대상에 대해 관찰 혹은 실험하기, 도서관에서 자료 찾아보기, 책 읽기 등을 통해 질문에 대한 답을 찾는다.

- 프로젝트 시작 당시 이전 경험이나 지식에 기초하여 제기된 질문에 대해 탐색을 시도하면서 조사활동을 할 수 있다.(시작단계)
- 프로젝트 시작 단계에서 작성된 질문거리에 대해 그 해결책을 강구하기 위한 활동, 즉 전문가 면담, 도서, 인터넷 등을 통해 조사활동을 하게 된다.(전개단계)
- 마무리 단계의 활동을 하는 과정에서 질문이 제기될 수 있으며, 질문에 대한 해답을 얻기 위해, 필요하다면, 조사활동을 할 수 있다.(마무리단계)

5) 전시 활동

프로젝트 전 과정을 통해 유아들이 수행한 개별 활동이나 소집단 활동의 결과물들을 벽면이나 게시판에 전시한다. 전시물은 서로 간에 아이디어나 정보를 공유할 수 있는 유용한 자원이 될 수 있고, 외부 손님들과도 프로젝트 활동에 대해 상호 이야기 나눌 수 있는 기회를 가지게 된다.

- 주제에 대해 개인적으로 표현 · 전시한 것을 함께 보며 생각이나 지식을 상호 공유한다.(시작단계)
- 개인별 혹은 모둠별로 프로젝트 활동 결과물을 전시하고 이에 대해 상호 공유한다.(전개단계)
- 프로젝트 전 과정을 통해 이루어진 결과물을 선별 · 전시하면서 재정리 · 재구성 · 재창조하는 기회를 가진다.(마무리단계)

4 프로젝트 수업 시 교사 유의점

프로젝트 수업 시작하려는 교사는 프로젝트 접근법, 프로젝트 수업의 일반적 실천 원리, 프로젝트 수업지원을 위한 다양한 수업법, 프로젝트 수업의 활동과정 특성을 충분히 숙지한다. 그리고 다음과 같은 구체적인 수업 유의점들도 반드시 유념해야 할 것이다(이명조, 배미희, 2007; 지옥정, 2005).

(1) 교사의 융통성 있는 창의적 사고가 요구된다.

프로젝트 활동의 전반적 진행은 준비, 시작, 전개, 마무리의 단계로 나아가지만 그 세부적 활동과정, 절차, 기간 등에 대해서는 교사의 융통성 있는 창의적 사고가 요구된다. 프로젝트 접근법의 실제 진행은 유아의 연령과 흥미, 교사의 안내, 자원의 지원, 부모와 지역사회의 연계에 따라 그 활동과정, 절차, 기간 등이 달라져 역동적인 양상을 띠게 된다. 예컨대, 만 4세가 안 되는 유아들의 경우 시작단계에서 유목화를 하거나 주제망을 구성하는 일은 의미가 없다. 다만 주제에 대해 이들이 이해하고 있는 정도, 사전 경험이나 흥미, 현재의 생각 등을 파악하고 다양한 방법으로 표현하도록 하는 일이 시작단계에서 이루어져야 할 것이다. 프로젝트의 실시기간도 동일한 주제를 가지고 활동한다 할지라도, 유아들의 연령, 유아의 사전경험의 정도, 교사의 준비 정도, 자원의 지원 등에 따라 달라질 수 있다. 그렇다고 해서 활동이 전혀 비구조적으로 진행되는 것은 물론 아니다. 다만 정형화된 절차나 기간을 정해놓고 무리하게 활동을 진행한다면 자칫 교사중심의 교육과정으로 흘러 유아의 관심과 흥미와는 동떨어질 수 있다.

(2) 교사는 적절한 의사결정과 실천을 하기 위해 많은 노력과 경험을 쌓아야 한다.

프로젝트 활동을 어떤 위계로 어느 정도의 깊이로 다룰 것인지, 효율적인 비계설정의 방법이 무엇인지, 프로젝트의 발현적 특성을 어떻게 잘 살릴 수 있는지, 유아의 인지적 갈등을 어떻게 잘 유도할 수 있는지 등에 대한 적절한 의사결정과 실천을 위해서는 교사의 많은 노력과 경험이 요구된다. 이 점에 대해서는 5장의 앞부분에서 언급되었고, 여기서는 Cadwell과 Fyte(1997)의 주장이 시사한 바를 새겨보아야 할 것이다. 즉, 프로젝트 학습의 목적을 근거로 하는 '교사의 교육적 판단'이라는 하나의 축과 '유아의 흥미와 관심'이라는 또 다른 축이 맞물리면서 나아가야 한다는 것이다.

(3) 교사의 반성적 사고가 중요하다.

유아가 깊이 있는 탐구활동을 주도적으로 하기 위해서는 교사 자신의 반성적 사고가 중요한 역할을 한다. 프로젝트 활동 수행과정 동안 예상안(일별 및 주별 활동, 필요자원 등)과 실행된 활동결과 및 제기된 문제와의 유기적 관계를 지속적으로 점검·분석하는 교사의 반성적 노력이 필요하다. 이는 예상되거나 발현된 활동을 보다 깊게 탐구하도록 유도할 수 있을 것이고, 그리하여 프로젝트 활동 초기의 교사 주도와 책임은 점차 교사-유아 공동 주도, 그다음에는 유아 주도와 책임이 강조되는 방향으로 나아갈 것이다.

(4) 교사는 유아의 활동 산출물을 유아 자신의 관점에서 의미를 부여하도록 한다.

자칫 성인 수준에서 만족할 만한 산출물을 기대한다는 것은 프로젝트 활동이 교사 주도의 활동으로 변질될 우려가 있다. 유아가 자기의 작품에 새롭게 구성한 자기 나름의 의미를 부여하는 것이야말로 프로젝트 활동이 훌륭한 발전임을 유념해야 할 것이다. Forman(1993)에 따르면, 그리기를 포함한 여러 형태의 표상은 유아들이 구상한 것을 외형적으로 구체화하는 도구이며, 표상의 변화는 갈등을 전제로 하는 지식의 새로운 구성이나 인식의 변화가 있을 때 이루이진다.

(5) 교사는 우선 6장의 나비 프로젝트 활동을 충분히 숙지하도록 한다.

어느 연령반의 교사이건 프로젝트 수업을 시도하려는 교사는 우선 나비 프로젝트 활동을 충분히 숙지하는 것이 중요하다. 이는 프로젝트 수업활동에 대한 이론적 근거와 진행과정 전체 맥락을 짚는데 도움을 주어 앞으로 교사 나름대로의 창의적인 수업을 수행하는데 자신감을 불어넣어 줄 것이다.

(6) 교사는 앞으로 제시될 프로젝트 활동 사례를 특정 연령에 국한하지 않아도 된다.

앞으로 제시될 연령별 프로젝트 활동 사례는 그 연령에만 국한시켜 적용할 필요는 없다. 예컨대, 만 3세아를 위한 '나뭇잎' 프로젝트는 만 2세아나 만 4세아에게 적용해도 무리는 없을 것이다. 다만 발달적 차이를 고려하여 활동에 대한 탐구의 깊이나 폭, 혹은 절차를 융통성 있게 조절해야 할 것이다.

5 만 1, 2세 영아반 프로젝트 수업의 특징

프로젝트란 '한 명 또는 그 이상의 유아가 이행하는 특정 주제에 대한 깊이 있는 탐구'이다. 따라서 만 1, 2세 영아의 발달특성에 비추어 본다면 프로젝트 접근법이 이들 영아에게 그대로 적용될 수 없다. 만 1, 2세 영아반을 위한 프로젝트 수업은 다음과 같이 만 3, 4, 5세 유아반 수업의 성격과는 다르게 접근해야 할 것이다.

(1) 만 1, 2세 영아반 프로젝트 수업의 목표는 영아의 성향과 느낌의 발달이다.

프로젝트 수업의 궁극적 목표는 유아의 지식, 기능, 성향, 느낌의 통합적 발달이다. 이러한 목표는 만 1, 2, 3, 4, 5세 모두에 해당되겠지만 영아의 발달특성을 고려한다면 영아에게는 성향이나 느낌의 발달이 보다 강조되어야 할 것이다.

(2) 만 1, 2세 영아반 프로젝트 수업은 주제를 중심으로 해서 표준보육과정의 영역별로 교사와의 사회-정서적 상호작용 활동에 초점을 두도록 한다.

만 1, 2세 영아는 성인과 상호작용하면서 전인발달의 기초를 형성하고 기본적인 생활습관을 익히는 시기이다. 따라서 만 1, 2세 영아의 프로젝트 수업은 프로젝트 주제를 중심으로 해서 표준보육과정의 6개 영역(기본생활, 신체운동, 사회관계, 의사소통, 자연탐구, 예술경험)에 맞추어 교사와의 다양한 사회-정서적 상호작용 활동에 초점을 두면 될 것이다.

(3) 만 1, 2세 영아반 프로젝트는 영아의 특정 주제에 대한 깊이 있는 탐구라기보다 주제와 관련된 다양한 표상활동이라 할 수 있다.

피아제에 의하면 감각운동기의 영아가 보여주는 표상활동은 처음에는 미미하지만 점차 증가한다. 만 5세에 가까와질수록 주제에 대한 흥미를 기초로 조사·탐구를 통한 표상활동이 활발하게 나타나게 된다.

주제와 관련된 표상활동이 시작되는 발달적 시점에 있는 만 1, 2세 영아가 보여주는 표상활동의 유형과 특성을 제시하면 다음과 같다.

유형	특성	활동 예
동작적 표상활동	신체를 이용하여 자신의 생각을 나타내거나, 인물의 모습이나 표정을 모방하거나, 그림책 내용의 일부를 토대로 규칙있는 게임을 해보는 활동(신체로 생각 나타내기, 모방하기, 게임하기)	-친구와 함께 춤추기
가상적 표상활동	시간과 공간, 역할, 사물, 행동, 언어, 상황 등을 가작화 해보는 것으로 '~인체하는', '마치~처럼' 놀이하는 활동(소꿉영역에서 다양한 소품을 이용한 가상 놀이하기)	-친구얼굴에 로션 발라주기
구어적 표상활동	자신의 생각이나 경험, 이해, 지식 등에 대해 교사나 또래와 함께 말로 표상 해보는 활동(이야기 나누기)	-친구에게 '사랑해' 표현해보기
관례적 표상활동	언어가 가지는 표상적 특성 즉, 임의성, 체계성, 추상성 등을 경험하기 위해 그림이 포함된 퍼즐과 같은 매체를 사용하여 사회적 약속인 관례적 글자를 소개하는 활동(문자가 포함된 퍼즐, 그림카드 맞추기)	-친구 얼굴사진이 담긴 이름카드 보기
시각적 표상활동	자신의 생각을 시각적으로 표상해보는 활동(평면적 표상활동, 입체적 표상활동)	-친구 얼굴 그려보기

(4) 만 1, 2세 영아반 프로젝트 활동은, 생활 중심 주제 활동과 달리, 확장되어 이루어지는 특징을 지닌다.

만 1, 2세 영아반 프로젝트 활동은 만 3, 4, 5세 유아들의 주제에 대한 깊이 있는 탐구 활동이라 할 수 없지만 그렇다고 생활중심 교육과정의 주제 활동과는 다르다. 만 1, 2세 영아반 프로젝트 활동은 생활 중심 주제 활동처럼 한 번의 활동으로 그치는 것이 아니라 특정 주제에 대한 연계 활동을 수차례 경험하면서 점점 확장된다. 예컨대, 만 2세 아를 대상으로 '친구'라는 활동을 다룰 때 생활중심 교육과정에서는 '나와 이웃'이라는 대주제하에 '친구' 관련 활동이 하루의 활동으로 끝나버리지만 프로젝트 수업에서는 '친구' 관련 활동을 '친구에게 사랑해 표현하기'(구어적 표상활동), '친구와 책 만들기'(시각적 표상활동), '친구와 춤추기'(동작적 표상활동) 등으로 점차 확장·표상하게 된다. 이러한 과정을 통해 영아의 흥미유발, 집중력향상, 사고력 확장 등을 도모할 수 있게 된다.

(5) 만 1, 2세 영아반 프로젝트 수업진행 단계는 준비단계, 상호작용 단계, 평가로 나눈다.

만 3, 4, 5세 유아반 프로젝트 수업의 단계, 즉 준비단계, 시작단계, 전개단계, 마무리단계, 평가를 만 1, 2세 영아반 프로젝트 수업에서는 준비단계, 상호작용 단계(시작·중반·마무리 활동), 평가로 나누도록 한다. 영아반 수업은 어떤 주제에 대한 깊이 있는 탐구 대신 특정 주제와 관련된 다양한 활동이 교사가 영아와의 상호작용에 의해 진행되기 때문에 논리적 순서나 단계를 밟지 않는다. 다만 상호작용 단계를 시작활동, 중반활동, 마무리활동으로 나눈 것은 활동이 약간씩 심화·확장될 수 있기 때문이다. 물론 상황에 따라 활동의 순서는 변경 가능하다.

<table>
<tr><th>구분</th><th>만 3, 4, 5세 유아</th><th>만 1, 2세 영아</th></tr>
<tr><td rowspan="5">프로젝트 수업진행 단계</td><td>준비단계</td><td>준비단계</td></tr>
<tr><td>시작단계</td><td rowspan="3">상호작용단계
(시작활동, 중반활동,
마무리활동)</td></tr>
<tr><td>전개단계</td></tr>
<tr><td>마무리단계</td></tr>
<tr><td>평가</td><td>평가</td></tr>
</table>

(6) 만 1, 2세 영아반 프로젝트는 교사주도의 수업을 진행하되 영아의 흥미를 적극 반영한다.

만 1, 2세 영아들은 프로젝트 주제에 대한 이전 경험 나누기나 생각 모으기가 쉽지 않고 주제망에 대한 개념 역시 이해하기 어렵다. 따라서 교사가 활동을 미리 계획해서 교사 주도의 수업을 진행하되 영아의 관심이나 흥미를 적극 반영하도록 한다. 이러한 영아의 흥미를 고려한 교사주도의 수업을 진행한다는 것은 교사와 영아의 각자의 입장에서 의미를 지닌다. 즉, 교사의 입장에서는 프로젝트 활동을 준비하고 실행하고 평가하는 것을 주도하고, 영아의 입장에서는 특정 주제에 대한 활동들을 여러 번 경험·확장한다는 것을 말한다.

(7) 영아의 프로젝트 수업 기간은 만 1세 영아반이 만 2세 영아반에 비해 짧은 것이 일반적이나 영아의 월령, 개개 영아의 발달적 차이, 관심 등을 고려하여 잘 조정하도록 한다.

만 1세 반의 경우 한 가지 주제에 대한 지속적인 흥미와 기억이 어려우므로 프로젝트의 기간을 2주 정도로 잡아 활동하고, 만 2세 반의 경우는 그 기간을 3~4주 정도로 잡아 활동하는 것이 일반적이다. 하지만 영아의 월령에 따라, 혹은 개개 영아의 발달이나 관심 및 흥미에 따라 기간을 잘 조정해서 모든 영아들이 능동성을 지니고 프로젝트 활동에 참여하도록 해야 할 것이다.

06 Chapter

프로젝트 수업과 이론: '나비' 프로젝트

이장은 '나비' 프로젝트 사례를 가지고 그 활동 및 진행과정에 대한 이론적 근거(제5장 참조)를 제시하고자 한다. 이는 교사 나름의 창의적인 프로젝트를 수행하는데 도움을 줄 것이다.

'나비' 프로젝트

나비 프로젝트 수업의 '나비' 주제는 연간교육계획안(표 6-1 참조)을 떠올리며 교사가 프로젝트 주제를 찾던 중 바깥놀이를 하는 아이들의 나비에 대한 높은 관심을 반영해서 '벌' 대신 '나비'를 선정하게 되었다.

나비 프로젝트는 어린이집 만 5세 두 개 반 유아를 대상으로 실시되었다. 한 반의 유아 수는 20명(남아: 10명, 여아: 10명)이있고, 다른 반의 유아 수도 20명(남아: 10명, 여아: 10명)이었다. 실시기간은 5주에 걸쳐 이루어졌으며, 프로젝트 활동은 주 3회, 오전 대집단 및 소집단 활동 시간을 활용해서 총 70여 분 동안 진행되었다. 프로젝트 활동의 진행 단계에 따른 활동들은 <표 6-2>와 같다.

〈표 6-1〉 연간 교육계획안

학기	예상주제
1학기	안전한 어린이집, 친구, 봄, 벌, 바퀴, 시장, 물, 환경
2학기	미술관 여행, 우리나라, 책, 나무, 열매, 과학자, 크리스마스, 초등학교
공통시기 (1학기 및 2학기) 예상주제	신문, 바다, 자동차, 동물, 음식, 자전거, 건강, 우주, 물고기
*아이들의 흥미와 관심에 따라 프로젝트 주제는 변경될 수 있다.	

〈표 6-2〉 프로젝트 수업 진행 단계에 따른 활동들

프로젝트 수업 진행단계

- **준비단계**
  - ① 주제 선정
  - ② 교사의 수업준비
    - 예비 주제망 구성
    - 교육과정 영역별 내용안 및 활동 예상안 짜기
    - 자원목록 작성 및 필요한 자원 준비
    - 환경구성
    - 부모들에게 알리기
- **시작단계**
  - ① 경험 나누고 표상하기
  - ② 생각 모으기
  - ③ 주제망 구성
  - ④ 질문목록 작성
  - ⑤ 흥미유발 활동
- **전개단계**
  - ① 문제해결을 위한 예측활동
  - ② 실험 · 실습 · 관찰 활동
  - ③ 표상활동
  - ④ 소집단 협동 활동
  - ⑤ 현장견학, 전문가 초빙
- **마무리단계**
  - ① 마무리 행사준비
  - ② 마무리 행사(발표회, 전시회 등)
  - ③ 마무리 행사이후
- **평 가**
  - ① 유아의 통합발달 목적 성취도 평가
  - ② 활동 평가
  - ③ 프로젝트 지원 체제평가
  - ④ 부모 평가
  - ⑤ 유아별 포트폴리오 파일 만들기

1 준비단계

준비단계에서는 프로젝트 활동을 위한 첫 번째 과제인 주제를 선정하는 일이다. 주제가 선정되면 교사는 프로젝트 활동의 목표인 지식, 기능, 성향, 느낌의 통합발달을 어떻게 이룰 수 있을지를 유념하면서 주제 관련 예비 주제망을 구성하거나 중심개념을 도출하고, 교육과정 영역별로 어떤 내용들을 다루면 좋을지 예상해 본다. 교육과정 영역별 예상 내용안을 짜면 이를 기초로 활동예상안을 만든다. 그리고 교사는 수업 진행에 필요한 예상 자원 목록을 작성하고 자원 마련 준비에 임하면서 환경을 구성한다. 부모에게 선정된 주제, 자원목록표, 활동예상안 등을 보내 협조와 지원을 구한다.

이와 같이 준비단계의 주된 활동은 유아의 주제 선정을 교사가 도와주고, 교사는 프로젝트 시작을 위해 준비하는 것이다. 유아는 이 단계에서 주제 선정이외의 활동에 직접적으로 참여하지는 않지만 다음의 시작단계 활동을 위해 워밍업을 하게 된다. 준비단계에서 이루어져야 할 첫 작업인 주제 선정 과정부터 살펴보면 다음과 같다.

1) 주제 선정

유아가 정신적으로 몰입(involvement)해서 프로젝트 전반적인 활동을 적극적으로 수행한다는 것은 바로 프로젝트 학습의 활성화를 의미한다. 유아의 정신적 몰입을 위한 첫 번째 핵심 조건은 유아에게 의미를 주는 적합한 주제가 선정되는 일이다(Needles & Knapp, 1994; Resnick, 1987). 주제가 될 수 있는 구체적 조건은 다음과 같다(민성혜, 이화영, 2003; 지옥정, 2006; Katz & Chard, 2000).

첫째, 유아 자신이 살고 있는 실생활과 가까워야 한다.

둘째, 유아들이 자신 있게 활동할 수 있는 친숙한 것이어야 한다.

셋째, 연령이 낮을수록 직접 보고, 만지고 조작할 수 있는 구체적인 주제여야 한다.

이들 세 가지 조건을 갖춘 주제라면 유아는 프로젝트 활동을 위해 동기화될 것이다. 그 밖에 아동의 흥미, 이전 경험과 현재 지식, 자원, 실생활에서 교육적 가치 등도 주제 선정과 관련해서 고려되어야 할 것이다.

이들 고려사항들을 전제로 하면서, 교사는 평소 실제 교육현장에서 유아들의 관심이 집중되는 활동을 관찰하는 가운데 프로젝트의 주제를 도출할 수 있을 것이다. 혹은 유아들에게 하고 싶어 하는 주제와 그 주제 활동을 하고 싶은 이유를 설명하도록 한 후 민주적인 투표 절차를 통해 한 가지 주제를 선정하게 할 수도 있다. 이러한 주제 선정의 방법 자체가 유아에게 그 주제에 몰입하도록 하는 계기가 될 수 있다. 주제 선정을 위한 다양한 방법을 제시해 보면 다음과 같다(지옥정, 2006).

- 교사가 선정하는 경우
- 유아들이 먼저 여러 가지 주제를 뽑은 후 최종적으로 교사와 유아가 협의하여 선정하는 경우
- 생활주제의 하위 주제들 중 유아가 흥미 있어 하는 주제를 선정하는 경우
- 유아들의 과거 경험에 기초해 도출하는 경우
- 유아들의 일상생활 장면이나 문제 상황에서 도출하는 경우
- 유아들이 관심 있어 하는 책 내용을 프로젝트 주제로 하는 경우

다음 <나비 프로젝트 1>은 유아의 일상생활 장면에서 주제를 도

출한 에피소드이다.

나비 프로젝트 1 주제 선정

▸**주제 선정의 배경-유아의 일상생활의 장면에서 주제를 도출한 경우**

따뜻한 날씨여서 바깥놀이를 하던 중 개미, 진드기, 나비 등의 곤충에 관심을 가지게 되었다. 아이들이 나비를 잡으려고 "와~ 나비다~!!" 하면서 이리저리 뛰어 다니면서 즐거워했고, 나비에 대한 이야기를 주고받았다. 이러한 유아의 나비에 대한 관심, 나비가 다른 곤충들에 비해 현장학습 장소 물색의 용이함 등을 고려해서 교사는 나비를 주제로 선정하였다.

2) 교사의 준비

(1) 예상 주제망 구성, 교육과정 영역별 내용안 및 활동예상안

일단 프로젝트 주제가 선정되면 교사는 우선 주제와 관련해서 교사 자신의 상상망(mind-map), 즉 예상 주제망을 구성한다. 이때 교사는 프로젝트 활동의 목표인 지식, 기능, 성향, 느낌의 통합발달을 어떻게 이룰 수 있을지를 유념하고, 주제에 대한 자신의 생각과 아이디어를 정리하고 주요 개념들을 떠올리면서 가능한 이들 모두를 상세하게 예상 주제망에 넣어 구성해 본다. 그다음 예상 주제망의 개념들을 교육과정 영역별로 어떤 내용들로 다루면 좋을지 교육과정 영역별 내용안을 짜본다. 그리고 이 안을 현장에서의 구체적인 활동으로 연결시키기 위해 활동 유형별 교육계획안, 즉 활동예상안으로 재구성한다. 즉, 교육과정 영역별 내용안을 기초로 활동예상안을 구성하는 것이다.

이들 교육과정 영역별 내용안과 활동예상안은 프로젝트 시작 전 교사가 미리 구성해 보는 예상되는 안이지 실제 이루어지는 활동은 아니다. 프로젝트 진행 과정 동안 교사와 유아들에 의한 공동 재구성 과정을 거치게 되므로 예상안과 실행된 활동과는 어느 정도 차이는 있을 수 있다(지옥정, 2005). 그런데 이러한 예상 주제망, 교육과정 영역별 내용안, 활동예상안 등은 교사 혼자서 구성하기 보다는 교사들이 함께 협의하여 공동 작성하는 것이 도움이 된다. 다음 나비 프로젝트 예상 주제망이외 여러 가지 예상 주제망들을 <부록>에 제시해 놓았으니 참고하기 바란다.

교사의 예상 주제망

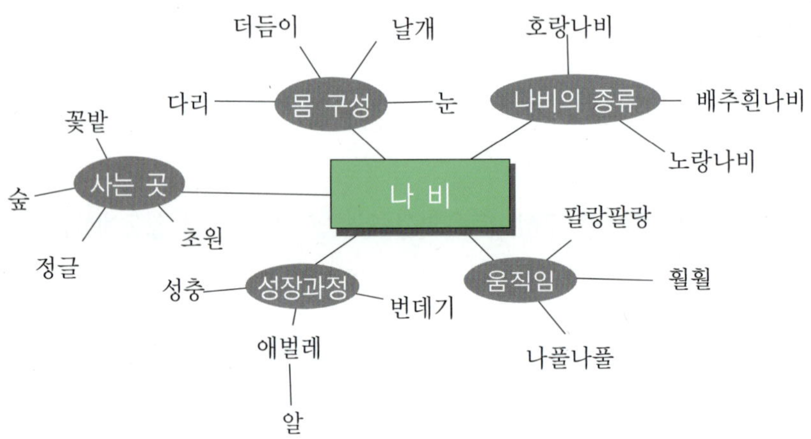

교육과정 영역별 내용안

영역	내용안	
건강생활	• 몸의 각 부분 움직이기 • 나비처럼 이동하며 움직이기	→신체활동
사회생활	• 가족과 함께 산책하며 나비 관찰하기 • 공공장소에서 지켜야 할 규칙을 알고 지키기	→현장학습활동 기본생활습관
표현생활	• 나비의 색, 움직임 등에 관심 가지기 • 움직임과 춤을 통해 생각과 느낌을 자유롭게 표현하기 • 조형 활동을 통해 생각과 느낌을 창의적으로 표현하기	→과학활동 음률활동 미술활동
언어생활	• 다른 사람의 이야기를 주의 깊게 바른 태도로 듣고 이해하기	→언어활동

	• 나비 관련 어휘 사용하기 • 나비에 대해 정보를 주는 책에 관심 가지기 • 나비 관련 동화책 즐겨듣기 • 나비 동화 창의적으로 지어보기	
탐구생활	• 나비의 특성 알아보기 • 나비의 성장과정 알아보기	→과학활동 수/조작활동 현장학습활동

활동예상안

〈과학활동1〉 • 알에서 나비가 되기까지 예측하기 • 배추 흰 나비 길러보기	〈언어 및 문학 활동〉 • 이야기 나누기/토의하기(곤충인 것과 아닌 것, 나비의 종류 알아보기, 나비의 성장과정, 나비의 특징) • 동화(산호랑나비, 나비가 된 배추벌레) • 동시(나비, 애벌레) • 동시 짓기(나비의 일생)	〈미술〉 • 다양한 나비모습 그리기 • 나비 모빌 만들기 • 애벌레 만들기 • 채집통 만들기 • 반짝이는 나비 꾸미기
〈과학활동2〉 • 나비의 몸 구조 • 나비 사는 곳 및 먹이 관찰하기 • 나비와 나방의 다른 점과 같은 점 관찰하기 • 나비와 벌의 다른 점 비교하기	나 비	〈수/조작〉 • 나비 모양별로 분류하기 • 아름다운 나비의 무늬(패턴) • 나비 그림 완성하기(부분과 전체) • 내가 알고 있는 나비(그래프 만들기) • 나비 모양 바느질하기 • 애벌레와 나뭇잎 짝짓기
〈신체·게임〉 • 게임(나비 '꿀 먹기') • 자유로운 신체표현(나비처럼 훨훨)	〈음률/역할놀이〉 • 손유희(나비야, 노래 개사하기, 나비의 산책)	〈현장 활동〉 세계 곤충학습 체험전 〈기본생활습관〉 박물관에서 규칙과 예절 지키기

(2) 자원목록 작성 및 필요한 자원 준비

주제가 선정되어 교사가 예상 주제망과 교육과정 영역별 내용안을 기초로 활동예상안을 구성하게 되면 예상 자원목록을 작성하면서 필요한 자원을 검토 · 준비하게 된다. 이를 위해 우선 교사는 주제에 관해 백과사전이나 인터넷 검색을 통해 중요한 정보들을 찾아낸다. 또한, 주제에 대해 경험이 많은 교사나 원장, 현장 전문가를 통해 관련 정보를 얻는다. 그리고 현장 활동, 예컨대 현장견학을 가거나 지역사회 전문가를 방문하거나 초청해야 하는 경우도 예상해 본다. 물론 이 단계에서 교사가 준비한 자원목록은 실제로 프로젝트가 시작되어 마무리 단계까지 이르게 되면 달라질 수 있다. 그동안 새로운 자원이 충원 · 보완되어 그 자원명이 목록에 기록되기 때문이다. <표 6-3>에서 예상 자원을 실제 활용했다면 밑줄을 그어 표시하고, 프로젝트 진행 과정 중 충원 · 보완된 자원이 있다면 해당란에 기록하면 쉽게 파악할 수 있을 것이다.

자원 목록을 작성할 때는 단순히 명칭만 기록하기보다 정확한 출처를 밝혀두는 것이 유용하다. 책인 경우 책의 종류, 저자, 출판년도, 출판사 등을 기록해 두면 다음 해에 같은 주제로 프로젝트를 한다면 활용 가치가 높을 것이다. 아래 <표 6-3> 나비 프로젝트 자원목록표는 지옥정(2006)이 참고되었다.

〈표 6-3〉 나비 프로젝트 자원목록표

구분		예상 자원 내용	충원 자원 내용
1차적 자원	실물	다양한 나비 실물 나비 표본	
	인적자원	곤충 사육사	
	현장활동 장소	공원 산책-신트리 공원 세계 곤충 체험 학습-능동 어린이 대공원	

2차적 자원		
	정보를 주는 책	우리 나비-김성수, 채우리, 2002 나비 박사 석주명의 과학나라-석주명, 현암사, 2000 나비에 사로 잡히다-이창신 역, 북폴리오(대한교과서), 2005 봄 여름 가을 겨울 나비 일기-이연승 역, 진선출판사, 2000 생물의 한살이-박정선 역, 중앙출판사, 2004
	동화책	나비 뚱비-국민서관 산 호랑나비-국민서관 나비가 된 배추벌레-국민서관 내가 누구게-보리 이것 좀 먹어 봐-보리 벌레들아 도와줘-보리 야, 잘한다-보리
	사진 및 그림자료	여러 종류의 나비 사진 자료
	녹음 테이프	Butterfly Waltz - 클래식 음악데이프
	비디오	벅스라이프 곤충 과학비디오
	CD-ROM	세밀화로 그린 곤충도감(CD-Rom) (출판사 - 푸른 하늘을 여는 사람들)

*1차적 자원이란 직접 경험이 가능한 자원이고, 2차적 자원은 간접 경험을 할 수 있는 자원을 말함

(3) 환경구성

프로젝트 활동을 시작하기 전 주말에 준비된 여러 가지 자원을 흥미 영역별로 적절하게 구성하고 벽면이나 게시판에도 관련 사진이나 그림 사료 등을 게시하여 유아의 관심을 불러일으키도록 한다. 물론 이러한 준비단계에서 교사가 구성한 기본적인 환경은 프로젝트가 시작 · 전개 되어 유아나 부모의 참여로 점차로 충원되면서 변화하게 된다.

흥미영역, 벽면, 게시판 등에 자원이 어떻게 배치되었는지를 보

여주는 환경구성표를 준비단계부터 작성해서 교실 벽에 게시해 놓는 것도 바람직하다. 활동이 전개됨에 따라 어떤 자원이 추가로 보충되는지 그 파악이 용이하고 유아 또한 환경구성 자원에 관심을 가지게 될 것이다.

나비 프로젝트 2 환경구성 - 벽면게시의 예

→여러 종류의 나비 사진들을 벽면에 게시해 주어, 프로젝트 시작 전 나비에 대해 관심을 갖고 바라볼 수 있도록 유도한다.

(4) 부모에게 알리기

부모에게 나비 프로젝트 활동에 대한 안내문을 보내 협조를 구한다. 즉, 교육목적, 주제 선정의 과정, 활동 예상 기간, 예상 주제망, 자원목록표, 교육과정 영역별 내용안, 활동예상안, 부모들의 협조 내용(필요한 자원, 가정에서 유아와 함께 해야 할 일, 자원봉사나 전문가 등) 등이 담긴 안내문을 가정통신문으로 보내고 교육기관의 게시판에도 게시한다. 교실 앞 게시판은 유아들의 등·하원을 위해 매일 부모들의 출입이 이루어지기 때문에 쉽게 알릴 수 있다. 다음은 <나비 프로젝트 3>은 가정통신문으로 보내진 나비 프로젝트 안내문을 요약한 것이다.

나비 프로젝트 3 안내문

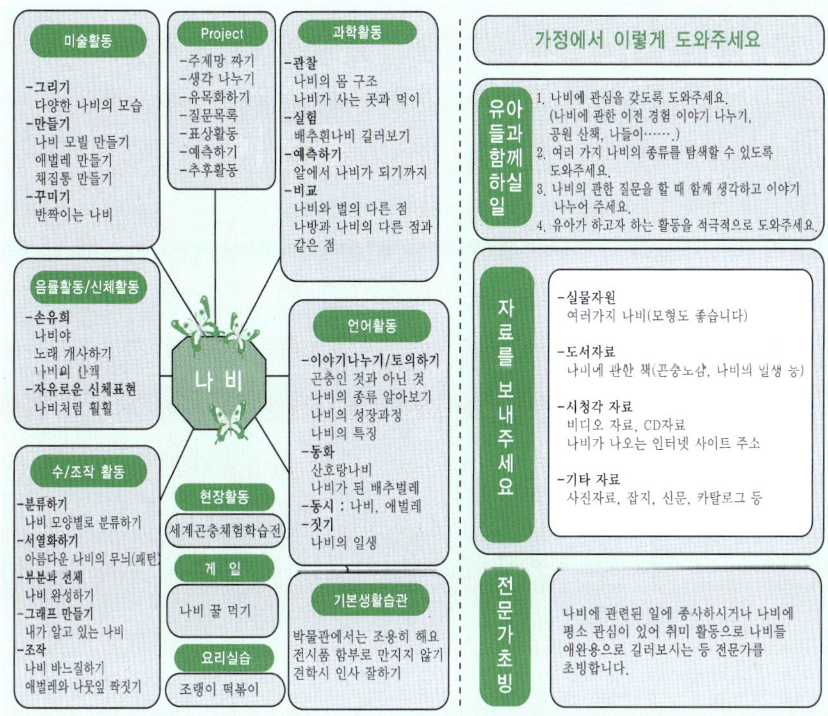

2 시작 단계

프로젝트 준비단계에서 선정된 주제를 중심으로 교사의 준비가 이루어지면 프로젝트는 시작단계에 들어가게 된다. 이 단계에서는 주제 관련 경험 나누고 표상하기, 생각 모으기, 주제망 구성하기, 질문목록 작성하기, 흥미유발 활동하기 등을 다루게 된다.

1) 경험 나누고 표상하기

교사는 대집단 모임시간에 유아들에게 이전에 선정된 주제를 상기시키면서 유아들이 주제와 관련해서 어떤 경험을 했는지 서로 이야기 나누도록 유도함으로써 그 이해나 지식의 정도를 파악하게 된다. 이 같은 활동을 촉진시키기 위해 교사가 먼저 자신의 경험을 유아들에게 이야기해줄 수도 있다. 교사의 이야기는 유아의 흥미를 불러일으키거나 유사한 경험을 한 아이들의 이야기로 연결될 수 있어 경험 나누기 활동은 보다 활발히 진행될 수 있다.

주제 관련 경험을 이야기한 후 유아들은 그 경험을 그림, 글, 만들기 등으로 표현해 본다. 유아들은 전체 모임 시간에 자신의 표현 결과물들을 발표함으로써 서로의 경험을 공유하게 되며, 이는 또 다른 경험 나누기 활동을 활성화시키는 계기를 만들어 줄 수 있다.

다음 <나비 프로젝트 4>는 나비와 관련된 경험을 서로 이야기 나눈 후 그 경험을 그림으로 표현한 장면이다.

나비 프로젝트 4 경험 나누고 표상하기

준비단계에서 선정된 나비 주제의 프로젝트, 즉 나비 프로젝트를 교사가 대집단활동 시간을 통해 그 시작을 알리면서 본격적으로 나비 프로젝트는 시작된다. 나비에 대한 경험 나누기의 예는 다음과 같다.

교: '나비야~♫나비야~♪'(나비야 노래를 부르면서 나비 흉내를 낸다.)
유1: 아~!! 이제 우리 나비 프로젝트 할 거죠?
교: 그렇단다. 너희 지난번에 야외 놀이터에 갔을 때, 나비가 날아다니던 모습 기억나니? 선생님은 오늘 아침에 어린이집에 오는 길에 꽃 위에 노랑나비가 앉아 있는 것을 봤단다.
유 2: 저는 집 앞에서도 나비 본 적 있어요~.
유 3: 나는 날아다니는 나비 잡아본 적도 있어~!!
교: 그래? ㅇㅇ친구는 나비도 만져 봤구나…….

2) 생각 모으기

주제에 관하여 생각나는 것은 무엇이든지 그리거나 단어로 적어 보도록 해서 개개 유아의 생각을 모은다. 교사는 유아 각자의 이러한 생각 모으기를 브레인스토밍이라고 설명하고, 유아의 브레인스토밍을 촉진시키기 위해 우선 유아의 생각을 자극할 수 있는 워밍업을 시도해 볼 수 있다. 예컨대, 이전에 유아들끼리 나누었던 주제 관련 경험을 다시 생각해보게 하거나, 교사 자신의 주제와 관련하여 제일 먼저 생각나는 단어를 말해주거나, 동화책을 읽어줄 수 있다. 또한 교사는 추상적인 생각보다는 구체적인 감각, 즉 시각, 촉각, 청각, 후각 등과 관련된 생각을 하도록 도움을 줄 수도 있다.

브레인스토밍을 할 때에 글씨를 쓰지 못하는 유아의 경우는 그림으로 그릴 수도 있고 교사나 친구가 옆에서 적는 것을 도와 줄 수도 있다. 브레인스토밍이 끝나게 되면 이를 유목화한 후 주제망으로 구성하게 한다.

다음 <나비 프로젝트 5>는 유아들이 생각 모으기를 하고 있는 에피소드이다.

나비 프로젝트 5 생각 모으기(브레인스토밍)

나비 프로젝트가 시작되자, 한 유아가 집에서 보았던 『나비가 된 배추벌레』라는 동화책을 가져왔다. 동화책을 읽고 나서 '나비'에 대한 여러 가지 생각들을 모아봤다.

교: 애벌레가 친구들한테 놀림을 받을 때 느낌이 어땠을까?
유: 속상했을 것 같아요.
유: 십에서 숨어 있었어요.
교: 애벌레는 어디서 살았나요?
유: 풀밭이오…….
교: 그럼, 풀밭 말고도 어디서 나비를 볼 수 있을까?
유: 배추 속…….

유: 물가…….
교: 그래, 그럼 우리가 책에서 본 것들과 '나비' 하면 떠오르는 것, 그리고 알고 있는 것을 글로 쓰거나 그림으로 그려서 모아보도록 하자.

3) 주제망 구성

주제와 관련하여 생각나는 단어를 적거나 그림을 그리도록 하는 브레인스토밍이 끝나면 단어와 그림들을 같은 범주에 속하는 것끼리 그룹을 지어 분류하게 되는데 이를 유목화라 한다. 유목화 과정이 용이하도록 교사는 그림이나 단어를 작은 종이에 하나씩 그리거나 적도록 해야 한다. 그런데 어떤 그룹에 너무 많은 단어들이 있다면 2~3개의 하위그룹으로 다시 쪼개어 각 하위 그룹을 대표하는 제목, 즉 소주제를 붙이면 된다. <나비 프로젝트 6>은 유목화하는 과정을 묘사한 에피소드이다.

유목화 작업이 정리되고 나면 다음 과정은 주제망을 그리는 일이다. 주제망 그리기는 유목화된 내용들을 그대로 옮겨 붙이거나 적기만 하면 되므로 다소 단순한 작업이라 할 수 있다. 주제망 구성을 위해 교사는 다음 제시된 방법을 참고하면 될 것이다(지옥정, 2006).

● 교사-전체 유아 공동 주제망 구성

프로젝트를 처음 실시해 보거나 교사를 돕는 다른 보조 인력이 없는 경우, 또는 유아들이 주제망 구성 과정을 잘 이해하지 못하는 학기 초일 때 교사가 전체 유아들과 함께 이야기 나누면서 할 수 있는 방법이다.

● 유아들끼리 모둠별 주제망 구성

유아들이 주제망 구성 과정에 어느 정도 익숙해졌을 때 활용할 수 있는 방법이다. 교사는 모둠별 유아들의 수를 4~5명 정도로 조정해 주어 구성원들 간에 활발한 상호작용이 이루어지도록 한다. 모둠별 구성 시에는 유아들의 특성을 고려하여 글을 쓸 수 있는 유아와 글을 잘 못 쓰는 유아, 적극적인 유아와 소극적인 유아가 고르게 구성되도록 배려한다.

◎ 유아 개별 주제망 구성

이 방법은 유아들이 주제망 구성 과정에 충분히 익숙해져 혼자 해 보기를 원할 때 활용할 수 있는 방법이다. 이 경우 각 유아의 결과물을 복사해 둔다면 이후 그 유아에 대한 평가 자료로 활용할 수 있다.

교사는 유아의 발달 정도나 이전 관련 경험에 따라 이상의 방법을 선택・활용하면 된다. 어느 방법을 택하든지 간에 한 반 전체가 모여 주제망 구성 과정을 다시 검토・확인해 보면서 재정리・종합하는 시간을 가지는 것이 좋다. 완성된 주제망은 그 프로젝트가 진행되는 동안 내내 벽이나 게시판에 부착되도록 해서 프로젝트 전체 활동의 준거 역할을 하도록 한다. 한편 연령이 어려 주제망을 이해하지 못할 때 주제망 구성없이 선정된 주제에 대해 이전 경험을 나누거나 흥미유발 활동을 실시하고, 곧바로 궁금한 것이나 문젯거리에 대해 조사하고, 그리고 탐구 활동으로 들어가도 무방하다. <나비 프로젝트 7>은 모둠별로 구성한 주제망 중 하나이다.

나비 프로젝트 6 유목화

교: 자, 얘들아. 이쪽 칠판을 잘 보렴. 여기에 우리가 생각 모으기를 해서 붙인 종이들이 많이 붙어 있구나. 오늘은 이것들을 가지고 서로 비슷한 것끼리 묶어 보도록 하자. 이쪽 게시판에는 여러 색깔 종이가 붙어 있단다.

유: 와~ 예쁜 종이 많다~.

유: 분홍색, 파랑색, 초록색…….

교: 그래…… 색깔들이 모두 달라. 이제 각 색깔마다 서로 비슷한 친구만 붙일 수 있단다. 이것 봐, 선생님이 분홍 종이에 붙여 볼게. 호랑나비, 노랑나비, 흰나비……(교사가 붙이는 모습을 유아들이 보도록 한다). 모두 여러 종류의 나비들이니깐 여기 분홍종이에 붙인 거야. 또 나비의 종류에 관한 것들이 있니? 그런 것이 있으면 분홍종이에 붙이면 좋겠어.

유: 파란 종이에는 나비 말고 다른 곤충들을 붙여요.

교: 그래, 좋은 생각이구나. 그럼 이 파란 종이 위에는 '친구곤충'이라고 써 주자. 이것과 같이 친구가 될 수 있는 종이를 떼서 붙여 주자.

유: 물방개, 벌, 진드기…….

교: 그래, 좋아. 이제 남은 종이들을 보자. 모기약, 거미줄 같은 것들은 어떤 제목을 붙여줄까?

유: 나비에게 해로운 거요.

교: 그래, 맞아. '해로운 것'으로 ㅇㅇ친구가 초록 종이 위에 적어 줄까? 야, 여기 남은 종이에 있는 과일, 배추, 꿀은 어디에 붙여 줄까?

(이런 식으로 유목화를 하고 난 후 유목화된 종이를 게시한다.)

→유목화 과정의 결과물을 전시해 놓는다.

나비 프로젝트 7 주제망(모둠별로 구성한 경우)

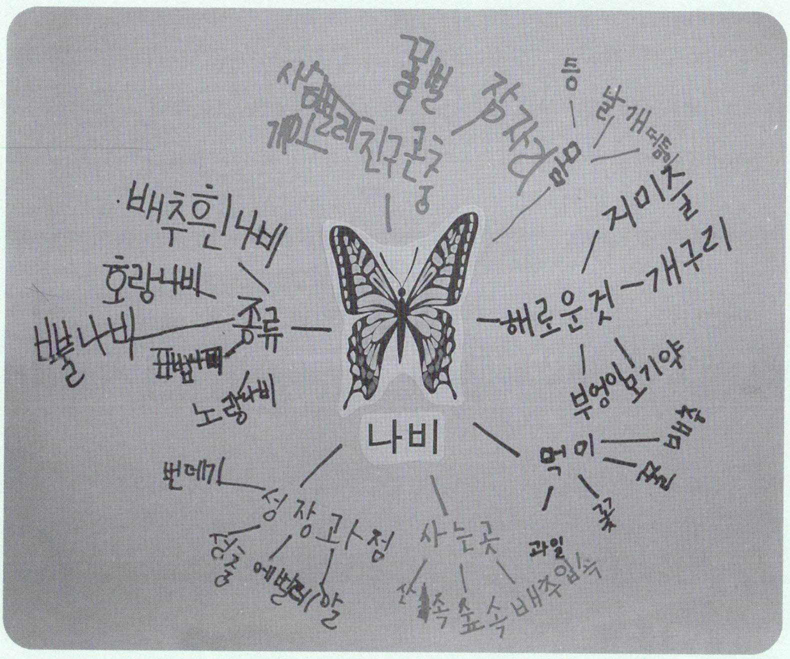

→주제망을 완성하고 나면 모든 유아들이 볼 수 있도록 벽면에 게시한다.

4) 질문목록 작성

주제망이 구성되고 나면 유아로부터 주제에 대한 여러 가지 질문거리들을 모으게 된다. 대개 질문거리들은 주제망과 연관 지어 유발되나 연관되지 않은 질문들도 나올 수 있다. 또한 시기적으로도 질문거리가 나오는 것이 일정하지 않아 어떤 질문거리는 프로젝트 시작 첫날부터 나올 수도 있다. 이는 주제에 대한 친숙한 정도, 마련된 자원 내용, 주제와 관련된 유아나 교사의 특별한 경험, 교사의 질문거리 안내 방식 등이 작용한다고 볼 수 있다.

질문거리를 찾기 위해 교사가 여러 가지 외적 방법을 동원하면 흥미를 불러일으킬 수도 있다. 궁금이 상자(질문상자), 질문게시판,

매력적인 질문 종이, 질문꽂이 봉투(주제망의 소주제 옆에 질문꽂이 봉투를 만들어 붙임) 등이 그 예가 될 수 있다. 이들 중 두세 가지 방법을 병행해서 이용해도 유아에게 흥미를 줄 수 있다. 예를 들어, 소주제마다 다른 색깔의 질문 종이를 마련해 주고, 질문을 적어 궁금이 상자에 넣도록 하는 것이다.

질문거리들을 모은 질문목록은 언어 영역에 준비한 질문목록 판에 적거나 붙이도록 한다. 교사는 유아들과 함께 질문목록을 읽으면서 해결방안이 무엇인지 생각해 보도록 유도한다. <나비 프로젝트 8>은 유아들로부터 질문거리를 모으기 위해 교사가 이용할 수 있는 외적 방법들을 소개하고 있다. <나비 프로젝트 9>는 유아들이 제시한 질문거리들이다.

나비 프로젝트 8

▸예시-매력적인 질문 종이 사용

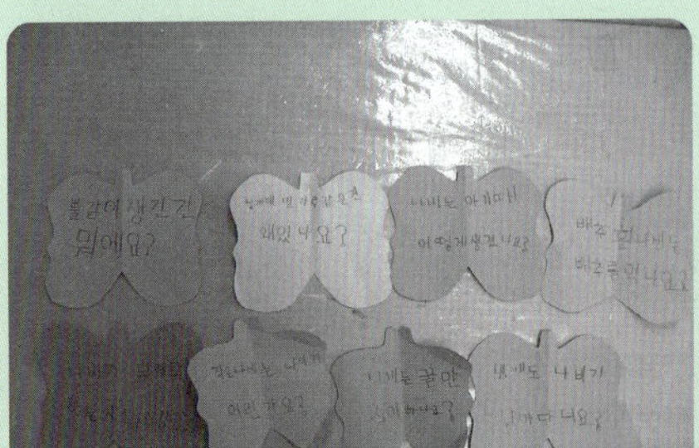

→여러 종류의 나비모양의 색깔 종이를 언어영역에 준비해 둔다. 수시로 종이를 꺼내서 궁금한 것들을 써서 궁금이 상자에 넣을 수 있도록 한다.

▶예시-'궁금이' 상자(질문상자) 이용

→질문이 모아진 '궁금이' 상자는 전체 모임시간에 개봉하도록 한다.

나비 프로젝트의 경우 주제망이 구성된 후 대집단 모임시간에 "선생님, 궁금이 상자 안 열어 봐요?" 하고 어떤 유아가 말하자 모든 유아들은 궁금해하는 표정을 지었으며, 드디어 궁금이 상자가 개봉되었다. 유아들은 호기심을 갖고 무엇을 꺼내보는 활동 자체를 매우 흥미롭게 생각하기 때문에 궁금이 상자 개봉시간은 아주 즐거운 활동이 될 수 있다.

"자, 오늘은 궁금이가 어떤 질문들을 먹었을까? 하나, 둘, 셋…… 자~ 어떤 내용인지 확인해 보자. 첫 번째 질문…… 이것(질문)을 알아보려면 어떻게 하면 좋을까?" 등과 같이 활용할 수 있다.

이와 같이 교사가 유아들의 질문거리를 하나씩 꺼내 읽어 줌으로써 질문을 한 유아뿐 아니라 다른 유아들도 질문 내용에 대해 알 수 있게 된다. 이런 기회를 통해 유아들은 다른 친구들과 서로 질문을 중심으로 생각을 나누게 되는 것이다.

나비 프로젝트 9 질문목록

나비는 남자 · 여자를 어떻게 구별할까요?, 나비의 다리는 어디에 있을까요?, 나비는 왜 예뻐요?, 왜 나비 날개에 밀가루가 묻어 있어요?, 나비는 날개가 없으면 왜 이상할까?, 나비는 왜 날개가 있을까?, 대왕나비는 뭐가 좋을까?, 나비는 왜 꿀만 좋아하나?, 배추흰나비는 배추도 좋아할까?, 밤에도 나비가 날아다녀요?, 나비는 어떻게 알에서 나비가 되나요?, 나비는 아기 때 어떻게 생겼나요?

5) 흥미유발 활동

앞서 질문목록이 작성되면 유아들은 질문과 관련해서 더욱 궁금해지게 된다. 이때 교사는 프로젝트 활동의 흥미를 더하기 위해 다양한 활동을 하면서 주제 관련 경험을 폭넓게 해보도록 안내해 줄 수 있다. 미리 준비단계에서 영역별로 구성한 자원을 활용하도록 유도하거나, 교실 내 · 외에서 주제 관련 실제 경험 활동에 참여하는 상황을 만들어 줄 수 있다. 또한 그동안 주제와 관련해서 부모들이 보내 준 주제 관련 충원 자료들을 소개하면서 이들을 자유롭게 경험해 보도록 격려하거나, 주제 관련 작품을 만들어 전시하도록 할 수도 있다. <나비 프로젝트 10>은 흥미유발 활동 가운데 유아들이 만들어 전시한 나비모빌이다.

나비 프로젝트 10 흥미유발 활동: 전시

→비닐봉지에 색종이를 구겨 넣은 나비 모빌을 만들어 천정에 달아놓았다.

이상 시작단계에서 이루어지는 여러 활동(경험 나누고 표상하기, 생각 모으기, 주제망 구성하기, 질문목록 작성, 흥미유발 활동)에 대해 살펴보았다. 이 단계에서 교사는 이미 이전 준비단계에서 짜두었던 예상 주제망, 활동예상안 등을 참고 · 활용함으로써 시작단계의 전체 과정이 활성화 될 수 있을 것이다. 하지만 예상 주제망이란 어디까지나 교사의 예상 주제망이기 때문에 상황에 따라 변화

될 수 있다는 점을 유념한다.

3 전개 단계

전개 단계에서는 시작 단계에서 제기되었던 질문거리들, 즉 문제들이 탐구활동을 통해 해결되어져 나아가지만 유아의 흥미에 따른 발현적 탐색활동도 나타나게 된다. 유아의 사고 흐름에 맞추어 나아가는 교사의 세심한 관찰, 반응, 자극이 필히 요구된다.

전개 단계에 이르게 되면 유아들은 프로젝트 활동에 더욱 흥미를 갖고 몰입하게 되므로 이전 단계와 비교해서 좀 더 유아 주도의 활동으로 나아가게 된다. 하지만 유아주도가 '유아 마음대로'를 뜻하는 것은 아님을 유의해야 한다. 이 단계는 문제해결을 위한 예측활동, 실험·실습·관찰 활동, 표상활동, 소집단 협동 활동, 현장견학 및 전문가 초빙, 관련 서적이나 인터넷 활용하기 등과 같은 활동이 일반적으로 포함되나 주제의 성격에 따라 활동도 다르다. 전개 단계의 활동의 에피소드는 <나비 프로젝트 11, 12, 13, 14>를 참고하기 바란다.

1) 문제해결을 위한 예측활동

본격적인 문제해결 활동을 하기 이전 우선 문제에 대해 답을 예측해보는 예측활동을 하게 된다. 교사는 작성된 질문목록을 훑어보면서 유아들이 가장 궁금해하는 질문을 한 가지씩 선택하여 유아에게 어떻게 문제를 해결해야 할지 예측해보도록 하고 이때 예측을 이야기, 글, 그림, 극화놀이 등으로 표현하도록 한다. 예측활동을 하게 되면 유아는 의문, 호기심, 궁금증 등으로 인지적 불평형을 가지게 되어 이를 오래 기억하게 되는 '자이가닉 효과'[3]를 가지게 된다(이명조, 김소아, 2009). 그리하여 문제를 꼭 해결하려고 하는 진지한 태도를 가지게 된다. 만약에 예측이 틀리더라도 교사는 이를 수정하거나 정답을 이야기해주면 안 된다. 더 이상 궁금증이나 호기심이 사라지기 때문이다.

문제해결을 위한 예측활동이후, 질문거리나 발현적 탐색활동의 성격에 따라 여러 가지 문제해결의 방법들이 동원될 수 있다. 즉, 실험 · 실습 · 관찰 활동, 표상활동, 소집단 협동 활동, 현장견학 및 전문가 초빙, 관련 서적이나 인터넷 활용하기 등과 같은 활동이다.

2) 실험 · 실습 · 관찰 활동

실험 · 실습 · 관찰 활동을 위해 교사는 다음과 같은 점에 유의해야 한다.

(1) 유아의 적극적인 참여가 이루어지도록 유도 · 안내한다.

전통적인 학급에서는 교사나 외래강사가 미리 계획한 특정 실험이나 실습활동의 절차를 유아가 따라 하는 방식이었다. 하지만 프로젝트 활동은 발견학습이나 문제해결학습의 과정을 통해 유아가 능동적으로 지식을 구성할 수 있는 것이어야 한다(61, 62쪽 참조). 만약 '요리' 프로젝트를 수행하고 있다면, 복잡한 절차를 따라야 하는 '경단 만들기' 요리보다는 '코코아 타기'나 '라면 끓이기'와 같이 유아의 능동적 개입이 충분히 가능한 활동을 계획하도록 한다.

---

3) 자이가닉 효과란 무엇인가를 이루지 못하거나 미처 끝내지 못한 일은 인지적 불평형으로 인해 긴장을 불러일으키게 되고 이 긴장 때문에 그 일을 오랫동안 기억하게 되는 것을 말한다. 예컨대, 아쉬웠던 인간관계나 받지 못한 돈이나 이루지 못한 첫사랑은 오래 기억에 머물게 되는데 이를 자이가닉 효과라 한다.

(2) 프로젝트 활동의 발현적 특성을 이해하고 적절히 개입한다.

유아의 실험 · 실습 · 관찰을 조력하고 자극하기 위해서 교사는 자신의 눈과 귀를 온통 유아를 향하도록 한다. 활동 중 적절한 시기에 질문하고, 점검하고, 협의하고, 조력하고, 자극하면서 그들의 발견들을 확대 · 심화시키는 기회를 놓치지 않기 위해서다. 유아의 실험 · 실습 · 관찰 활동에는 발현적 특성 또한 나타날 수 있다. 교사의 적절한 개입 역시 필요하다. 유아의 발현적 행동에 대한 교사의 개입 반응의 예는 다음과 같다.

첫째, 활동을 전개하다 보면 유아는 뜻밖의 발견을 할 수 있다. 즉, 유아는 교사나 또래와 상호작용하면서, 학습 자료나 구체물과 상호작용하면서, 작업 활동을 하면서 뜻밖의 발견을 할 수 있다. 교사는 이때를 놓치지 말고 자연스럽게 비집고 들어가는 기회포착이 필요하다. 이 경우 모르는 척 질문하고, 의문을 나타내고, 다시 시도해보라고 하고, 응원하고 칭찬한다. 이러한 교사의 반응으로 유아는 더욱 심도 있게 탐색하게 되고, 그리하여 자신감을 쌓아가게 된다.

둘째, 활동을 전개하다 보면 유아는 뜻하지 않게 실패하는 경우가 있다. 교사는 이를 덮어두기보다 교육적인 활용을 모색하도록 한다. 실패도 유아 자신의 상위인지를 알 수 있는 훌륭한 교육이 될 수 있으므로 그 이유를 알아내기 위한 활동을 다시 시도할 수 있을 것이다.

셋째, 어떤 경우는 유아들이 무엇을 해야 할지 모를 때가 있다. '우리 무엇을 할까?'라는 교사의 적절한 질문은 그들의 주도성을 인정해 주게 된다.

넷째, 활동을 하는 동안 유아가 주장을 하는 경우가 있다. 유아가 어떤 주장을 한다면 무슨 객관적인 근거로 주장하는지 교사가 그 이유를 물어야 한다. 교사의 질문은 유아의 사고를 존중하고 보다 깊은 사고력과 판단력 형성에 도움을 줄 것이다.

다섯째, 유아의 사고는 꼬리에 꼬리를 무는 경우가 흔해서 주제와 다른 방향으로 흐를 수도 있다. 교사는 이 경우 유아들 수준에서 적합한지 자원 지원이 가능한지 그 실현 가능성을 따져보면서 유아 마음대로 나아가지 않도록 유도한다(지옥정, 2005). 하지만 유아의 능동적인 참여를 위해서는 활동의 흐름이 계획대로 나아가는 것보다 유아들 자신에 의해 흘러가고 있다는 느낌을 받아야만 한다는 것도 동시에 고려해야 할 것이다.

(3) 실험 · 실습 · 관찰 결과를 일정한 형식이 없는 일지에 작성하게 한다.

실험이나 관찰의 결과를 미리 짜 놓은 일정 형식의 일지에 작성하게 하는 것은 고정된 틀로 사물을 바라보게 해서 창의적 사고력의 증진을 방해할 수 있다.

3) 표상활동

표상활동이란 유아의 마음속에 있는 상(象), 즉 심상[4])을 표현하는 활동이다. 교사는 표상을 다양한 방식으로 나타내도록 도울 수 있다. 유아의 마음속에 있는 상이나 생각을 그림이나 만들기, 혹은 사진으로 표상하고, 편지나 동시 짓기로 표상하고, 노래의 가사를 개사하여 표상하고, 신체를 이용해서 표상하고, 수량적 정보를 벤다이어그램이나 막대그림표로 표상하고, 경험이나 역할을 극화활동으로 표상하도록 안내한다(Spiro et al., 1991).

대부분의 실험 · 실습 · 관찰에서는 사전 표상과 사후 표상이 유용하다. 실험이나 관찰 전에 어떨 것이라는 예상을 하는 사전표상

4) 심상(mental image)이란 물리적으로 눈앞에 없는 것이 머릿속에 떠오르게 되는데 이를 심상이라 함. 이는 폭발적 언어 습득이 이루어지는 만 2세 이후 나타나는 현상으로 이전에 들은 것이나 본 것을 머릿속에 그릴 수 있어 심상을 만들게 됨

을 한 다음 실험이나 관찰 후에 사후 표상을 하는 것은 유아 자신의 정보를 수정하게 하는 중요한 역할을 한다. 심지어 같은 대상에 대해 표상(혹은 1차 표상), 재표상(혹은 2차 표상), 재재표상(3차 표상)까지 하면서 유아의 반성적 사고 능력은 점점 향상되고 표상 역시 발전하게 된다. 표상을 통해 유아는 자신이 무엇을 생각하고 있는지를 나타내고, 표상이 모이면서 지식도 같이 구축되어 쌓아가게 된다(민성혜, 이화영, 2003). 특히 유아들끼리 토론하고 가르쳐주면서 만들어 나가는 공동 표상은 보다 큰 기쁨과 만족감과 성취감을 심어줄 수 있다. 이러한 유아들끼리의 동료교수는 지적발달은 물론이고 책임감 형성을 노와준다(Damon, 1984).

교사는 유아들이 자신의 표상활동의 결과물을 전시하도록 조력함으로써 유아를 이해하고, 유아를 위한 활동을 계획하고, 학부모와 상담하는데 활용하게 된다. 이러한 결과물 전시는 또한 유아들끼리 공유하는 기회를 갖도록 해서 교실은 유아의 생각이 살아 숨 쉬는 곳이 된다. 그리하여 유아들은 자아존중감, 자신감, 성취감, 만족감 등과 같은 긍정적 성향과 느낌을 발달시키게 된다.

4) 소집단 협동 활동

소집단 협동 활동이란 소집단 내 구체적인 역할과 기능을 할당하여 열린 상호작용을 통해 사회적 기술을 고양하고, 서로 간의 이해와 다양성을 존중하는 학습으로 이끌어가는 것을 말한다(민성혜, 이화영, 2003; 송응식, 2004; 이수련, 2008; Cohen, 1994; Kagan, 1992). 이러한 진정한 협동 활동이 되기 위해 교사가 유의해야 할 점은 다음과 같다.

(1) 소집단 협동 활동을 어떤 상황에서 시도해야 하는지를 결정한다.

어떤 상황에서 소집단 협동 활동을 해야 하는지를 파악하는 것이 우선적으로 중요하다. 많은 교사들은 소집단 협동 활동의 적절한 개입시기를 어려워하는 것이 일반적이나 다음 몇 가지 상황에서 개입할 수 있을 것이다. 즉, 어떤 사항에 대한 논쟁이 학급 전체 유아들 사이에 발생하여 소집단별로 모여서 의논하고 합의를 해야 하는 경우, 학급의 공동 결과물을 만들기 위해 역할이 나누어져야 하는 경우, 유아 스스로 해 보면서 안전에 대한 경각심을 가져야 하는 경우 등이다. 예컨대, 요리 프로젝트를 한다면 교사 혼자 앞에서 이야기하면서 요리하게 되면 유아의 능동성은 기대할 수 없을 뿐더러 안전의 중요성도 배울 수 없을 것이다.

(2) 소집단(혹은 모둠) 크기를 결정한다.

보통 2~6명으로 구성하는 것이 일반적이나 학급 사정이나 활동의 성격에 따라 달라질 수 있을 것이다. 협동학습의 핵심요소인 구성원(혹은 모두미)들 간의 상호작용은, 모둠이 크고 상호작용 기술이 부족할수록, 적어질 가능성이 크고, 또한 둥글게 마주보는 모둠이 다른 모둠을 방해하지 않고 상호작용이 용이하다. 남아와 여아 수의 균형, 배경과 능력과 흥미의 다양성 등을 고려한 이질적인 집단 또한 효율적이다. 이질적 집단의 유아들은 그들로부터 나오는 다양한 아이디어와 관점이 인지적 불균형을 생성하여 이해력이나 사고의 정교성을 자극하여 사고의 발달을 가져오게 한다(Cohen, 1994).

(3) 역할을 할당한다.

역할을 할당하는 것은 집단을 지배하거나 아무런 참여도 하지 않는 역기능을 감소시켜 유아들 간의 상호 의존성을 촉진시켜주게 된다. 이는 학습을 돕기 위한 것이지 그 자체가 목표는 아니므로 역할을 맡는 절차 진행에 초점을 두지 않도록 한다. 역할의 할당(표 6-4 참조)은 프로젝트 주제나 활동특성에 따라 차이가 있겠지만 활동 초기에는 간단한 역할을 할당하고, 익숙하게 되면 좀 더 정교한 새로운 역할을 맡도록 한다. 만약 25명 내외의 학급이라면 처음에는 6명씩 네 집단을 구성하고 6명 가운데 두 명씩 짝을 지어 같은 역할을 맡다가(예: 기록이 2명, 이끄미 2명, 도우미 2명) 익숙하게 되면 6명 각자가 개별 역할을 맡는다. 유아 각자가 자신의 역할에 대해 분명하고도 구체적으로 알기 위해서는 역할 카드를 활용하는 것이 도움이 된다. 어느 정도 자신의 역할에 익숙해지고 다른 역할에 대해 관심을 보이면 역할을 교대한다(Kagan, 1992).

〈표 6-4〉 역할 할당의 예

명칭	역할
기록이	활동내용을 기록함
이끄미	활동을 리더함(예: 활동내용의 확인, 활동의 참여 격려 및 칭찬, 질서 지키기 등)
도우미	과제와 관련된 활동을 도와 줌
연구미	자료, 지식, 아이디어 등을 과제와 연결함
다름이	아이디어에 대한 비판, 아이디어들끼리 차이 비교, 결과물에 대한 재창조 등을 함
요약이	결과물을 재정리 및 요약, 그리고 의견을 통합함

(4) 역할을 할당하면서 협동학습의 요소를 명확하게 이해하도록 설명한다.

유아들끼리 서로 도움이 될 수 있도록 설명하고 지지하고 안내하는 긍정적 상호 의존을 강조한다. 또한 모둠이 효과적으로 기능하기 위한 사회적 협력 기술과 개별 책임, 예컨대 집단 내에 머무르기, 조용히 집중하기, 서로 이름 부르기, 모든 구성원이 적극적으로 참여하기, 독점하지 않기, 각 유아에게 할당된 역할 다하기, 건설적인 피드백 주기 등을 가르침으로써 프로젝트 활동의 목적을 향하도록 한다(이수련, 2008).

(5) 유아들의 상호작용을 관찰·감독하고, 협동 요소의 질을 평가하고 개입한다.

유아들이 보여주는 바람직한 협동학습 행동을 구체적인 진술로 강화하고, 때로는 상보적 질문을 통해 초인지적 사고를 촉진시키도록 한다(64쪽 참조).

(6) 다양한 활동유형으로 협동학습을 실시하도록 한다.

협동 활동의 유형은 언어활동, 특히 쓰기 능력을 요구하는 활동에 집중되는 경향이 있다. 따라서 다양한 활동, 예컨대 과학, 조형, 수, 음율 등의 활동을 중심으로 한 협동 활동도 고려해 보아야 할 것이다(지옥정, 최일선, 2005).

(7) 불가피하게 발생하는 갈등에 대처하는 협상전략을 가르친다.

가정, 학급, 사회 등 어느 집단이건 갈등은 불가피하므로 이를 해결하기 위한 가르침은 삶의 중요한 기술이라 할 수 있다. 일반적으로 유아들과 초등학생들의 갈등은 교구, 운동기구, 장난감, 학습자료 등을 나누어 가지거나 활동이나 게임을 누가 먼저 할 것인가와 같은 일에서 발생한다. 갈등을 다루는 전략을 배운 아동들은 공격성과 폭력을 건설적으로 해결할 수 있으므로 협상전략(Johnson et al., 1995), 즉 (가) 갈등을 공동으로 규정하기, (나) 서로의 입장과 이익을 제시하기, (다) 상대방의 관점으로 역할 바꾸기, (라) 서로가 이익이 되는 세 가지 해결안 만들기, (마) 통합적 해결안 도달하기 등과 같은 절차를 활용하면 된다.

나비 프로젝트 11 질문목록의 예: 밤에도 나비가 날아다녀요?

▶문제해결의 모색

-예측활동: 프로젝트를 진행하면서 날아다니는 나비를 찾고 관찰하였다. 어떤 유아가 "밤에 나비를 봤어요~", 또 다른 유아는 "에이~ 밤에 나비 안 날아 다녀~!!"라고 말하면서 서로 다른 두 종류의 의견 모둠으로 나누어졌다. 이들 두 종류의 의견을 지닌 각각의 모둠은 글이나 그림으로 답을 예측해 본 후 발표해 보았다.

밤에도 나비가 있다고 생각하는 모둠의 발표

밤에 본 것은 나비가 아니라는 모둠의 발표

-문제해결활동→부모님께 물어보기: 아이들은 가정으로 돌아가서 부모님께 물어보았고, 밤에 날아다니는 것은 '나비'가 아니라 '나방'임을 알게 되었다. 문제를 해결해 나가면서 나비와 나방의 차이점에 대해 궁금해했고, 가정에서 책이나 인터넷 검색으로 나비와 나방을 비교한 자료들을 찾아왔다.

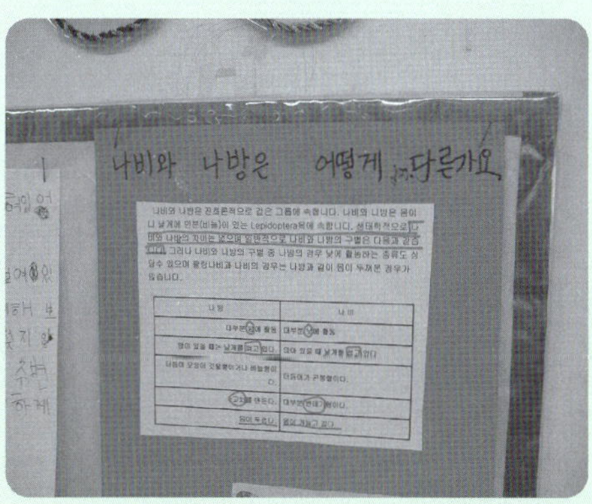

▶추후활동(활동예상안에 따른 표상활동)

-수·과학: 문제해결 과정에서 알게 된 사실을 벤다이어그램으로 표상해 보았다.

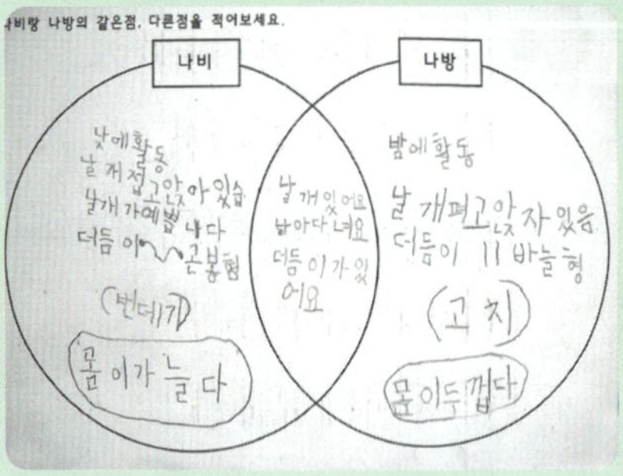

나비 프로젝트 12 질문목록의 예: 나비는 남자·여자를 어떻게 구별할까요?

▶문제해결의 모색

-예측활동: 벽면에 게시된 나비의 사진자료를 보며 분홍 빛깔이 들어간 나비를 보고는 "저건 여자 나비~!!" 파란 빛깔이 들어간 나비를 보며 "저건 남자 나비~!!", "아니야, 저것도 여자 나비 될 수 있어~!!" 하면서 이야기 나눈 후 '나비는 남자, 여자를 어떻게 구별할까요?'라는 질문에 대한 답을 그림으로 그려 예측하여 보았다. 더듬이나 크기가 다를 것이라 하는 친구도 있고, 색깔이 다를 것이라 하는 친구들도 있었다.

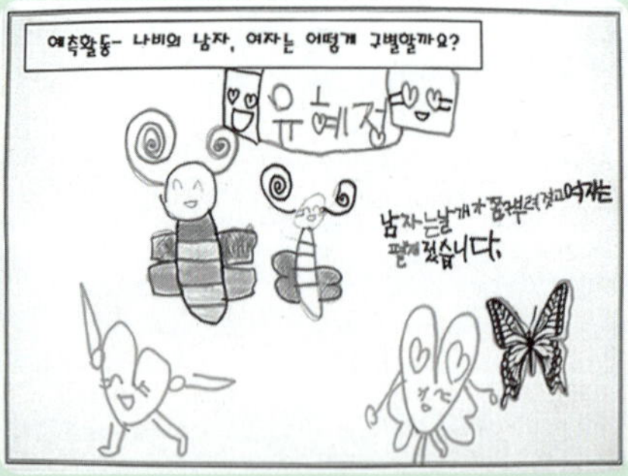

-문제해결 활동 → 책 찾기: 가정에서 가져온 여러 책들과 자료들을 자유놀이시간에 살펴보면서 "어~!! 선생님 여기 남자·여자 구별하는 것 나왔어요~!!" 하면서 다들 몰려들기 시작했다. 나비의 수컷은 날개가 더 하얗고 암컷은 검은 무늬가 크고 앞날개 죽지가 회색이었다. 또한 암컷은 배가 더 굵고, 수컷은 가늘다는 것을 알았다.

→암컷은 배가 더 굵다? 그런데 "나비의 배가 어디 있지?" 하며 새로운 질문이 파생!!
→또다시 책 찾기를 통해 배, 다리, 눈이 어디 있는지 확인하게 되었다.

▸추후활동(활동예상안에 따른 표상활동)

-과학, 미술, 언어: 알게 된 '나비 몸의 구조'를 색칠하고 그 명칭을 써 보았다.

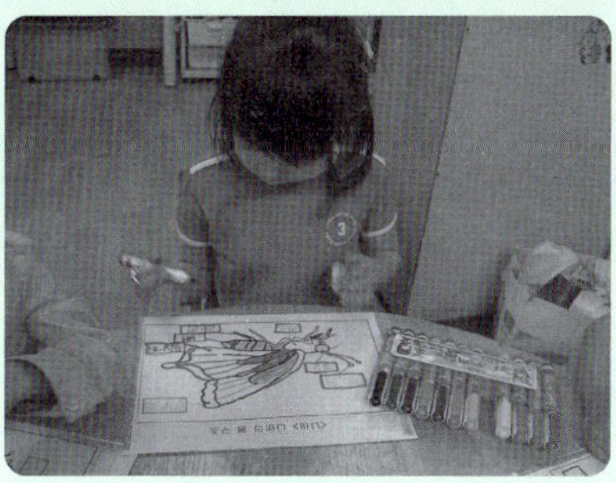

나비 프로젝트 13 질문목록의 예: 나비는 어떻게 알에서 나비가 되나요?

▸문제해결의 모색

-예측활동: 나비는 어떻게 성장하게 되는지 예측해 보았다. 고치가 되는 과정이 있다고 하는 친구도 있고, 고치가 되는 과정이 없다고 하는 유아도 있었다. 아래 사진은 나비는 '알→애벌레→번데기→고치→나비'라는 성장과정을 거친다고 예측한 유아의 활동지이다.

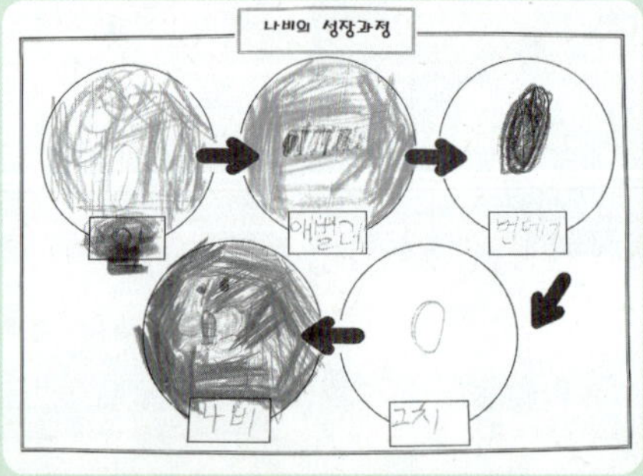

-문제해결활동→집에서 조사해오기: 주말을 앞두고, 질문에 대해 부모님께 여쭤보거나 책을 찾아보거나 해서 알아오기로 했다. 아이들은 인터넷 검색이나 책을 보고 찾아온 자료를 친구들과 공유하게 되었다.

▸추후활동(활동예상안에 따른 표상활동)

-언어: 『나비의 성장과정』 책 만들기

나비 프로젝트 14 질문목록의 예: 나비는 왜 꿀만 좋아하나?

▸문제해결의 모색

-예측활동: 아이들은 꽃의 단 것(꽃의 꿀)을 손쉽게 빨아 먹는 나비를 부러워하면서도 왜 꿀을 왜 좋아하는지 궁금해했다. 나비가 꿀을 먹는 이유를 다른 친구들의 의견을 적어가면서 토의해 보았다.

-눈제해결활동→교실의 인터넷 검색: 네이버 검색(http://kin.naver.com)을 통해 나비의 입은 동그랗게 말려 있다가 꿀을 먹을 때는 길게 풀어 빨아먹기 때문에 즙으로 된 꿀, 나무의 진액을 좋아하게 되는 것임을 알게 되었다.

▸추후활동(활동예상안에 따른 표상활동)

-신체: 나비 '꿀 먹기' 게임을 했다.

▸음률 : 노래 개사하기

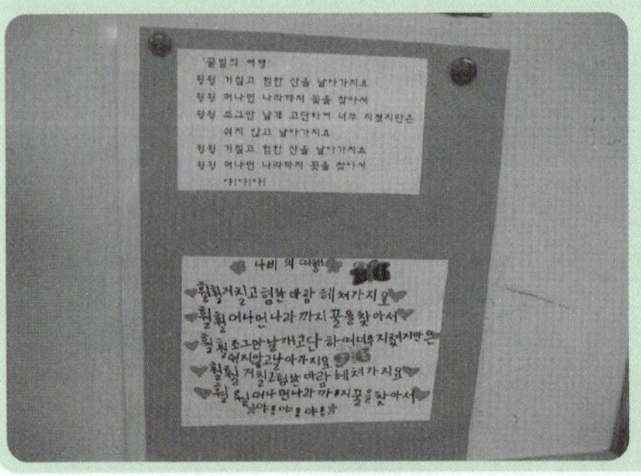

→이전에 배웠던 '꿀벌의 여행' 노래를 우리가 알아낸 사실들로 '나비의 여행'이라는 제목 하에 개사해 보았다.

5) 현장견학, 전문가 초빙

현장견학은 종종 준비단계나 시작단계에서 할 수도 있다. 준비단계에서 현장견학을 다녀 온 후 유아들의 관심이 현장과 관련되어 지속된다면 주제의 도출이 용이할 수 있다. 또한 시작 단계에서 선정된 주제에 대한 사고 확장이 이루어지지 않는다면 견학을 통해 흥미가 유발될 수 있다. 만약 전개단계에서 현장견학이나 전문가 초빙이 주제 확장을 위해 필요하지 않는 경우라면 제외시켜도 무방하다(하순련, 오영희, 2001). 전개단계에서의 현장견학을 통해 유아들은 지금까지의 활동을 확인하거나 수정하고, 확장하고, 활성화하는 의미 있는 기회를 가지게 된다.

교사는 우선 현장견학의 장소를 주제와 밀접하고 거리상 가까운 곳으로 선정하되 융통성 있게 조정한다. '소리' 프로젝트를 하는 경우, 보통은 소리 박물관을 견학 간다. 하지만 전체 원이 한강 생태공원으로 견학을 간다면 소리 박물관만 고집할 것이 아니라 생태공원에서도 여러 소리를 찾고 들어볼 수 있을 것이다(민성혜, 이화영, 2003). 교사는 자칫 소홀하기 쉬운 사전 준비와 사후활동에 관심을 두어야 한다.

(1) 현장견학 전 준비 활동

현장견학이 효율적이고 의미 있는 활동이 되기 위해서는 사전에 세심한 계획이 필요하다. 우선 교사는 질문목록 중에서 현장견학에서 알아보고자 한 사항들은 무엇이었는지를 정리하고 현장견학을 통해 무엇을 얻어야 하는지를 확인해 봄으로써 현장견학의 목표를 분명히 할 수 있다. 그다음 이러한 현장견학의 목표를 달성할 수 있도록 현장 물색하기, 현장 사전 답사하기, 현장 공문 발송하기 등과 같은 절차를 밟아 철저히 준비하도록 한다.

한편, 교사는 유아들에게 현장견학에 대해 설명해주는 시간을 꼭 갖도록 한다. 그동안의 학습 활동과의 연관성을 강조하고, '우리 내일 ○○에 가서 무엇을 알아보고, 무엇을 하기로 했지?'와 같은 질문으로 관심과 흥미를 불러일으킨다. 그다음 현장에서 무엇을 볼 수 있고, 어떤 정보를 얻어 올 수 있는지 등을 설명하고, 현장에서 보고 조사하고 싶은 것을 그림이나 글로 예상해보게 한다. 아울러 질문목록을 함께 보면서 현장에 가서 질문해 볼 것을 메모하게 한다. 또한 의미 있는 현장견학 활동이 되기 위해 다양하고도 간단한 기록방법, 즉 그리기, 쓰기, 스케치하기, 수로 나타내기, 표로 나타내기, 측정하기, 사진 찍기 등이 활용될 수 있음을 알려주고, 이들 기록방법에 의한 기록내용은 현장견학 이후의 학습 활동에 유용하게 활용될 수 있음을 알린다.

(2) 현장견학 활동

유아들의 현장에서의 직접적인 경험은 프로젝드 활동을 보다 의미 있게 활성화시킬 수 있다. 현장에서 이루어질 수 있는 활동들로는 관찰 및 조사하기, 기록하기, 현장 사람들에게 질문하기, 현장에서 물품 수집해 오기 등을 들 수 있다.

(3) 현장견학 후 활동

현장견학을 마친 다음 날 현장에서 일어났던 일들, 즉 본 것, 이야기 나눈 것, 흥미로웠던 점 등을 이야기 나누게 하고, 특히 메모한 질문목록의 내용에 대해 어떠한 답(관찰, 스케치 등)을 얻어 왔는지 발표하도록 한다. 이때 소집단별로 토의해서 함께 그림이나 글, 혹은 역할놀이, 만들기 등으로 표현할 수 있을 것이다. 진정한 소집단 협동 활동을 할 수 있는 기회이다. 그리고 대강 기록해 온 것들을 기초로 보다 상세하게 그림, 도표, 만들기, 글쓰기 등과 같은 활동을 한다면 현장견학이 좀 더 확장 · 심화 될 수 있을 것이다.

또한 견학 중 새롭게 제기된 질문에 대한 조사 · 탐구 활동을 첨가할 수도 있고, 현장견학 전에 미리 예측해 보았던 경험과 현장견학 후에 경험한 것들을 서로 비교하면서 유아 자신의 지식을 확고히 하거나 수정해 나갈 수도 있을 것이다. 마지막으로 현장에서 도움을 준 사람에게 감사편지로 현장견학의 유종의 미를 거두도록 지도한다.

(4) 전문가 초빙

전문가 초빙은 유아들의 궁금증에 대해 객관적인 증거를 구하기 위해서다. 미리 전문가를 만나 초빙의 목적, 질문내용, 유아들의 발달적 특징 등을 설명해서 유아의 눈높이에 맞출 것을 당부해서 유아중심이 되도록 유의한다. 유아 또한 이들에 대해 예절을 지키도록 지도하는 것이 중요하다.

나비 프로젝트 15

▸현장견학 전 활동

→견학을 가서 어떤 나비들을 볼 수 있을지 상상하여 그려 보았다. 이 그림은 무지개 색 날개를 가진 나비가 있을 것이라고 예측한 아동의 그림이다.

▸현장견학: 세계 곤충학습 체험 전(능동 어린이대공원 교양관)

-견학을 가서 아이들이 상상했던 '무지개 나비'는 없었지만, 다양한 종류의 나비를 볼 수 있었다. 또한 질문거리에 대한 구체적인 경험도 하게 되었다. 예를 들어, 알 → 애벌레 → 번데기 → 나비의 성상과성을 표본으로 확인하고, 나비의 배, 날개 모양을 자세히 관찰하고, 나비를 직접 만져보면서, 특히 날개에 대한 감촉을 경험해 보았다.

→여러 종류의 나비를 보았어요.

→나비를 손바닥이나 손목에 올려놓았어요.

▸현장견학 후 활동

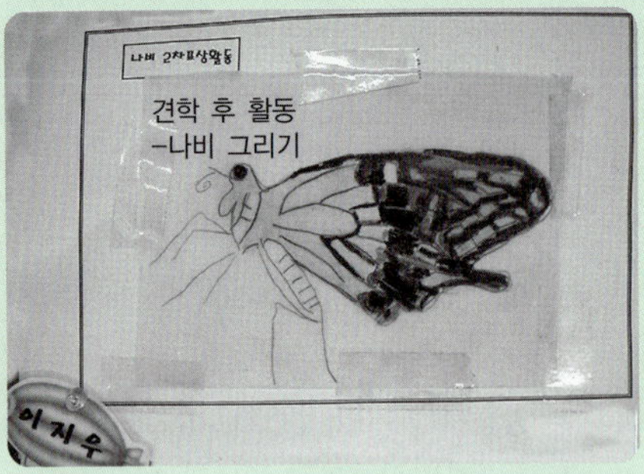

→견학 가서 찍어 온 사진이나 팸플릿 자료를 보고 나비를 그려보았다.

4 마무리 단계

유아들이 프로젝트 전 과정을 통해 이루어 온 결과물들을 재정리·재구성하고 전시 혹은 발표하는 재창조 작업을 하면서 지식을 내면화하는 마무리 단계를 가진다. 마무리 단계는 마무리 행사 준비, 마무리 행사(발표회, 전시회 등), 마무리 행사 이후와 같은 활동이 포함된다.

1) 마무리 행사 준비

마무리 행사 준비를 위해서는 우선 전체 토의 및 모둠 토의를 통해 행사계획을 세우고, 실제 행사를 위해 교실 꾸미기, 초대장 보내기 등의 준비활동을 하게 된다.

(1) 전체 토의 및 모둠 토의

프로젝트 활동을 종결시켜야 할 시점을 정하는 일은 그리 어렵지 않다. 유아가 프로젝트 주제에 관심을 보이지 않거나, 혹은 프로젝트 시작단계에서 구성한 주제망의 개념이나 궁금증과 같은 질문거리에 대해 충분히 다루어졌다고 판단되면 종결시킬 적절한 때가 된 것이다. 교사는 유아와 함께 프로젝트 전 과정을 돌아보며 어떤 일이 있었는지를 되짚어보는 전체 토의 시간을 갖고 그동안 성취해 온 학습을 주변 사람들과 공유하면서 축하하는 마무리 행사를 계획한다.

토의할 사항들은 마무리 행사의 형태(전시회, 발표회 등), 공개행사의 주제와 내용, 준비 일정, 유아 각자의 역할, 준비물, 초대장 등에 관한 것이다. 프로젝트 마무리 단계에 접어들게 된 유아들은 프로젝트 진행과정, 절차, 소집단 협동학습 등에 익숙해져서 토의된 사항들 중 한 가지씩 할당을 맡아 소집단(모둠) 토의를 하는 것도 좋은 방법이다. 일반적으로 마무리 행사 시 토의해야 할 사항은 다음과 같다.

- 전시회나 발표회와 같은 공개행사 형태 정하기
- 전시회나 발표회의 날짜, 시간, 횟수 정하기
- 전시회나 발표회 초대 대상과 인원, 그리고 공간 정하기
- 전시회나 발표회 주제 및 내용 정하기
- 준비 일정 계획하고 각자의 역할 정하기
- 초대장 내용 및 배달 날짜 정하기
- 교실 꾸미기

모둠별 토의 후에는 전체로 모여 토의 내용을 통합·조정하여 실제 마무리 행사 준비를 한다.

다음 <나비 프로젝트 16>은 미무리 행사를 준비하는 보습을 담은 장면이고, <나비 프로젝트 17>은 마무리 행사 때 발표할 동극에 담아야 할 내용, 즉 동화를 소개한 것이다.

나비 프로젝트 16

▶마무리 행사준비

-발표내용 토의 및 동화짓기

→('나비' 동극을 꾸미기로 발표 주제를 정한 뒤, 동극의 내용을 그림으로 우선 표현해 보았다. 아이들이 그린 그림 중 겹치는 것을 빼고 7장을 뽑아 이들 그림을 복사하여 2~3장씩 모둠별로 나누었다.) 옆 사진은 유아들이 모둠별로 주어진 그림의 등장인물 대사와 내용을 넣기위해 토의하고 있는 장면이다.

-동화 내용 전시

7장의 그림 각각에 대한 대사 내용을 전시하고 있다. (전체 동화: 나비 프로젝트 17 참조)

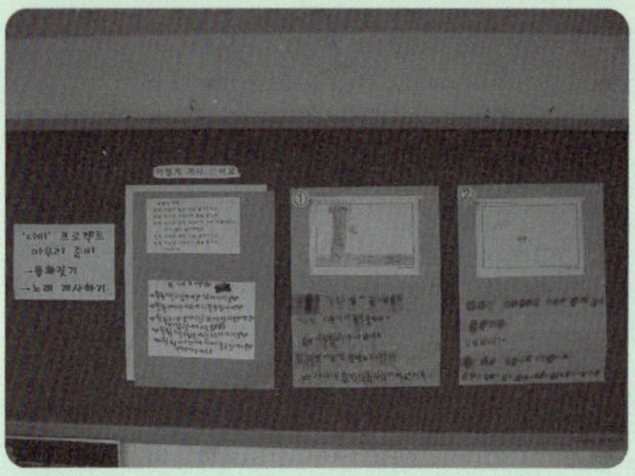

-맡은 배역에 따른 준비물 및 의상 준비

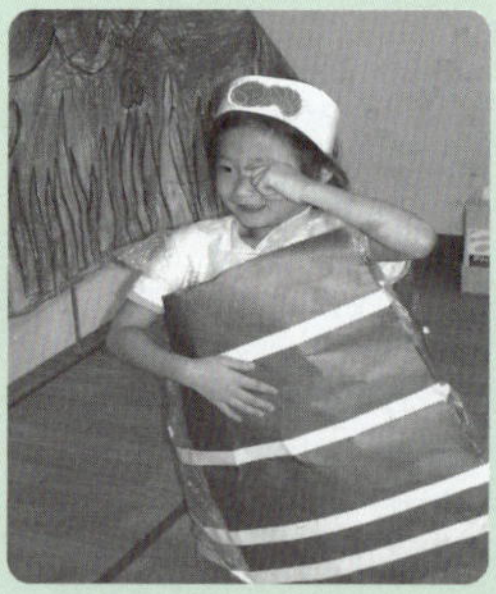

갈색 애벌레 배역을 맡은 친구를 위해 커다란 비닐봉지에 색지를 붙여 의상을 만들고 있다. 역할 머리띠도 준비하고 있다. 오른쪽 사진은 마무리 행사를 위해 완성된 옷을 입어보고 있는 모습이다.

나비 프로젝트 17 완성된 동화(제목: 넌! 누구니?)

❶ 나무에 작은 알이 붙어 있어요. "나는 이담에 여왕이 될 테야."

알 속에서 벌레가 나왔어요. 털이 까슬까슬한 벌레는 자기가 빠져 나온 알껍질을 씹어 먹었어요.

❷ 나무로 기어 올라온 개미가 깜짝 놀라 물었어요.

"넌 누구니?"

"응, 나는 호랑나비 애벌레야. 나하고 놀자~."

"어머~!! 싫어! 싫어~!" 개미는 얼른 도망쳐 버렸어요.

❸ 매미가 날아왔어요. 애벌레는 매미와 친구가 되고 싶었어요.

"매미야, 나하고 놀자."

"싫어! 싫어~! 넌 정말 못생겼구나."

매미도 얼른 도망쳐 버렸어요. 애번레는 쓸쓸했어요.

❹ 나흘이 지났어요. 애벌레는 까슬까슬한 옷을 벗었어요. 흑갈색 목에 흰 띠를 두른 애벌레는 친구를 찾았어요. 그러나 아무도 친구가 되어 주지 않았어요.

"참새다. 모두 숨어라."

그때, 갑자기 참새가 날아왔어요. 모두들 도망가서 숨었어요. 하지만 느린 애벌레는 숨지 못하고 고개를 숙이고 있었어요.

"이건 내가 눈 똥이잖아~!!" 참새는 애벌레가 똥인 줄 알고, 날아가 버렸어요.

"쟤는 똥이래. 참새 똥이래~!!"

애벌레는 곤충 친구들에게 놀림을 받았어요. 속상한 애벌레는 나무로 올라와 2, 3번 옷을 갈아입고 4번째에는 초록색 옷을 입었어요.

❺ 초록색 옷을 입은 애벌레는 땅으로 내려가 봤어요. 땅에 내려가사 사마귀가 와 있었어요.

"저놈~ 맛있게 생겼네!!" 사마귀가 애벌레에게 덤비려 했어요.

"에잇!" 애벌레는 주황색 뿔을 내밀며 나쁜 냄새를 풍겼어요.

"아이고~ 냄새" 곤충 친구들과 사마귀는 방귀쟁이 애벌레를 피했어요.

❻ 속상해진 애벌레는 또다시 나뭇가지에 올라갔어요.

애벌레는 입에서 실을 뽑아 몸에다 감고 계속 잠만 잤어요. 30밤이 지나고 번데기의 등이 툭 터졌어요. 그리고 알록달록한 것이 나오기 시작했어요. 호랑나비가 된 애벌레는 멋진 날개를 펼쳤어요.

❼ 애벌레를 놀린 친구들은 호랑나비가 된 애벌레를 보자 미안해졌어요.

"그동안 미안했어. 우리의 여왕님이 되어 주세요."

이제 호랑나비는 외롭지 않았어요.

(2) 교실 꾸미기

공개행사를 위한 준비과정에서 빼놓을 수 없는 것이 교실 꾸미기이다. 교실 꾸미기는 그동안 프로젝트의 진행과정 및 활동 내용을 알 수 있도록 전시되었던 작품들을 정리·재배치하는 일과 마무리 행사를 위해 배경을 꾸미는 일이 포함된다. 무엇보다 유아 각자에게 전시할 대표적인 작품을 스스로 결정하게 함으로써 자신의 여러 결과물들을 재정리하면서 재창조 작업을 하는 기회를 주도록 한다. 또한 유아들끼리 교실을 꾸밀 수 있도록 책임을 부여하게 되면 지금까지 수행되어 왔던 활동의 개요를 복습, 평가하게 되고 앞으로의 교육활동에 참고하게 되는 기회를 가질 수 있다.

다음 <나비 프로젝트 18>은 동극 발표를 위해 무대 배경을 꾸미고 있는 장면이다.

나비 프로젝트 18 동극 배경 꾸미기

유아들이 동극을 하기 위해 배경을 그리고 있다. 나비가 좋아하는 꽃도 그리고, 풀도 그리고 있다.

완성된 동극 배경이다.

(3) 초대장 보내기

발표회(혹은 전시회)를 알리고 초대하는 글을 부모나 다른 반 유아, 또는 특별한 도움을 준 전문가나 현장 사람들에게 보내도록 한다. 초대장에는 누가, 언제, 어디서, 무엇을, 어떻게 하는지의 내용이 담겨 있어야 한다.

다음 <나비 프로젝트 19>는 공개행사를 알리기 위해 유아들이 홍보 포스터를 제작하고 있는 장면이고, 유아가 제작한 초대장이다.

나비 프로젝트 19 마무리 행사를 알리는 홍보 포스터 및 초대장 제작

제작한 포스터와 초대장을 어린이집 입구와 복도에 붙여 놓았다.

2) 마무리 행사

(1) 발표회

발표회는 앞서 마무리 공개행사를 위해 선정한 발표주제와 내용을 유아들에게 그들의 상상력을 함축시켜 예체능 및 극화 활동으로 재창조할 수 있도록 하는 기회를 제공한다. 그런데 발표회의 활동이 유아의 이해를 넘어서 다른 사람에게 보여주기 위한 과시용이 된다면 귀한 시간을 낭비하는 비교육적 경험이 될 것이다.

<나비 프로젝트 20>은 발표회에서 유아들의 동극하는 모습, 개사한 노래를 부르면서 율동을 하고 있는 모습이다.

나비 프로젝트 20 동극하기, 개사한 노래·율동하기

부모님, 어린이집 선생님들, 동생들을 초대하여 동극과 함께 개사한 노래·율동을 발표하고 있다.

(2) 전시회

전시회에서는 초대한 사람에게 프로젝트 활동의 결과물들, 특히 글 관련 작품들, 그리기 및 조형 작품들을 보여주면서 설명해 주게 된다. 가능하다면 유아들이 역할을 분담하여 전시회 행사 진행을 맡는 것이 권장된다. 손님을 맞이하여 안내하는 일, 전시회에 대해

인사말 하기, 전시된 작품에 대해서 설명하는 일 등은 다소 어려운 역할 분담일 수 있으나 교사가 시범을 보이고 연습을 하게 한다면 그리 어렵지 않을 것이다.

이와 같이 발표회나 전시회 혹은 다른 어떤 형태의 마무리 공개 행사라 하더라도 유아들은 프로젝트 기간 동안 알게 된 사실이나 산출된 다양한 결과물들을 재정리·재구성하면서 재창조 작업을 하게 되고 이를 다른 사람들과 공유함으로써 얻게 되는 교육적 가치가 크다. 프로젝트 활동의 목표인 지식과 기능의 습득뿐만 아니라 협동의식과 공동체 의식, 책임감, 성취감, 자신감 등을 기르게 된다. 다른 반 유아들도 행사를 주최한 유아들로부터 프로젝트 활동을 하고 싶어 하는 동기가 유발될 수 있다. 하지만 유아의 이해를 넘어선 보여주기 위한 행사로 일관된다면 교사가 주도하는 행사가 되어 이러한 교육적 효과를 발휘할 수 없게 된다. 이는 유아교육 및 프로젝트 활동의 의미나 목표에 대한 부모들의 인식 전환을 돕는 부모교육의 필요성이 제기되는 부분이다. 공개 행사가 여의치 못하면 교사 중심의 활동보다는 유아의 프로젝트 활동 상황을 비디오에 담은 영상적 메시지를 학부모와 공유하는 것도 고려할 만하다 (지옥정, 최일선, 2005).

그 밖에 프로젝트 주제에 따라 행사의 유형을 창의적인 방법으로 시도한 것들로 물 프로젝트와 안전한 우리 원 프로젝트를 들 수 있다(지옥정, 2005). 물 프로젝트인 경우 초등학교 1학년 담임교사와 합의하여 유아들과 함께 1학년 교사 담당 반을 방문하여 '물'과 관련된 다양한 활동을 학생들과 자연스럽게 공유한 행사이다. 예컨대, '물' 관련 노래를 개사해서 부르고, 인형극을 보여주고, '물이 죽어가고 있어요.' 퍼포먼스를 하는 것이다. 또한 유아들이 직접 제작한 물 절약을 위한 팸플릿을 초등학교 주변의 행인들에게 나누어 주는 행사도 추가했다. 또 '안전한 우리 원' 프로젝트의 경우는 마무리 행사로 유아들과 뉴스 형태의 비디오, 즉 안전한 원 생활을 위한 비디오를 만들어 다른 반 유아 전체가 공유한 것을 소개했다. 물론 비디오 제작을 위해 유아들이 역할(예: 중심 사회자, 리포터, 문제 상황을 보여주는 자 등)을 분담하여 유아의 행사가 되도록 했다.

3) 마무리 행사 이후

마무리 행사 이후에 반드시 이행해야 할 일은 마무리 행사에 대해 평가하고 정리하는 일이다.

(1) 마무리 행사에 대한 평가

마무리 행사에 대한 평가의 의의는 마무리행사를 하는 과정에서 잘된 점과 잘못된 점에 대해 이야기하고 다음에는 어떻게 하면 더 좋을지에 대한 개선점을 찾아내는 것이다. 이때 프로젝트 마무리 행사 진행 과정을 찍은 사진을 유아들과 함께 보면서 이야기 나누는 것도 바람직하다. 예를 들어, 사진을 보여주면서 교사가 "우리 반 친구들이 노래를 참 잘 불렀어요. 다음에도 그렇게 열심히 노래해요~", 사진 속의 아이들을 가리키며 유아들이 "저기 떠들고 있다가 자기 나올 차례를 모르는 친구 때문에 속상했어요."와 같은 말로 시작한 후 유아들끼리 소감을 이야기하도록 유도한다. 예컨대, "동생들이 박수를 쳐주니까 기뻤어요. 동생들을 초대하길 잘 했어요~" 등과 같은 이야기들을 할 수 있을 것이다.

(2) 마무리 행사에 대한 정리

전시된 여러 결과물이나 자료 등의 정리 과정은 마무리 행사 준비나 실제 마무리행사만큼이나 중요한 의미를 갖는다. 어떤 작업 후에 정리하는 일은 다음 작업의 효율성을 위해 필수적임에도 불구하고 흐지부지되고 말거나 교사 혼자 대강 처리하는 수가 많다. 유아기에 정리하는 기본생활습관은 평생 지속될 수 있어 이 과정을 소홀히 하지 않도록 유념한다. 마무리 행사 준비 때와 마찬가지로 유아들과 논의를 통해 역할을 나누어 정리한다면 빠른 시간에 효과적으로 끝낼 수 있을 것이다.

정리에는 작품정리와 교실정리하기가 포함된다. 유아들의 개별 작품은 개인 파일에 정리될 수 있도록 하고, 구성물들은 토의 결과에 따라 분해하여 재활용할 것과 폐기할 것 또는 교구장에 돌려놓을 것 등으로 나누어 정리하고, 빌려온 것은 되돌려 준다. 그리고 교실 정리는 전시되었던 작품을 떼어내고 정리하는 일, 교재・교구를 정리하고 재배열하는 일, 특정 물건을 씻는 일까지 포함된다.

5 프로젝트 평가

프로젝트 활동도 다른 학습활동과 마찬가지로 평가가 필수적이다. 프로젝트 평가는 유아의 통합발달 목적 성취도 평가, 활동 평가, 프로젝트 지원체제 평가, 부모 평가, 유아별 포트폴리오 파일 만들기 등의 영역들이 포함될 수 있다.

1) 유아의 통합발달 목적 성취도

프로젝트 활동의 목적은 유아의 지식, 기능, 성향, 느낌의 통합적 발달이다. 프로젝트 활동을 통해 유아는 지식과 기능의 습득뿐만 아니라 성향과 느낌의 발달을 이루도록 하는 것이 무엇보다 중요하다. 즉, 궁금한 것을 스스로 탐구/연구하고자 하는 지적 성향, 문제해결 방법의 터득과 관련된 유능감, 문제해결 과정에서 생겨나는 인내심과 도전감, 유아들끼리의 공동체 의식・책임감・소속감, 자신의 결과물에서 느끼는 성취감과 만족감, 숙달을 통한 자신감 등을 기르는 일에 소홀함이 없었는지 평가해야 할 것이다. 유아의 통합발달 목적성취도 평가내용을 간단히 표로 나타내면 <표 6-5>와 같다. 유아의 연령에 따라 통합발달 목적도 조금씩 다를 수 있으므로 특정 평가 항목을 변경시킬 수 있을 것이다.

〈표 6-5〉 유아의 통합발달 목적 성취도 교사 평가표

<table>
<tr><td colspan="2">이름</td><td colspan="3"></td><td colspan="2">일시</td><td colspan="9">년 월 일 ~ 년 월 일</td></tr>
<tr><td colspan="16">프로젝트 주제:</td></tr>
<tr><td colspan="4">지식 획득</td><td colspan="4">기능의 습득</td><td colspan="4">성향의 계발</td><td colspan="4">느낌의 발달</td></tr>
<tr><td>이해력</td><td>표상력</td><td>신체기능</td><td>의사소통</td><td>읽고쓰기</td><td>흥미</td><td>노력</td><td>탐구심</td><td>인내심</td><td>협동심</td><td>책임감</td><td>도전극복</td><td>성취감</td><td>자신감</td><td>유능감</td><td>만족감</td></tr>
<tr><td>☺</td><td>☺</td><td>☺</td><td>☺</td><td>☺</td><td>☺</td><td>☺</td><td>☺</td><td>☺</td><td>☺</td><td>☺</td><td>☺</td><td>☺</td><td>☺</td><td>☺</td><td>☺</td></tr>
<tr><td colspan="16">★색칠하기(양호: 초록색, 많이 발전: 노란색, 노력바람: 빨간색)</td></tr>
<tr><td colspan="16">★평가/소감(서술식):</td></tr>
</table>

2) 활동 평가

활동 평가는 프로젝트 활동이 진행되는 동안과 종료되는 시점에서 이루어진다. 활동이 진행되는 동안 이루어지는 주 단위 평가와 프로젝트 단계별(준비, 시작, 전개, 마무리 단계) 평가는 프로젝트를 보다 개선 · 발전시켜 유아의 학습효과를 높이게 된다. 프로젝트 종료 후 평가는 프로젝트 전체를 반성하고 유아에게 나타난 학습효과를 평가해서 차후 다른 프로젝트 활동을 보다 효과적으로 수행하는데 그 목적이 있다. 이들 활동 평가들의 세부적 내용을 살펴보면 다음과 같다(지옥정, 2005).

(1) 주 단위 평가

매주 계획되는 활동예상안, 즉 주안이 그 주간의 일일 활동예상

안, 즉 일안에 어떻게 반영되었는지를 본다. 그리고 일안이 실행되면서 제기된 문제가 무엇인지, 이렇게 제기된 문제 사항은 다음 활동에 어떻게 반영되었고, 또다시 그 결과가 그 다음 주 안에 어떻게 반영, 심화 혹은 확장되었는지를 본다. 그리하여 주 단위로 예상된 활동과 실행된 활동 간의 관계가 분석될 수 있다. 프로젝트 진행 중 이러한 주 단위 활동 분석과 평가는 그 다음 주 안에 계속적으로 반영되는 과정을 통해 예상된 활동, 실행된 활동, 발현된 활동, 제기된 사항 등은 유기적인 관계를 맺으면서 프로젝트 활동은 개선·발전하게 된다. 이와 같은 주 단위 활동 평가의 목표는 유아들의 통합발달이라는 프로젝트 수업의 궁극적 목적으로 나아가도록 하는데 있다.

(2) 프로젝트 단계별 평가

프로젝트 단계별 평가란 프로젝트 시작 단계에서 마무리 단계까지 전 과정에 걸쳐 교사와 유아의 역할 수행을 중심으로 한 활동평가를 말한다. 이 단계별 평가는 앞서 소개한 주 단위 평가와 중복되는 부분이 있을 것이고, 프로젝트 주제에 따라 교사 및 유아의 역할내용도 다소 달라질 수 있을 것이고, 유아의 연령에 따라 달라질 수 있음을 고려해야 한다. <표 6-6> 프로젝트 수업 단계별 교사활동 자기평가와 <표 6-7> 프로젝트 수업 단계별 유아활동 평가를 참조하기 바란다.

(3) 프로젝트 종료 후 평가

프로젝트 활동이 종료되면 활동 전체를 종합적으로 정리·평가해 본다. 프로젝트 과정 중 특별히 확대·심화된 활동이나 활성화된 부분이 무엇이었는지, 교육과정 영역별 활동이나 발현된 활동이 어떠했는지 점검한다. 그 밖에 매주 주 단위 평가에서 예상된 활동과 실행된 활동 간의 관계 분석이나 자원목록표(충원자료 목록 포함) 등도 살펴본다. 교사는 이러한 점검을 통해 문제가 있거나 미흡하거나 개선해야 할 점을 찾아보고 차후 다른 프로젝트 활동을 보다 효과적으로 수행하도록 해야 한다.

프로젝트 종료 후 교사가 유아와 함께 프로젝트 활동 전반에 대한 소감을 나누는 교사와 유아 공동평가도 중요하다. 특히, 공개행사가 끝난 후 교사는 결과물, 그동안의 활동을 담아 둔 CD 자료, 활동사진, 행사 사진 등을 보면서 유아가 함께 프로젝트 접근법 전반에 대해 간단하게 공동 평가할 수 있다. 교사는 유아의 자기평가를 유도하는 '○○○를 잘했다고 생각하니?', '좀 더 열심히 해야 할 부분은 어떤 것이라 생각하니?', '누군가가 도와주어야 할 것은 무엇이라 보니?' 등과 같은 질문들을 함으로써 책임 있는 유아로 자라나게 할 것이다. 좋았던 점, 속상했던 점, 주의해야 할 점, 잘했던 점 등을 이야기하면서 다음 활동을 위해 개선해야 할 점을 찾아낼 수 있다.

3) 프로젝트 지원체제 평가

프로젝트 지원체제는 인적 지원자들(예: 원장, 동료교사, 학부모, 전문가, 지역사회 기관 및 주민 등)의 기능(예: 지원하는 분위기 조성, 물적 자원 조달, 전문가 섭외, 현장견학 주선 등)을 평가하는 것이다. 성공적인 프로젝트 활동을 위해 다양한 지원자들의 적절한 지원은 필수적이다. 다른 평가영역처럼 문제점, 미흡한 점, 개선해야 할 점 등을 분석한다.

4) 부모 평가

주말마다 가정통신문을 통해 보내는 프로젝트 안내문과 프로젝트를 마친 후 유아별 포트폴리오 파일에 '부모 의견'란을 만들어 프로젝트 관련 유아 행동이 가정에서도 연계되는지, 프로젝트 수업에 대한 부모들의 의견이나 아이디어 혹은 느낌이 어떤지 기입하게 하여 프로젝트 수업의 평가자 역할을 맡도록 한다. 이는 부모들도 프로젝트 활동의 주요 참여자가 되어 유아를 이해하고 지도하는 일뿐만 아니라 활동 자원을 지원하는 일에도 더욱 관심을 가지게 될 것이고, 이는 프로젝트 활성화에 도움을 줄 것이다.

5) 유아별 포트폴리오 파일 만들기

모든 프로젝트 활동이 끝나고 여러 측면에서 평가가 이루어지게 되면, 교사는 이를 마무리해서 유종의 미를 거두도록 한다. 유아의 활동결과 표상들(작품, 활동사진 등), 교사 의견, 부모 의견란이 포함된 유아 개별 포트폴리오 파일을 부모에게 보낸다. 유아의 활동 결과 표상들은 유아 자신이 고르도록 하고, 교사 의견은 개별 유아의 프로젝트 활동에 대한 세부 관찰내용이나 전반적 의견이면 된다. 덧붙여 그동안 프로젝트 수업을 지지하고 격려해 준 것과 원만한 활동 진행을 위해 다양한 자료를 보내 준 부모에 대한 감사의 마음도 전한다. 부모에게 전달된 포트폴리오 파일은 다시 수거하여 계속되는 아이들의 활동 결과물을 철해두었다가 학기말에 가정으로 보낸다.

다음 <나비 프로젝트 21>은 유아 각자의 개인 포트폴리오 파일을 정리하여 모아놓은 것이고, 프로젝트가 끝난 후 부모에게 보내진 유아 개별 포트폴리오 파일에 유아의 대표적인 활동사진과 교사 의견 및 부모 의견을 첨부한 것이다.

나비 프로젝트 21 정리하기-개인 포트폴리오 파일 정리

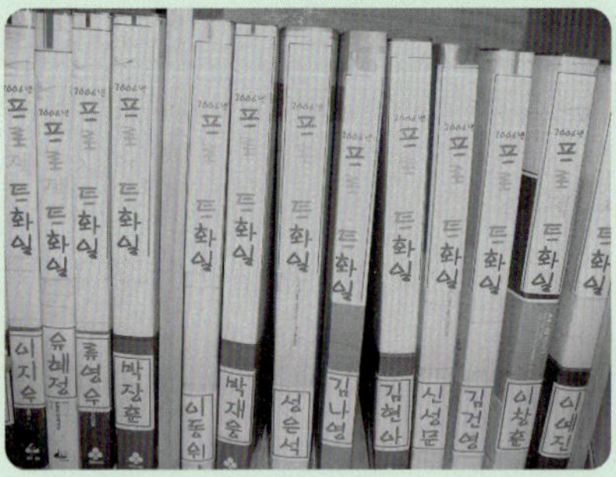

→개인 프로젝트 파일 속에 그동안의 활동지 및 작품들을 정리해 두었다.

나비 프로젝트를 마치며...

나비 프로젝트 중 나의 멋진 모습	결재 담임 원장

교사 의견	즐거운 마음의 현주는 '나비' 프로젝트 또한 흥미를 갖고 참여하였답니다. 야외 활동 시 "저기~!! 배추 흰나비다~!!" "풀나비 같이 생긴 나비 저기있다~!!" 하며 나비를 곧잘 발견하여 친구들과 관찰하곤 합니다. 세계곤충학습 체험전에 다녀와서는 '물방개', '장수풍뎅이', '벌', '개미' 등 여러 곤충에도 많은 관심을 보였습니다. 마무리 발표를 준비하면서 맡은 역할 '벌'의 대한 대사와 의상을 미리부터 생각해 두었다가 "벌은 이렇게 노란 줄무늬가 있고, 날개도 노란색이어야 해요..." 하며 구상했어요. 발표를 마치고나서도 꿀벌레 맡은 동워와 주고 받은 대사를 흥얼거릴 정도로 가장 기억에 남았다고 합니다. 요즘은 고기반찬 국물에 밥 말아 먹기를 좋아하고, 그렇게 2그릇씩 먹곤 합니다. 우유도 먹는 양이 늘어 200ml 한개를 다 먹곤 합니다. 칭찬해 주세요.
학부모 의견	현주는 곤충에 관심이 많은것 같습니다. 재작년 검은나비를 보고 무슨나비냐고 물길래 모른다고 했더니 "산꼬리제비나비"라고 합니다. 각종 프로젝트를 통해 많은것을 알고 관심을 갖게 해주신 선생님께 감사의 말씀을 드립니다. 우리 똑똑한 현주 화이팅!

→프로젝트 파일의 맨 마지막 장은 아이의 활동사진과 함께 '교사 의견'을 작성하도록 한다.

가정에서 부모는 프로젝트 수업에 대한 전반적인 견해를 '학부모 의견'란에 작성하여 어린이집으로 다시 보내면 다음 활동을 위한 참고자료가 될 수 있다.

〈표 6-6〉 프로젝트 수업 단계별 교사활동 자기 평가표

프로젝트 주제			활동기간	년 월 일 ~ 월 일				
이 름(교사)			반 명					
단계	번호	평가 기준		평정척도 못함 ← → 잘함				
				1	2	3	4	5
준비단계	1	주제가 유아의 일상생활과 관련되어 흥미를 유발하는가?						
	2	주제가 유아의 발달수준이 고려되어 선정되었는가?						
	3	주제가 실제 교육현장활동으로 실현될 수 있는가?						
	4	교사의 예비 주제망이 포괄적인가?						
	5	예비 수제망에 기초한 자원목록은 상세한가?						
	6	교사의 교실환경 구성은 주제에 대한 유아의 관심을 불러일으키는가?						
	7	부모에게 프로젝트 활동을 소개하고 협조를 요청하는가?						
시작단계	1	유아들의 경험 나누기 활동을 통해 주제에 대한 흥미가 유발될 수 있도록 유도하는가?						
	2	유아의 생각 모으기를 자극하는 워밍업을 시도하는가?						
	3	교사는 유아의 유목화 작업을 효율적으로 이끌어 가는가?						
	4	주제망 구성을 위해 교사는 예비 주제망이 확장·조정되도록 유아에게 적절한 도움을 주는가?						
	5	유아가 질문거리를 찾도록 궁금이 상자, 질문게시판 등과 같은 외적 요인을 활용하는가?						
	6	유아의 프로젝트 활동에 대한 흥미를 더욱 유발하도록 다양한 활동을 안내하는가?						
전개단계	1	유아가 스스로 질문에 대한 답을 예측해보도록 격려하는가?						
	2	유아에게 문제해결을 위한 실마리나 다양한 방법을 안내하는가?						
	3	유아의 문제해결과정에서 알게 된 지식을 미술, 언어, 수·과학, 신체·음률, 극놀이 등의 영역활동으로 표현하도록 지도하는가?						
	4	현장견학(혹은 전문가 초빙)을 위해 이전에 철저히 준비하는가?						
	5	현장견학활동(혹은 전문가 면담활동)이 프로젝트 활						

단계	번호	평가 기준	1	2	3	4	5
		동과 연계될 수 있도록 지도하는가?					
	6	현장견학(혹은 전문가 면담)을 마친 후 곧바로 현장에서 일어났던 일들을 확인·발표하는 시간을 가지는가?					
	7	유아의 발현된 활동에 대해 민감하게 반응하는가?					
마무리 단계	1	마무리 행사계획을 위한 토의에 유아들의 참여를 격려하는가?					
	2	마무리 행사준비활동(교실 꾸미기, 초대장 보내기 등)에 유아들의 참여를 격려하는가?					
	3	지금까지의 프로젝트 학습내용이 마무리 행사활동을 통해 나타나는가?					
	4	마무리 행사활동이 유아의 발달수준에 맞는가?					
	5	마무리 행사에 대한 평가 및 정리에 관한 교육적 의의를 알고 지도하는가?					
	6	부모의 행사에 대한 평가결과를 다음 프로젝트 활동이나 행사에 참고하는가?					

〈표 6-7〉 프로젝트 수업 단계별 유아활동 교사평가표

프로젝트 주제		활동기간	년 월 일 ~ 월 일
이 름(유아)		반 명	

단계	번호	평가 기준	평정척도 못함 ← → 잘함 1	2	3	4	5
준비단계	1	주제에 관해 관심을 보이는가?					
	2	새로운 프로젝트를 해보려는 의욕을 보이는가?					
	3	변화된 교실환경에 관심을 갖는가?					
시작단계	1	주제와 관련해서 자신의 이전 경험을 표현하는가?					
	2	주제에 관한 생각을 표현할 수 있는가?					
	3	주제에 관한 생각들을 유목화할 수 있는가?					
	4	주제망을 구성하는 일에 참여하는가?					
	5	구성된 주제망을 이해할 수 있는가?					
	6	주제에 관한 궁금한 점을 질문하는가?					
	7	질문 목록작성에 참여하는가?					
	8	흥미유발 활동들을 통해 주제에 대해 더 관심을 갖는가?					
전개	1	문제에 대한 해결책을 예측할 수 있는가?					
	2	문제해결을 위해 적극적으로 활동에 참여하는가?					

단계	3	문제해결과정에서 알게 된 사실을 미술로 표현할 수 있는가?					
	4	문제해결과정에서 알게 된 사실을 언어로 표현할 수 있는가?					
	5	문제해결과정에서 알게 된 사실을 신체·음률로 표현할 수 있는가?					
	6	문제해결과정에서 알게 된 사실을 수·과학으로 표현할 수 있는가?					
	7	현장견학활동 혹은 전문가 면담활동에 적극적으로 참여하는가?					
	8	현장견학 후 프로젝트 주제 관련 활동을 다양한 표현방법을 동원하여 보다 확장·심화할 수 있는가?					
마무리단계	1	마무리 행사계획 활동에 적극적으로 참여하는가?					
	2	마무리 행사를 위한 작품 준비에 적극적으로 참여하는가?					
	3	마무리 행사 때 자기역할을 잘 이행하는가?					
	4	마무리 행사 이후 평가에 능동적으로 참여하는가?					
	5	마무리 행사 이후 정리정돈에 능동적으로 참여하는가?					

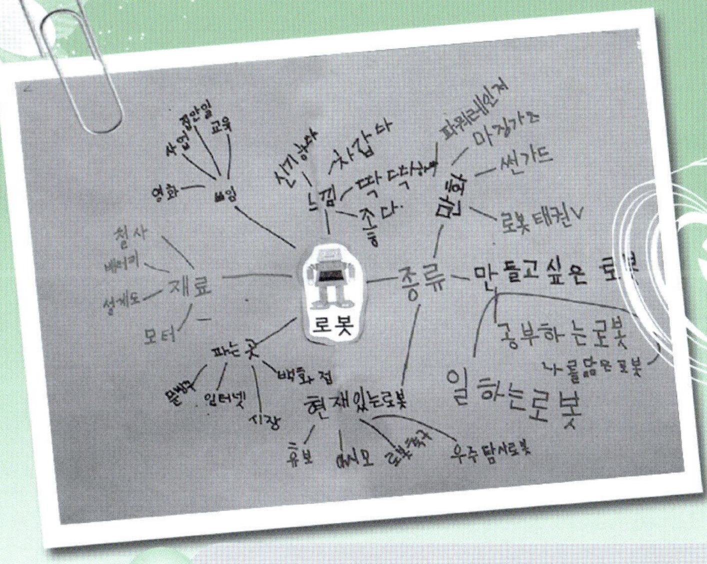

Part 03 프로젝트 수업 사례: 유아 편

제3부는 제1부의 프로젝트 접근법에 대한 전반적인 이해와 제2부의 프로젝트 수업과 이론을 기초로 해서 유아용 프로젝트 수업 사례를 제시할 것이다.

7장 만 5세반 프로젝트 수업 사례
'로봇' 프로젝트

8장 만 4세반 프로젝트 수업 사례
'내 얼굴' 프로젝트
'물' 프로젝트

9장 만 3세반 프로젝트 수업 사례
'나뭇잎' 프로젝트
'자동차' 프로젝트

07 Chapter

만 5세반 프로젝트 수업 사례

만 5세반 프로젝트 사례로 '로봇' 프로젝트를 소개하고자 한다. 6장의 '나비' 프로젝트 역시 만 5세반 수업사례이지만 수업 실제에 대한 이론적 배경을 상세히 설명했기 때문에 어느 연령의 영유아반 교사이건 프로젝트 수업시작전에 나비 프로젝트를 반드시 숙지해야 할 것이다. 이 장에서 소개하는 로봇 프로젝트는 수업을 수행하면서 교실현장에서 발생한 에피소드, 문제점, 유의점 등을 제시하여 교사들에게 현실감 있는 정보를 줄 것이다.

'로봇' 프로젝트

로봇 프로젝트는 나비 프로젝트 수업 이후 같은 어린이집 만 5세 두 개 반 유아를 대상으로 실시되었다. 한 반의 유아 수는 20명(남아: 11명, 여아: 9명)이었고, 다른 반의 유아 수도 20명(남아: 10명, 여아: 10명)이었다. 실시기간 역시 나비 프로젝트처럼 약 5주 정도에 걸쳐 주 3회, 오전 대집단 및 소집단 활동 시간, 총 70여 분 동안 진행되었다. 로봇 프로젝트가 진행되는 순서는 다음 <표 7-1>과 같다.

〈표 7-1〉 로봇 프로젝트 수업 진행단계에 따른 활동들

진행단계	활동들
준비단계	① 주제 선정 ② 교사의 수업준비(예비 주제망 구성, 교육과정 영역별 내용안 및 활동예상안 짜기, 자원목록 작성 및 필요한 자원 준비, 환경구성, 부모에게 알리기)
시작단계	① 경험 나누고 표상하기 ② 생각 모으기, 유목화 ③ 주제망 구성 ④ 질문목록 작성 ⑤ 흥미유발활동
전개단계	① 문제해결을 위한 예측활동 ② 문제해결활동 ③ 현장견학
마무리단계	① 마무리 행사 준비 ② 마무리 행사 ③ 마무리 행사 이후
평가	나비 프로젝트의 평가 참고

1 준비단계

준비단계에서는 프로젝트 주제가 선정되면 주제와 관련해서 교사가 여러 가지 수업 준비를 하게 된다. 즉, 교사의 예상 주제망 짜기, 교육과정 영역별 내용안과 활동예상안 작성, 자원목록표 작성, 환경구성, 부모의 자원 협조 구하기 등이 이루어진다.

1) 주제 선정

프로젝트 접근법에서는 어떤 주제가 선정되느냐에 따라서 앞으로의 수업 활성화를 가늠하게 되므로 주제 선정은 아주 중요하다. 로봇을 프로젝트의 주제로 선정하게 된 배경은 다음과 같다. 입학 후 얼마 지나지 않아 흥미영역에서 "재미있는 장난감이 많다!" 하면서 즐겁게 장난감 놀이에 열중하는 유아들이 많아졌다. 이에 교사는 아이들이 좋아하는 장난감과 관련해서 프로젝트를 시작하면 흥미있어 할 것 같아 집에서 가장 좋아하는 장난감을 한 가지씩 가져오도록 했다. 유아들 각자 장난감을 소개하던 중 많은 아이들의 관심

이 로봇을 가지고 온 몇몇 친구들에게 향했고, 가장 선호하는 장난감을 막대그래프로 표현해보도록 했을 때 로봇을 가장 좋아한다는 것을 확인하게 되었다. 그래서 로봇을 프로젝트의 주제로 선정하게 되었다.

<로봇 프로젝트 1>은 '로봇'을 주제로 선정하게 된 에피소드를 실은 것이다.

로봇 프로젝트 1

▸내가 좋아하는 장난감 소개하기

→내가 좋아하는 장난감을 집에서 한 가지씩 가져와 소개하는 시간을 가졌다. 로봇을 가져온 친구들에게 관심을 보였고, 로봇의 작동법이나 로봇의 무게, 어디서 났는지 등에 대해 이야기를 주고받는 아이들이 많았다.

▸내가 제일 좋아하는 장난감

→장난감 소개 이후 내가 제일 좋아하는 장난감은 무엇인지 한 사람씩 나와 스티커를 붙여 막대그래프에 표시해 보았다. 퍼즐, 솜인형, 레고블럭, 공주인형…… 이들 중 막대가 가장 길었던 항목은 로봇으로 나타났다.

2) 교사의 준비

(1) 예상 주제망 구성, 교육과정 영역별 내용안 및 활동예상안

교사는 선정된 주제에 대한 교사 자신의 경험, 지식, 아이디어 등을 가지고 주제 관련 개념을 떠올리면서 학습내용 및 활동의 기본적인 윤곽이나 방향을 예상하는 상상망, 즉 예상 주제망을 구성해 본다. 다음 <로봇 프로젝트 2: 교사의 예상 주제망>은 5세반 두 명의 교사가 주제망에 대한 윤곽을 잡고 난 다음 모든 교사가 모인 전체 교사회의 시간에 다른 연령반 교사들의 생각 또한 모아져서 구성된 예상 주제망이다. 이들 교사들의 생각 모으기 과정은 어떤 교사가 "음료수 중에 '뼈장군' 선전할 때도 로봇 나오던데……"라고 말문을 열자, 다른 교사가 "아~!! 그거 '로봇' 영화에 나오는 주인공들이에요." 하면서 말을 이어갔고, 또 다른 교사가 "그 비디오 보면 좋겠다."라고 말하자, 다른 반 교사가 "우리 반 유민이 아빠가 비디오가게 하시잖아. 여쭤 볼게!!"와 같은 식으로 생각을 모아갔다. 추후에는 이들 교사들로부터 실제적인 도움, 즉 필요한 자원을 빌려 받고, 현장견학 장소를 물색하는데도 도움을 받았다.

이렇게 예상 주제망을 짜고, 예상 주제망의 개념들을 교육과정 영역별로 어떤 내용들로 다루면 좋을지 교육과정 영역별 내용안을 짜고, 이를 구체적인 활동으로 연결시키기 위해 활동예상안이 재구성되었다(141, 145쪽 참조).

로봇 프로젝트 2

▸교사의 예상 주제망

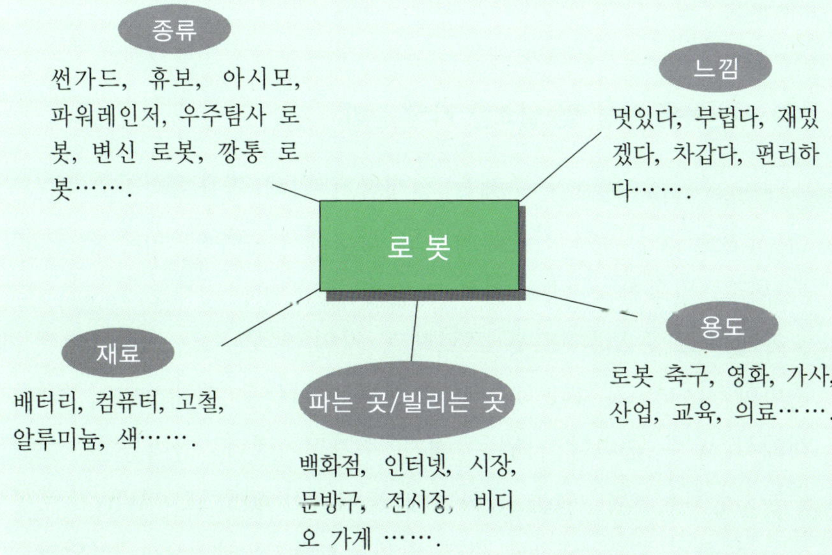

◎ 교육과정 영역별 내용안

영역	내용안	
건강생활	• 몸의 각 부분에 관심 가지고 움직이기 • 제자리에서 혹은 이동하면서 로봇처럼 움직이기	→신체활동
사회생활	• 가정에서 내가 할 수 있는 일해보기(장난감 정리) • 친구와 협동하여 로봇 모형 만들어서 움직여 보기 • 주변에서 로봇 장난감 파는 곳 알아보기	→기본생활습관
표현생활	• 조형 활동을 통해 자신의 생각과 느낌을 창의적으로 표현하기 • 로봇의 소리에 관심 가지기	→미술활동
언어생활	• 로봇 정보 관련 책에 관심 가지기 • 로봇 관련 문학작품 즐겨 듣기	→언어활동
탐구생활	• 로봇 움직임의 모양, 힘의 세기, 빠르기, 질감 등 살펴보기 • 로봇의 종류에 관심 가지기 • 로봇의 용도에 관심 가지기 • 로봇 크기(길이) 측정해 보기	→과학활동 수/조작활동 현장 활동

● 활동예상안

로봇 프로젝트 활동예상안은 가정통신문을 통해 가정으로 보낸 <로봇 프로젝트 3: 안내문>에 실려 있으므로 이를 참고하기 바란다.

(2) 자원목록 작성 및 필요한 자원 준비

예상 주제망에 따라 주제를 전개하기 위해 필요하리라고 예상되는 자원을 조사하여 자원목록으로 작성해서 추후에 이를 활용하도록 하고, 필요한 자원도 일부 마련해 둔다.

아래 <표 7-2>는 로봇 프로젝트 자원 목록(지옥정, 2006)과 실제 준비한 자원을 제시한 것이다. 프로젝트 활동을 진행하면서 준비단계에서 실제 준비한 자원은 점차 추가되어졌다. 아이들은 정보를 주는 책보다 보기 쉬운 동화책에 호기심이 많았고, 『Why? 로봇』 책은 로봇의 컬러 사진과 함께 만화책처럼 그 내용이 구성되어 프로젝트 진행과정 내내 활용도가 높아, 가정에서 따로 구입한 유아들도 있었다.

〈표 7-2〉 자원목록표

		로봇 프로젝트 자원 목록	실제 준비한 자원
1차적자원	실물	다양한 로봇 장난감	• 썬가드 • 파워레인저 • 조립 로봇
	인적자원	로봇 장난감 판매 직원 로봇 전문가	로봇 박물관 안내원
	현장학습 장소	로봇 박물관 (http://www.robotmuseum.co.kr)	예매
	정보를 주는 책	• Why? 로봇- 조영선, 이영호 역, 예림당, 2005 • 퀴즈! 과학상식 로봇-도기성, 글송이, 2006	• Why? 로봇, • 퀴즈! 과학상식 로봇

2차적 자원		• 헬로우 로봇-오준호 역, 을파소, 2005 • 로봇 이야기-김문상, 살림, 2005 • 나는 멋진 로봇 친구가 좋다- 이인식, 랜덤하우스 중앙, 2005 • 제2의 인간로봇- 김선희, 주니어 김영사, 2006 • 로봇-이억주 역, 럭스미디어, 2004	
	동화책	• 로봇 임금님- 비룡소 • 꼬마 로봇 스누트의 모험-더북 컴퍼니 • 로봇친구-웅진주니어 • 내친구 로봇 대니 1호-아이세움 • 안녕! 심부름 로봇-채우리 • 로봇 나라 도깨비 대통령-푸른책들	• 로봇 임금님 • 로봇친구 • 꼬마 로봇 스누트의 모험
	사진 및 그림 자료	• 여러 종류의 로봇 사진 • 우리나라 휴보 사진	여러 종류의 로봇 사진, 휴보 사진
	녹음 테이프	태엽감는 로봇 소리	태엽 감는 로봇, 녹음기
	비디오	• 영화 '로봇' • 비디오 '지구용사 썬가드'	영화 '로봇'
	CD-ROM	로봇 태권 V 영상 CD (인터넷 사이트 -http://www.pandora.tv)	

(3) 환경구성

주제에 자연스럽게 접근하기 위하여 교실 곳곳에 주제관련 환경을 구성한다. 각 흥미영역, 벽면이나 천장, 복도 등에 주제관련 자원이나 사진을 전시한다. 처음부터 모든 환경을 마련해 주는 것보다 프로젝트를 진행하면서 적절한 때에 추가해 주는 것도 좋다.

본 프로젝트는 하순련과 오영희(2001)의 '환경 구성'을 참고하여 아래 <표 7-3> 로봇 프로젝트 환경구성표를 작성하여 교실 벽에 게시해 놓았다. 환경구성표의 빈 란은 활동이 전개되면서 추가로 보충하기 위해 마련된 것이다.

〈표 7-3〉 로봇 프로젝트 환경구성표

<table>
<tr><th rowspan="2">흥미 영역</th><th rowspan="2">제공자</th><th>기본환경구성</th><th colspan="3">추가되는 자료</th></tr>
<tr><th>준비단계</th><th>시작 단계</th><th>전개 단계</th><th>마무리 단계</th></tr>
<tr><td rowspan="2">언 어</td><td>교 사</td><td><책>
Why? 로봇, 퀴즈! 과학상식 로봇, 로봇 임금님, 로봇 친구, 꼬마 로봇 스누트의 모험
<교구>
멋쟁이 로봇, 수수께끼 카드
<벽면>
여러 종류의 로봇들, '로봇' 동시, 조립 로봇 만드는 순서와 그림</td><td></td><td></td><td></td></tr>
<tr><td>유아 · 부모</td><td></td><td></td><td></td><td></td></tr>
<tr><td rowspan="2">조 작</td><td>교 사</td><td><교구>
사각 퍼즐, 로봇 조립하기, 썬가드 로봇 변신 시키기, 로봇 공구 세트(어린이용 망치, 나사……), 로봇 크기 순으로 배열하기</td><td></td><td></td><td></td></tr>
<tr><td>유아 · 부모</td><td></td><td></td><td></td><td></td></tr>
<tr><td rowspan="2">역 할</td><td>교 사</td><td>• 로봇 가면 놀이
• 우주복</td><td></td><td></td><td></td></tr>
<tr><td>유아 · 부모</td><td></td><td></td><td></td><td></td></tr>
<tr><td rowspan="2">쌓 기</td><td>교 사</td><td>• 블록류-레고 블록으로 로봇 구성하기, 벽돌 블록으로 로봇 기지 쌓기</td><td></td><td></td><td></td></tr>
<tr><td>유아 · 부모</td><td></td><td></td><td></td><td></td></tr>
<tr><td rowspan="2">조 형</td><td>교 사</td><td>• 로봇 도안 색칠하기
• 로봇 가면 만들기
• 내가 좋아하는 로봇 그리기
• 골판지에 로봇 그려 찍기</td><td></td><td></td><td></td></tr>
<tr><td>유아 · 부모</td><td></td><td></td><td></td><td></td></tr>
<tr><td rowspan="2">수 · 과학</td><td>교 사</td><td><관찰>
• 로봇의 생김새 관찰하기
• 로봇의 움직이는 원리 관찰하기
<교구>
• 전류의 세기 실험</td><td></td><td></td><td></td></tr>
<tr><td>유아 · 부모</td><td></td><td></td><td></td><td></td></tr>
</table>

(4) 부모에게 알리기

부모에게 프로젝트 교육의 목적, 선정된 주제, 자원목록표, 활동 예상안 등을 보내 협조와 지원을 구한다. 가정통신문을 통해 가정으로 보낸 로봇 프로젝트 활동예상안과 자원요청의 예는 <로봇 프로젝트 3>과 같다.

로봇 프로젝트 3 안내문

▸활동예상안

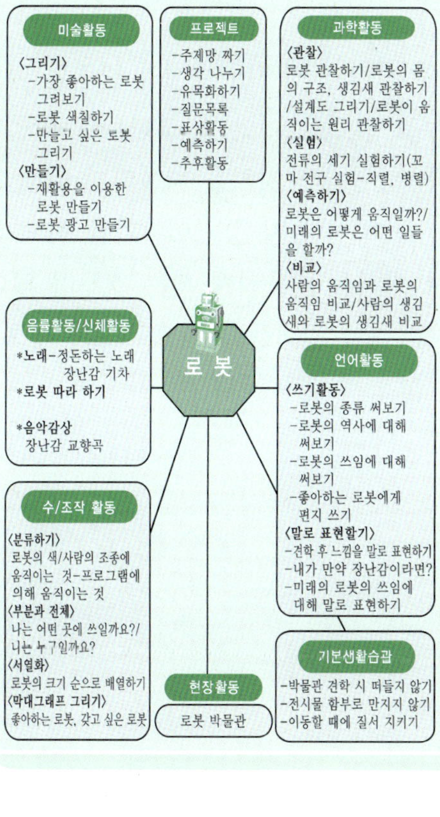

가정에서 이렇게 도와주세요.

유아들과 함께 하실 일

1. 로봇의 다양한 종류와 쓰임에 대해 이야기해 주세요.
2. 부모님께서 예전에 접했던(만화, 영화 등) 로봇에 대해서 이야기해 주세요.
3. 로봇의 미래-로봇의 생활 속 쓰임.
   로봇의 발전 방향 등 유아가 다양한 시각을 통해 로봇에 대해 생각해 볼 수 있도록 함께 자료 찾기와 이야기 나누어 주세요.

자료를 보내주세요

-실물자원
여러가지 종류의 로봇

-도서자료
로봇이 된 깡통(르네상스 출판사)
지구를 구한 원숭이 로봇(비룡소 출판사)
겁 없는 물통 로봇
로봇나라 도깨비 대통령
로봇 임금님
로봇콩

-시청각 자료
우리나라 로봇 및 다른 나라 로봇사진
과학잡지 속의 로봇

-광고전단지
장난감 광고전단지

전문가 초빙

1. 로봇에 관련된 일에 종사하시거나 로봇에 평소 관심이 있어 취미 활동으로 로봇에 관련된 활동을 하시는 분을 전문가로 초빙합니다.
2. 로봇 박물관 견학에 도움을 주실 수 있으시면 연락 주세요.

2 시작 단계

선정된 주제를 중심으로 교사가 나름대로 준비작업(예비주제망 구성, 교육과정 영역별 내용안 및 활동예상안 짜기, 자원목록 작성 및 필요한 자원 준비, 환경구성, 부모에게 알리기)을 마치게 되면 프로젝트를 본격적으로 시작하는 단계에 들어가게 된다. 앞으로 전개될 시작단계의 여러 활동들의 활성화를 위해서는 지금까지의 교사의 면밀한 준비 작업이 필수적이라 할 수 있다.

1) 경험 나누고 표상하기

교사는 유아들의 대집단 모임 시간에 선정된 주제와 관련된 이전 경험과 현재 지식을 서로 나누고 그것을 이야기, 그림, 글, 만들기 등으로 표현해보도록 안내한다. 경험이나 지식을 떠올리기 위해 교사가 먼저 주제와 관련된 질문을 하거나 자신의 이야기를 하게 되면 유아 역시 자신의 경험이나 지식을 떠올리게 되는 경우가 많다.

<로봇 프로젝트 4>는 로봇에 대한 경험을 그림으로 표현해보도록 유도하는 장면이다.

로봇 프로젝트 4 예시-그리기를 통한 표현

교사는 선정된 '로봇' 주제를 다시 회상시키고 난 후 프로젝트를 시작할 것임을 알렸다. 아이들이 가져온 장난감 중 로봇을 중심으로 서로 주고받은 이야기는 다음과 같았다.

교: (로봇 장난감 들며) 이건 뭐니?
유: 성문이가 좋아하는 장난감이오~!!
성문: 아빠가 생일날 선물로 사주셨어요. 집에도 또 있어요. 그건 형 것이에요.
유: 썬가드(로봇) 나도 있어~!!
유: 나는 변신하는 로봇도 있어~!!
교: 그래? 너희가 가지고 있는 로봇이 많구나.
유: 움직이는 로봇도 있어요.
교: 그렇구나, 너희가 알고 있는 로봇이나 어디서 본 로봇에 대해서 그림을 그려보면 어떨까?
유: 좋아요~!!
교: 그림을 그리고, 그림에 대해 설명도 써 주면 좋겠구나…….

→TV에서 움직이면서 청소하는 로봇을 본 적이 있다는 유아의 그림이다.

2) 생각 모으기, 유목화

유아들은 경험 나누기를 한 후 주제와 관련되어 생각나는 단어가 어떤 것들이 있는지에 대해 브레인스토밍하게 된다. 이때 교사는 유아가 여러 가지 생각을 해서 다양한 단어들이 나오도록 유도해야 한다. <로봇 프로젝트 5>에서도 로봇의 종류에 대해서만 계속 이야기가 전개되어 교사가 유아들 대화에 개입해서 로봇을 파는 곳이나 로봇에 대한 느낌 등에 대해서도 생각해 볼 수 있도록 도와주었다.

<로봇 프로젝트 6>은 교사와 유아가 함께 유목화하고 있는 과정을 제시한 것이다. 유목화 과정 중에 새로 생각난 단어들이 나올 수 있어 교사는 이들도 함께 포함시킬 수 있도록 이끌어 주어야 한다. 이러한 유목화 활동은 유아들의 분류 능력을 기르는 좋은 기회가 될 수 있다.

로봇 프로젝트 5 생각 모으기

교: 오늘은 로봇에 대한 너희의 생각들을 모아 볼 거란다. 음~~!! 선생님은 로봇 하니깐 '태권 V 로봇'이 생각난다. 여기 종이에 '태권 V 로봇'이라고 적어볼게.

유 1: 어~!! 저는 썬가드

유 2: 파워레인저~!!

유 3: 휴보!

유 4: 마징가 Z…….

교: 그래. 너희가 로봇에 대한 생각을 많이 이야기해 주었구나. 그런데 얘들아~ 로봇장난감은 어디서 살 수 있을까?

유 5: 문방구

유 6: 이마트(대형마트)…….

유 4: 이마트에 좋은 로봇 진짜 많아. 선생님~ '좋다~!!' 써도 돼요?

교: 그럼. ○○친구(유 4)는 로봇하면 '좋다'는 느낌이 드는구나.

유 7: 딱딱하다.

교: 그래. 이렇게 로봇하면 떠오르는 것, 알고 있는 것들을 글(단어)로 쓰거나 그림(글자를 쓸 수 없는 친구인 경우)을 그려 보도록 하자.

→대집단으로 모여서 상호작용이 끝나면, 자리로 돌아가 생각나는 것들을 한 가지씩 작은 쪽지에 적어서 모아본다.

로봇 프로젝트 6 유목화

교: 지금 너희가 생각 모으기를 한 종이들을 갖고 있단다. 이제부터 이것들을 가지고 서로 비슷한 것끼리 묶어 큰 종이에 붙이도록 할 거란다.

유 1: 내 것부터 붙여요~!!

교: 어디 보자. ○○친구(유 1)는 썬가드, 마징가 Z, 우주탐사 로봇을 적었구나. 여기(큰 종이에 붙이며)에 붙여보자. 이것들은 무엇이라고 말할 수 있을까?(잠시 동안 조용해졌고, 교사가 다시 말을 꺼낸다.) 로봇의 종류에 관한 것들이 있으면 같이 붙여 보자…….

유 2: '종류'라고 적어줘요.

교: 그래. 좋은 생각이구나. ○○친구(유 2), 친구가 나와서 적어주자.

유 3: 이마트, 문방구, 백화점…… 붙여요.

교: 그래, 붙여보자. ○○친구(유 3) 친구가 붙인 이마트, 문방구, 백화점 같은 것을 무엇이라 하면 좋을까?

유 4: 로봇을 살 수 있는 곳.

유 5: 그건 너무 길어~.

유 6: 로봇 파는 곳.

유 4: 좋다! '파는 곳'이라 해요.

교: 그래. 그럼 '파는 곳'이라고 ○○친구(유 4) 친구가 적어주자.

유 5: 인터넷에서도 로봇을 살 수 있는데?!!

교: 그렇구나. '생각 모으기' 때 안 나왔었는데……. ○○친구(유 5)가 적어서 붙여 보자.

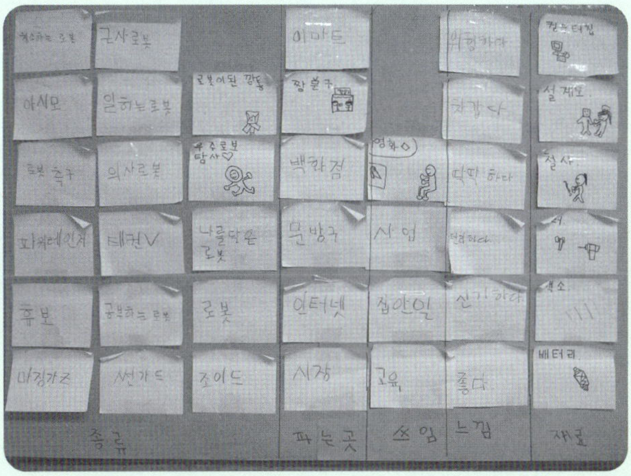

3) 주제망 구성

유목화 작업이 끝나면 주제망을 짜본다. 처음 주제망을 짤 때는 어려워 교사와 전체 유아가 함께 짜는 것이 효과적이나 프로젝트가 여러 번 거듭됨에 따라 모둠별, 개별 주제망으로 발전해 나갈 수 있다. 완성된 주제망은 벽면이나 게시판에 부착되도록 해서 앞으로 전개될 프로젝트 전체 활동의 준거가 되도록 한다.

<로봇 프로젝트 7>의 주제망을 벽면에 게시해 두었을 때 학급 전체 유아들이 오며가며 들여다보면서 관심을 가졌다. 이러한 주제망을 구성하는데 교사는 이전 준비단계에서 미리 짜 두었던 예상 주제망을 교사 나름대로 활용할 수 있었다. 즉, 예상 주제망은 유아의 생각이나 경험을 활성화·확장시킬 수 있는 근거자료가 된다.

로봇 프로젝트 7 주제망

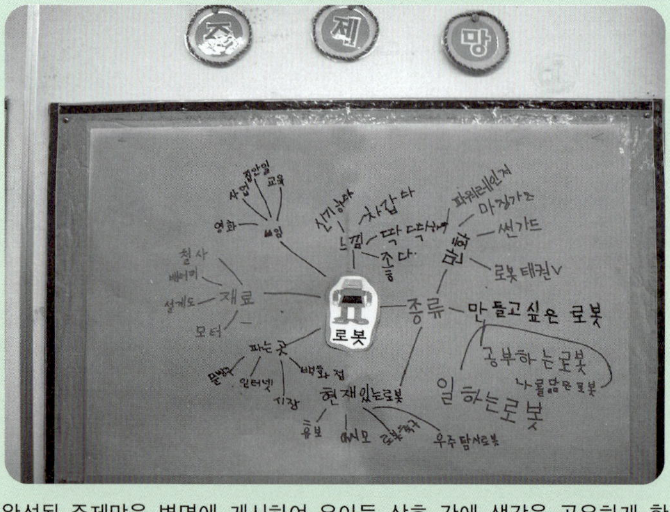

→완성된 주제망을 벽면에 게시하여 유아들 상호 간에 생각을 공유하게 한다.

4) 질문목록 작성

교사가 유아의 질문제기를 도와주기 위해서는 그들의 호기심을 불러일으키는 방법들, 예컨대 궁금이 상자(질문상자) 이용, 매력적인 질문 종이 이용, 교사의 모델링 등을 동원하는 것도 효율적이다.

<로봇 프로젝트 8>에서 볼 수 있듯이, 유아들의 로봇에 대한 질문거리들은 아주 많았으며, 이는 로봇에 대한 관심과 흥미를 반영한다고 볼 수 있다. 그런데 한 가지 문제점은 로봇 프로젝트가 학기 초 처음으로 시도되었기 때문에 글쓰기가 서툰 유아들이 상당히 많았다는 것이다. 질문을 그림으로 표현한 쪽지를 궁금이 상자에 넣은 이들 유아들은 나중에 그 궁금이 상자를 열 때 그 그림의 의미를 모르거나 잊는 수가 많았다. 그림 밑에 질문의 내용을 교사가 기입하거나, 모둠별로 한 명씩 도우미 친구를 정해 도와주도록 해도 좋을 것이다.

로봇 프로젝트 8 질문거리들

로봇은 어떤 모습으로 움직일까요?, 로봇은 어떤 일을 할 수 있나요?, 로봇도 밥을 먹나요?, 어떤 로봇이 더 많은 일을 할 수 있나요?, 휴보와 아시모의 차이점은 뭐예요?, 밥하는 로봇도 있나요?, 노래하는 로봇도 있나요?, 로봇은 왜 튼튼한가요?, 어떻게 다리가 움직일까요?, 팔꿈치는 왜 구부리지 못할까요?, 로봇이 제일 조심해야 할 것은 무엇인가요?

5) 흥미유발 활동

질문목록이 작성되면 유아들은 질문과 관련해서 더욱 궁금해지게 된다. 이때 교사는 프로젝트 활동의 흥미를 더하기 위해 다양한 활동을 하면서 주제 관련 경험을 폭넓게 해보도록 안내해 줄 수 있다. 지금까지의 진행과정이 어떠했는지를 회상하면서 자원목록표나 활동예상안 등을 참고해서 영역별 자원 활용하기, 교실 바깥에서의 실제 경험하기, 작품 만들기, 시청각 자료 활용하기 등과 같은 주제 관련 활동들을 해보도록 안내할 수 있다.

<로봇 프로젝트 9>에서 볼 수 있듯이, 맨 처음 프로젝트 시작을 어린이집 교사들에게 알리면서 다른 반 교사의 학부모가 빌려준 '로봇'비디오를 시청하였고, 유아가 좋아하는 로봇도 그렸다.

로봇 프로젝트 9

•흥미유발 활동 - 시청각 자료(로봇 비디오) 보기

→비디오 로봇을 보면서 "재밌어요~", "우리 로봇 프로젝트 하지요? 아!! 신난다~!!" 하면서 로봇에 대한 관심이 더욱 높아졌다.

•흥미유발 활동 - 미술활동(내가 좋아하는 로봇 그려보기)

→어떤 유아는 장난감 로봇을 종이 위에 눕혀 굴곡을 대고 그렸다. 그리는 모습이 진지하다.

"로봇을 그려보고 싶구나. 너희가 좋아하는 로봇의 모양을 그려보고 싶은 게로구나. 곡선을 그렇게도 그릴 수 있네!"

3 전개 단계

전개 단계에서는 시작 단계에서 제기되었던 질문거리들, 즉 문제들이 탐구활동을 통해 해결되어져 나아가지만 유아의 흥미에 따른 발현적 탐색활동도 나타나게 된다. 유아의 사고 흐름에 맞추어 나아가는 교사의 세심한 관찰, 반응, 자극이 필히 요구된다.

전개 단계에 이르게 되면 유아들은 프로젝트 활동에 더욱 흥미를 갖고 몰입하게 되므로 이전 단계와 비교해서 좀 더 유아 주도의 활동으로 나아가도록 해야 한다. 하지만 유아주도가 '유아 마음대로'를 뜻하는 것은 아님을 유의해야 하고, 아울러 활동의 흐름이 유아 자신에 의해 흘러가고 있다는 느낌을 받는 것도 필요하다.

이 단계에서 문제해결의 모색은 문제해결을 위한 예측활동과 문제해결 활동으로 이루어진다.

1) 문제해결을 위한 예측활동

문제해결을 위한 예측활동은 질문에 대한 답을 예측해 보는 활동으로 이야기, 글, 그림, 극화놀이 등으로 표현하게 된다. 이러한 예측활동은 유아들에게 의문, 호기심, 궁금증을 가지도록 해서 반드시 문제를 해결해야겠다는 마음을 가지도록 만들게 된다.

2) 문제해결 활동

문제해결 활동은 유아가 문제를 직접 해결하는 활동이다. 주된 활동은 관찰 및 실험, 표상활동, 소집단 협동 활동, 관련 서적이나 인터넷 활용 활동, 현장견학 및 전문가 초빙 등과 같은 것들이다. 활동과정에서 유의해야 할 점은 유아가 주도적인 역할을 하고, 교사는 유아를 도와주고 안내해야 한다. 또한 문제해결 활동이 언어,

미술, 수 · 과학, 신체 · 음률, 극화 놀이 등의 모든 영역의 활동, 즉 추후활동(활동예상안에 따른 표상활동)을 통해 이루어질 수 있도록 도와주어야 한다.

문제해결활동의 단계(문제해결을 위한 예측 활동, 문제해결 활동, 추후활동)에 관한 예들은 <로봇 프로젝트 10, 11, 12, 13, 14>에서 사진자료와 함께 제시했다. 특히 <로봇 프로젝트 12>에서 '휴보'로봇을 만들기 위한 소집단 협동학습은 나비 프로젝트의 103~106쪽을 참고하기 바란다.

로봇 프로젝트 10 질문거리: 로봇은 어떤 모습으로 움직일까요?

▸**문제해결활동 단계**

-예측활동: 로봇 장난감을 보면서 "썬가드(로봇 장난감) 움직이면 재밌겠다~", "로봇은 움직이면 이상해~", "맞아~!! 딱딱해 보이지~" 하면서 움직이는 모습을 궁금해 했다. 블록으로 로봇을 만들어 어떤 움직임을 나타낼지 조작해 가면서 예측해 보았다.

→"팔꿈치가 없으니까 팔이 통째로 움직여요. 이렇게(만든 로봇 조작하며)" 하고 발표한 유아의 모습이다.

-문제해결활동→집에서 알아오기: 마침 집에 움직이는 로봇을 가지고 있던 친구가 다음날 그 로봇을 가져왔다. 모두들 숨죽이며 로봇의 움직임을 관찰하였다.

▸추후활동: 활동예상안에 따른 표상활동

-신체표현: 로봇 따라 움직이기

→로봇의 팔, 다리 움직임을 따라하고 있어요.

로봇 프로젝트 11 질문거리: 휴보와 아시모의 차이점은 뭐예요?

▸문제해결활동 단계

-예측활동: 아이들은 로봇 사진자료들을 접하면서 우리나라 로봇 휴보와 일본 로봇 아시모에 대해 궁금해했고, 사진들을 보면서 "휴보~", "아시모가 키가 더 작다." 하면서 이야기하였다. 그림으로 예측해 보았다.

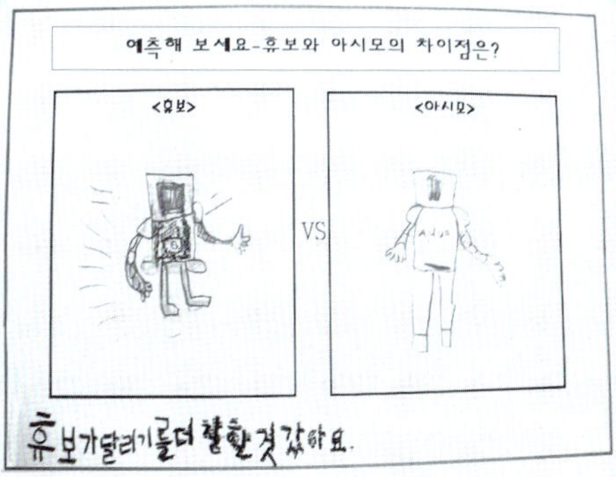

-문제해결활동 → 책 찾기: 『Why? 로봇』이라는 과학책을 통해 휴보와 아시모의 차이점을 알 수 있었다. 예상했던 것과 달리 키는 똑같았고, 휴보는 달리기가 불가능했지만 아시모는 가능했다. 찾은 자료를 게시해 두었다.

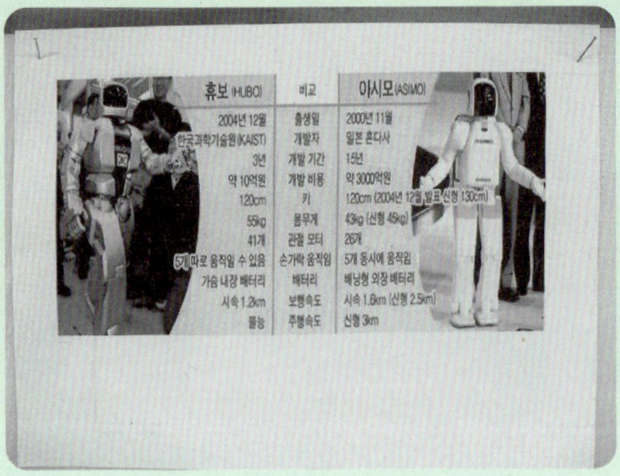

▸ **추후활동: 활동예상안에 따른 표상활동**

-미술활동: 휴보 만들기 1, 2(로봇 프로젝트 12, 13 참고)

-언어활동: 휴보에게 느낌이야기 하기, 휴보에게 편지 쓰기(로봇 프로젝트 14 참고)

로봇 프로젝트 12

-미술활동: 휴보 만들기 1

↳휴보 설계하기

교: 휴보를 어떻게 만들면 좋겠니?

유 1: 휴보와 똑같은 키랑 모양으로 만들어요.

유 2: 그래요~!! 철로 만들어요. 로봇은 원래 딱딱해야 해.

유 1: 플라스틱도 딱딱해.

유 3: 유리도 딱딱한데.

교: 그래, 휴보는 로봇이니까 딱딱한 재료로 만들면 좋겠구나. 하지만 유리는 깨지면 위험할 것 같구나. 철이나 플라스틱은 서로 붙일 때 어려울 것 같고, 너희가 가져온 두꺼운 상자들을 이용해 보면 어떻겠니?

유 2: 좋아요!! 상자는 테이프도 잘 붙어요.

유 1: 풀도 잘 붙을 거야~!!

교: 그럼, 휴보를 만들기 전에 설계해 보자.

유 4: 설계가 뭐예요?

교: 정확하게 만들기 전에 미리 재료나 모양을 계획해보는 거란다.

유 5: 아~!! 그림 그려서 해봐요.

역할 분담하기

(그린 그림을 나와서 발표한다.)

교: 자~ 내일부터 휴보를 만들기 시작하자. 어떻게 분담해서 만들면 좋을까?

유 6: 머리, 팔 이렇게 나눠요~.

유 7: 우리는 4모둠이잖아~!! 머리, 팔, 다리, 허리로 나눠요~(전체 인원 20명을 5명씩 4모둠으로 나누었음).

유 8: 그래요~!!

교: 그래~ 좋아~!! 어떤 모둠이 머리를 맡아 만들어 볼까요?

(로봇의 부위별로 맡아 만들 조를 정한다.)

조별 만들기

머리 만드는 모둠

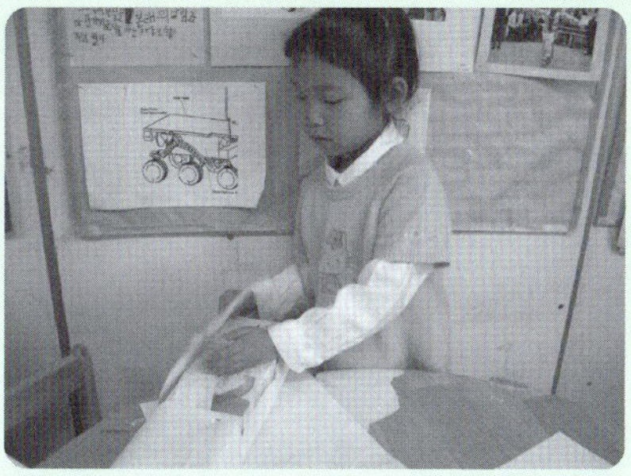

팔 만드는 모둠

허리 만드는 모둠

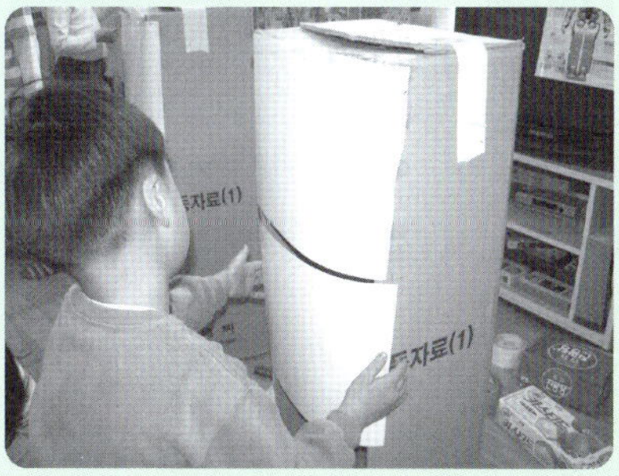

다리 만드는 모둠

로봇 프로젝트 13

-미술활동: 휴보 만들기 2

- 부위별 모양(머리, 팔, 허리, 다리)을 양면 테이프로 연결해서 붙이기
- 연결된 로봇을 마당으로 갖고 나가 은색 라커칠하기

라커칠을 한 로봇에 검은색 도화지로 머리와 가슴부위를 덧붙여 꾸며 준다.

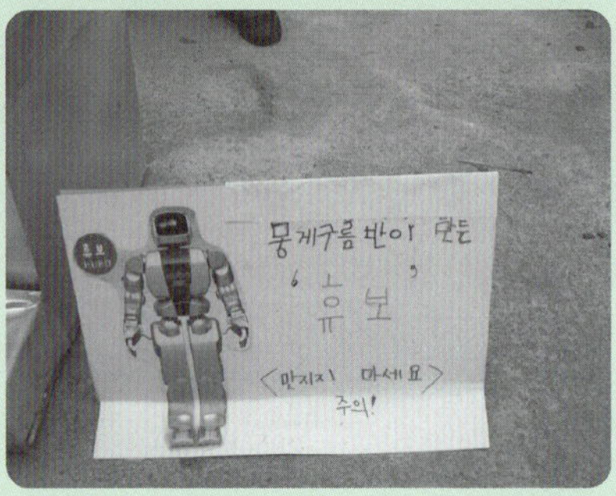

휴보를 알리는 판넬을 만들어 함께 전시한다.

- 우리가 만든 휴보와 기념사진 촬영하기

→기념사진 촬영을 하며 로봇이 완성된 기쁨을 나누었다. 완성된 로봇은 로봇 프로젝트가 끝날 때까지 전시했고 부모님께 알림장을 통해 알렸다. 엄마와 유아는 등/하원 시 휴보에 대해 자연스럽게 이야기 나누는 기회를 가지게 되었다.

로봇 프로젝트 14

-언어활동: 휴보에게 느낌 이야기하기

'휴보'를 만들고 대그룹 시간에 그 느낌을 발표해 보면서 또 다른 추후활동으로 '휴보에게 편지쓰기'가 유아에 의해 제시되었다. 다음은 교사-유아 상호작용이다.

교: 선생님은 너희와 이렇게 휴보를 만들어 전시해놓으니, 참 뿌듯하고 자랑스럽단다. 너희는 어떤 기분이 드니?
유 1: 휴보가 살아있는 것처럼 기뻐요~!!
유 2: 하늘을 날아갈 것 같아요~!!
교: ^^ 그렇구나~ 우리가 만든 휴보에게 할 말은 없나요?
유 3: 휴보야, 사랑해~!!
교: 또? 너희가 하고 싶은 말을 해보자~!!
유 4: 휴보야, 네가 밖에 있으니까 우리 해바라기 어린이집을 지켜줘~.
유 5: 편지 써도 되겠어요~.
교: 하하하. 그래, 우리 휴보에게 할 말을 편지 써볼까?
유: 네!~~!!

곧바로 한글문서를 이용해 편지지를 만든 후 아이들과 함께 활동해 보았다.

-언어활동: 휴보에게 편지쓰기

편지지를 가지고 자리로 돌아가 편지를 써 본 후, 편지 내용을 발표해보고 전시한다.

이처럼 프로젝트가 진행되어 가면서 전혀 예상하지 못했던 새로운 자원이 요구되기도 한다. 따라서 교사는 프로젝트가 이루어지는 동안 항상 활동방향에 유의하면서 때에 따라서 적절한 자원을 충원해주는 노력을 기울여야 한다. 이것은 프로젝트를 활성화시키는데 큰 도움을 준다.

3) 현장견학

현장견학을 통해 유아들은 프로젝트 활동을 활성화시키는 기회를 갖게 된다. 무엇보다 현장견학 전・중・후 활동 각각에 대한 철저한 준비가 필수적이다.

<로봇 프로젝트 15>는 현장견학 전・중・후 활동을 제시해 놓은 것이다. 현장견학 전에는 유아들이 견학 동안 무엇을 하고 무슨 정보를 얻을 것인지를 글이나 그림으로 예상해 보게 하였다. 또한 현장견학지에서 해야 할 관찰 및 조사하기, 질문하기, 간단히 기록하기, 물품 수집해오기…… 등을 어떻게 해야 하는지 그 준비를 위한 시간도 가졌다. 또한 현장견학 후에도 기억에 남는 것, 알게 된 사실 등을 추후활동처럼 다양한 방법으로 표현해 보도록 했다. 현장견학은 일반적으로 전개단계에서 이루어지지만 전개단계이전이나 마무리단계에서도 갈 수도 있다. 유아들의 흥미나 관심 정도, 원 사정 등에 따라 그 시기가 달라질 수 있으므로 특정 시기를 반드시 고집할 필요는 없다. 심지어 프로젝트 시작 전에 이루어진 견학이 프로젝트를 시작하게 하는 계기를 만든 적도 있었다. 예를 들어, 기차여행을 다녀와서 기차의 좌석 모양, 기차 소리 등에 대해 유아들이 관심 있게 대화하는 것을 보고, '기차' 프로젝트를 시작한 적이 있다.

로봇 프로젝트 15

▶현장견학 전 활동

→로봇 박물관 견학을 앞두고 로봇 박물관에 가면 어떤 로봇들을 볼 수 있을지 그려보았다. 아시모 로봇을 볼 수 있을 거라고 예측해 본 아동의 그림이다.

▶현장견학 활동: 로봇 박물관 방문

우리가 예측했던 아시모, 휴보 로봇은 볼 수 없었지만 악기를 연주하는 로봇, 청소하는 로봇 등 여러 로봇을 봤어요. 박물관 내 현장 전문가의 도움을 받아 리모컨으로 움직이는 로봇을 조작해 보는 경험도 가졌어요.

▶현장견학 후 활동

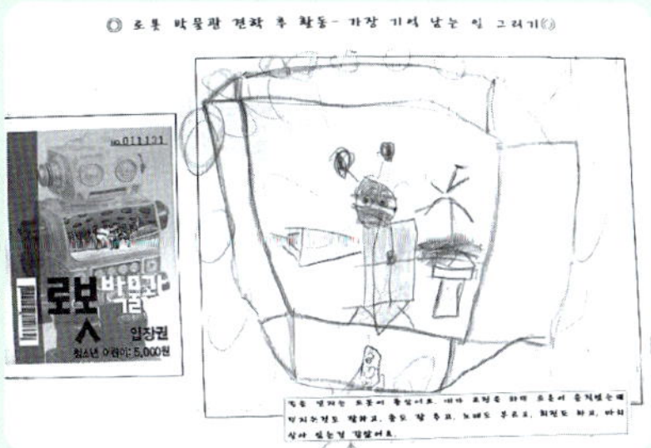

→견학을 다녀와서 로봇 박물관 입장권을 붙이고, 가장 기억에 남는 일을 표현해 보도록 했다. 리모컨을 조작해 로봇이 컵을 던지도록 해본 것이 좋았다고 한 유아의 그림이다.

4 마무리 단계

그동안 진행해온 프로젝트 전 과정을 되돌아보며 재정리 · 재구성하고, 전시 혹은 발표하는 재창조의 기회를 가지면서 지식을 내면화하게 된다.

1) 마무리 행사 준비

교사와 유아는 프로젝트 활동을 종결시킬 때가 되었다고 보면 그동안 성취해 온 학습을 축하하기 위한 마무리 행사, 즉 발표회나 전시회에 대해 토의 · 계획 한 후 행사 준비를 하게 된다. 그러나 반드시 전시회나 발표회 형식을 빌어야만 하는 것은 아니다. 어떤 식으로든 프로젝트 활동의 원래 목적을 그동안의 과정을 통해 확인하고 점검 · 정리해 보는 시간을 가지면 될 것이다.

아래 <로봇 프로젝트 16>은 마무리 행사를 앞두고 전체 모임시간에 마무리 행사를 준비해야 함을 토의하면서 상호 작용했던 에피소드이다. <로봇 프로젝트 17>에서는 모둠 토의 결과 마무리 전시회 행사(주제: 로봇 박물관)를 가지게 되었으며, 유아가 만든 로봇으로 교실 꾸미기, 초대장 보내기 등의 활동들을 했던 장면이다.

로봇 프로젝트 16

▸전체 토의

지금까지 로봇 프로젝트에 참가한 유아들의 관심이 이전보다 적어지고, 교사 역시 준비단계에서 설정한 주요 개념이나 예상활동, 질문에 대한 해결 등이 충분히 다루어졌다고 판단되었다. 그리하여 마무리 행사를 위해 유아들과 함께 벽에 게시된 것, 파일 속 유아 활동 작품들, 그 밖의 결과물들을 보며 프로젝트 전 과정을 훑어보았다.

교: 로봇 프로젝트 과정을 쭉 살펴보았단다. 이제 마무리를 준비해 보자.

유 1: 마무리가 뭐예요?

교: 로봇 프로젝트를 하면서 우리가 처음 시작할 때 가졌던 생각들이 잘 이루어졌는지를 확인해보는 거란다. 특별한 자리를 만들어서 다른 사람들에게 보여주거나 설명해줄 수도 있어.

유 2: 아~!! 발표를 해서요?!!

유 3: 아!! 알았다~!! 동생들을 초대해서 설명해줄 수도 있지요?'

교: 그래…… ^^ 너희는 어떻게 했으면 좋겠니? 조별로 한번 생각해 보자.
(조별로 흩어져 토의한다.)

로봇 프로젝트 17

▶모둠 토의

마무리 행사를 위해 모둠 토의한 결과 '로봇 박물관'을 만들어보자는 의견으로 통일되었다. 로봇을 만들어 휴보와 함께 전시해보기 위해서 그 첫 번째 과제로 각지 유이들은 만들고 싶은 개인 로봇을 생각해보는 것이었다.

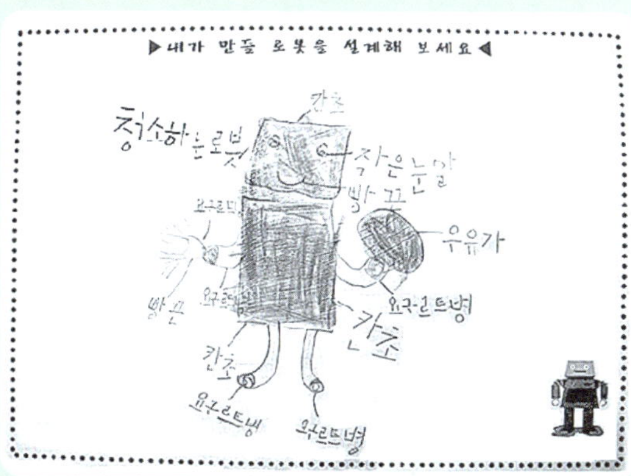

→엄미를 위해 '칭소하는 로봇', '빨래하는 로봇'에서 '작은 휴보', '우주탐사 로봇', '공부하는 로봇' 등의 여러 로봇을 상상해냈고, 각자 로봇을 어떻게 만들지 재료와 모양을 그림으로 설계해 보았다.

▸교실 꾸미기

→유아가 만든 로봇들을 단상에 올려놓고 단상을 꾸미고 있다.

▸초대장 보내기

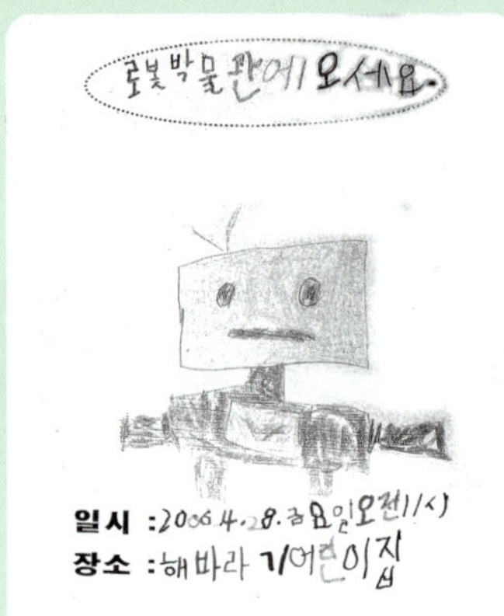

→아이들이 만든 초대장을 벽면에 붙여 놓았다.

2) 마무리 행사

발표회나 전시회 등의 공개 행사를 통해 유아들은 자신이 성취한 것을 다른 사람에게 보여주게 된다. 이러한 마무리 행사의 궁극적 목표는 프로젝트 원래의 목적을 잘 이루어냈는지를 확인·격려하고 평가하는 정도라면 충분하다. 그런데 이러한 행사가 종종 남에게 보여주기 위한 거창한 행사로 변질되는 사례가 있어 유의해야 한다.

앞서 언급했듯이 로봇 프로젝트의 경우 마무리 행사는 5주라는 장기간 동안 성취한 결과물들을 전시하는 것으로 결정되었다. <로봇 프로젝트 18>은 유아가 만든 개인로봇과 '휴보'를 함께 복도에 전시한 장면이다. 다행히 어린이집 학부모들 거의 대부분이 참석하였고, 이들은 프로젝트 진행과정 동안 자녀-부모 간에 있었던 에피소드에 대해 많은 이야기를 나누었다. 또한 학부모들은 유아들이 제작한 작품과 자녀가 성장한 모습에 대해 칭찬을 아끼지 않았고, 원장이나 교사에게도 그동안 수고했다고 격려해주어 프로젝트 기간 동안 있었던 여러 어려움도 눈 녹듯이 녹아버렸다.

이와 같이 공개 행사에 참석한 학부모를 비롯한 외부 손님들은 유아가 계획하고 제작한 것이 조금 부족하고 엉성해 보여도 스스로 계획하고, 탐구하고, 성취한 유아들의 결과물이라는 점을 기억하고 그 과정을 격려해주고 칭찬해 주어야 할 것이다. 그런데 '우리 아이는 마무리 작품이 한 개 밖에 없네…….', '작품이 별로 훌륭하지가 않아…….' 등과 같이 평가한다면 유아에게는 성취감보다는 자괴감이 들 것이고, 교사 또한 위축되게 될 것이다. 이를 방지하기 위해, 유아교육기관에서는 학기 조 오리엔테이션 시간이나 프로젝트 활동을 위한 준비단계에서 알림장을 통해 프로젝트의 목적과 특성, 그리고 진행과정에 대해 알려주어 그 본래의 목적을 분명히 알려주는 것이 필요하다.

로봇 프로젝트 18 전시회

유아가 만든 개인 로봇과 '휴보'를 함께 복도에 전시하였다. 유아들은 어린이집 선생님들, 동생들, 부모님들께서 로봇에 대해 물어 볼 때 옆에서 설명해 주곤 했다. 자긍심을 가질 수 있었다.

3) 마무리 행사 이후

마무리 행사를 개최한 후에는 잘된 점, 개선해야 할 점 등을 중심으로 평가해야 하고 행사 결과물이나 자료를 정리해야 한다. 특히 정리하는 일은 유아들이 꼭 참여하도록 하여 정리 정돈하는 습관을 형성하도록 한다.

행사 이후 유념해야 할 일은 유아의 가정에서 가져온 자원은 되돌려 주고, 비록 조그마한 자원이라도 도움을 주었던 학부모에게 감사 메모를 알림장에 남기는 일이다. 이는 다음 프로젝트를 위한 학부모의 적극적인 협조를 얻어 낼 수 있는 기분 좋은 메시지라 할 수 있다.

<로봇 프로젝트 19>는 그동안 유아 각자의 활동지 및 작품들을 정리한 개인 프로젝트 파일들을 모아둔 것들이다.

로봇 프로젝트 19 개인 파일정리

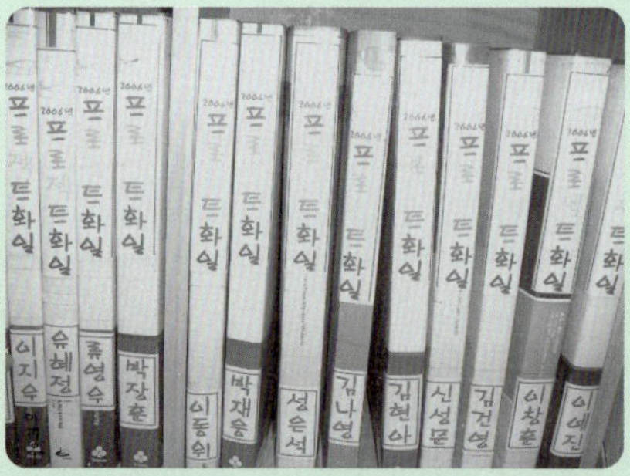

→개인 프로젝트 파일 속에 그동안의 활동지 및 작품들을 정리하였다.

5 프로젝트 평가

나비 프로젝트의 평가 부분을 참고하기 바란다. 평가는 다양한 측면, 즉 유아의 통합발달 목적 성취도 평가, 활동 평가, 프로젝트 지원 체제평가, 부모 평가, 유아별 포트폴리오 파일 만들기 등이 이루어지도록 한다.

나비 프로젝트 이후에 시도된 로봇 프로젝트 경우 특히 수업이 진행되는 동안 이루어진 주 단위 활동평가는 프로젝트를 보다 개선시켜 유아 학습에 도움을 줄 수 있었다. 예컨대, 주제와 관련해서 생각 모으기를 할 때 소극적인 유아, 글씨를 잘 쓰지 못하는 유아를 파악하여 적극적이고 글씨 잘 쓰는 유아와 함께 모둠별 토의 활동, 즉 소집단 협동 활동이 이루어질 수 있도록 조정하였다.

하지만 프로젝트 종료 후 평가에서 유아들의 활동이 조형 활동에 많이 치중되있기 때문에 다음에는 신체-음률이나 역할놀이 등으로 표현해보도록 시도해야겠다고 반성하게 되었다. 이러한 평가는 차후 다른 프로젝트 활동을 보다 효과적으로 수행하는데 도움이 될 뿐만 아니라 교사로서의 전문성 발달을 위해서도 도움이 될 것이다.

08 Chapter

만 4세반 프로젝트 수업 사례

만 4세반 프로젝트 수업사례로 '내 얼굴' 프로젝트와 '물' 프로젝트를 제시하고자 한다. 내 얼굴 프로젝트는 유치원 만 4세 1개 반 유아 22명, 물 프로젝트 역시 유치원 만 4세 1개 반 유아 20명을 대상으로 실시했다. 각 프로젝트마다 3주 동안 진행되었다.

다음 <표 8-1>에서 알 수 있듯이, 이들 프로젝트 수업의 진행단계에 따른 활동들은 프로젝트 주제가 '내 얼굴'이냐 혹은 '물'이냐에 따라 시작단계와 전개단계의 활동들이 다른 것을 알 수 있다. 주제의 성격에 따라 당연히 수업활동이 다를 것이다. 우선 내 얼굴 프로젝트 수업에 대해 살펴보고 물 프로젝트 수업을 제시할 것이다.

〈표 8-1〉 만 4세반 프로젝트 수업 진행단계에 따른 활동들

진행단계	프로젝트 주제	활동들
준비단계	내 얼굴	① 주제 선정, ② 교사의 수업준비(예상 주제망 구성이나 주제관련 중심개념 선정, 교육과정 영역별 내용안 및 활동예상안 짜기, 자원목록표 작성, 환경구성, 부모에게 알리기)
	물	
시작단계	내 얼굴	① 흥미유발 활동(1) ② 생각 모으기, 주제망 구성 ③ 질문목록 작성 ④ 흥미유발 활동(2)
	물	① 경험 나누기와 표상하기 ② 흥미유발활동 ③ 생각 모으기 ④ 주제망 구성 ⑤ 질문목록 작성
전개단계	내 얼굴	① 다양한 탐구활동 ② 현장견학
	물	① 문제해결을 위한 예측활동 ② 실험실습관찰활동 ③ 표상활동 ④ 현장견학
마무리단계	내 얼굴	① 마무리 행사 준비 ② 마무리 행사, 마무리 행사 이후
	물	
평가	내 얼굴	나비 프로젝트 및 친구 프로젝트 평가 참고
	물	

'내 얼굴' 프로젝트

1 준비단계

준비단계에서는 프로젝트의 주제 선정, 교사의 예상 주제망 작성(혹은 중심개념 선정), 교육과정 영역별 내용안 및 활동예상안 짜기, 자원목록표 작성, 환경구성, 부모의 협조와 지원 구하기 등이 이루어진다.

1) 주제 선정

만 4세 유아가 정신적으로 몰입해서 프로젝트 활동을 적극적으로 수행하기 위해서는 주제 선정이 핵심이다. 유아 자신의 실생활 속에서 겪는 친숙하고 구체적인 사건이나 경험과 관련된 주제라면 이를 중심으로 프로젝트 활동이 활성화될 수 있다. '내 얼굴'이라는 주제는 매일 같은 반 친구들과 서로 얼굴을 쳐다보며 함께 생활하는 유아에게는 관련 활동의 참여 동기를 충분히 제공해 줄 수 있을 것이다. <내 얼굴 프로젝트 3>에 주제 선정의 이유를 제시했다.

2) 교사의 수업준비

주제가 선정되면 교사는 주제와 관련해서 예상 주제망을 짜거나 주제관련 중심개념을 선정한다. 내 얼굴 프로젝트에서는 중심개념을 선정했는데 이는 <내 얼굴 프로젝트 3>을 잠조하기 바란다. 그리고 교육과정 영역별 내용안을 작성하고, 이 내용안을 기초로 해서 활동예상안을 짜고 자원목록표를 만든다. 교사는 이렇게 프로젝트 활동을 위한 준비를 하면서 환경 또한 구성한다. 부모에게 프로젝트 안내문 <내 얼굴 프로젝트 3>을 통해 프로젝트 수업을 알리고 협조와 지원을 구한다.

내 얼굴 프로젝트 1

▶교육과정 영역별 내용안

영역	내용안	
건강생활	• 내 얼굴 인식하고 얼굴의 각 부분의 특성을 활용하여 움직이기 • 바른 얼굴 표정 짓기 • 얼굴 및 몸 깨끗이 씻기	→신체활동 기본생활습관
사회생활	• 나의 감정 알고 조절하기 • 상황에 따라 감정이 변할 수 있음을 알기 • 다른 사람을 이해하고 존중하기(서로 다르다는 것 알기) • 예절바르기 생활하기(정직/인사/감사/미안 등을 표현하기)	→기본생활습관 언어활동 조작활동
표현생활	• 조형 활동을 통해 내 얼굴표정을 창의적으로 표현하기 • 얼굴 표정과 관련된 노래 즐겨 부르기 • 다른 사람의 예술표현 소중히 여기기 • 나와 다른 사람의 예술표현 차이 느끼기	→미술활동 과학활동 요리활동 음률활동 역할놀이
언어생활	• 얼굴 관련 동화책 주의 깊게 끝까지 듣고 이해하기 • 동화책 속의 얼굴 표정과 그 느낌에 대해 말하기 • 다양한 얼굴 표정을 보고 창의적으로 꾸며 말하기	→언어활동 조작활동
탐구생활	• 나의 성장에 대해 알아보기(얼굴) • 내 얼굴이 다른 사람의 얼굴과 다를 수 있음을 알기 • 도구를 사용해서 내 얼굴 탐색하기	→과학활동 역할놀이 견학활동 수/조작활동

내 얼굴 프로젝트 2

▸활동예상안

〈조사 및 소개활동〉	〈언어〉	〈미술〉
• 내 얼굴의 여러 기관 명칭 및 생김새 소개하기(흥미유발활동) • 느낌에 따라 달라지는 얼굴표정	• 동화책 듣고 느낌 말하기 • 동화책 속 얼굴표정에 대해 꾸며 말하기 • 다양한 표정의 사람들 왜?	• 나의 얼굴 1, 2차 표상하기 • 내 얼굴 사포 그림 액자 꾸미기 • 폐품 이용하여 내 얼굴 꾸미기
〈신체·게임/현장활동〉 • 노래 가사에 따라 눈, 코, 입, 귀 등 얼굴부위 찾아 움직이기 • 줄 이용한 님보 • 시진관 견학(견학 활동)	내 얼굴	〈수/조작〉 • 내 얼굴에서 예쁜 부분 찾기 • 하회탈 따라 하기 (똑같은 표정 지어보기) • 자석 가베로 내 얼굴 표현해 보기
〈과학/요리활동〉 • 연령별 내 얼굴 모습 변화 비교하기 • 라이트테이블과 같은 다양한 재료로 얼굴 표정 구성하기 • 거울과 돋보기로 내 얼굴 표정 탐색하기 • 핫케이크 위에 내 얼굴 만들기	〈음률/역할놀이〉 • 새 노래 -웃음소리 -삐쭉이 빼쭉이 • 역할놀이 -사진관 놀이(견학 후 활동)	〈마무리 활동〉 • 형님 초대하여 사진 찍어주기 〈기본생활습관〉 • 세수, 목욕 깨끗이 하기 • 감정을 조절해서 바른 얼굴 표정 짓기 • 친구 얼굴 상처주지 않기

〈표 8-2〉 자원목록표

1차적 자원	사 람	• 나와 친구들 • 사진사
	현장견학	• 사진관 견학
2차적 자원	정보를 주는 책	• 잡지책(사람 얼굴이 많은 잡지나 신문)
	동화 자료	• 그건 내 조끼야(나카에 요시오, 비룡소) • 나 화났어!(제인 클라크, 미세기) • 기분을 말해 봐요(디디에 레비, 책그릇) • 누에콩의 기분 좋은 날나카야미 와, 웅진닷컴) • 소중한 나의 몸(정지영, 정혜영, 비룡소) • 화가 나는 건 당연해!(미셸린느 먼디, 비룡소) • 너는 특별하단다.(맥스루카도, 고슴도치) • 너는 최고의 작품이란다.(맥스루케이도, 두란노) • 쏘피가 화나면, 정말 정말 화나면(몰리 뱅, 케이유니버스) • 나 정말 아프단 말이야(로렌 차일드, 국민서관) • 나는 아빠를 사랑해요(세바스티앙 브라운, 교학사) • 나 진짜 화났어(조형윤, 아름다운 사람들) • 반쪽이(이미애, 보림) • 난 싫다고 말해요(역자 이향순, 북뱅크) • 엄마, 아빠는 나만 미워해(이노우에 요코, 베틀북) • 너는 나의 소중한 친구야(맥스 루케이도, 두란노)
	사진 및 팜플릿	• 나의 여러 가지 표정이 담긴 사진들
	기타	• 거울과 돋보기(관찰 도구)

내 얼굴 프로젝트 3

▸프로젝트 안내문

<table>
<tr><td>학습
예상 시기</td><td colspan="2">○○○○년 9월 29일(월) ~ 10월 24일(금) - 3주간</td></tr>
<tr><td>주제 선정
이유</td><td colspan="2">만 4세 유아가 프로젝트 활동을 통해 교육적 효과를 얻으려면 주제 선정이 중요합니다. 내 얼굴이라는 주제는 같은 반 친구들의 얼굴을 항상 보고 관찰하면서 생활하는 유아에게 직접적인 경험과 활동을 충분히 제공하여 유아의 발달과 학습을 촉진시킬 것입니다. 특히 이 시기는 자신의 존재를 언어나 신체움직임, 얼굴 표정, 느낌 등을 통해 적극적으로 표현하면서 타인 속에서 존재하는 나를 생각하게 되므로 내 얼굴은 발달적으로도 적합한 주제가 될 수 있습니다.</td></tr>
<tr><td>교육목표
및
중심개념</td><td colspan="2">교육목표는 지식, 기능, 성향, 느낌 등의 통합적 발달입니다. 주제 관련 중심개념은 다음과 같습니다.
① 사람의 얼굴은 차이점과 공통점이 있다.
② 얼굴에 있는 기관을 탐색하고 다양한 기능을 인식한다.
③ 표정은 느낌과 관계있다.
④ 얼굴표정을 바르게 짓도록 한다.</td></tr>
<tr><td>예상되는
학습활동</td><td colspan="2">'활동예상안'을 참고하세요.
학습활동은 수업 상황에 따라 조정되면서 이루어질 예정입니다.
프로젝트 진행 상황에 대해서는 차후에 알려드리도록 하겠습니다.</td></tr>
<tr><td rowspan="2">가정에서
도와
주세요.</td><td>아이와
함께
하실
일</td><td>• 우리 아이가 어떻게 이 세상에 태어나게 되었는지, 또 태어나서 지금까지 어떻게 자라왔는지에 대해 자유롭게 아이와 함께 이야기 나눠 보세요.(사진이나 비디오, DVD, 육아일기 등을 이용하시면 더 좋답니다.) 이러한 과정을 통해 우리 아이들이 자신이 정말 소중한 존재라는 것을 느낄 수 있을 거예요.
• 가족들과 모여 앉아 사랑하는 가족의 얼굴을 보며 표정 놀이를 해 보세요. 우리의 얼굴에는 정말 다양한 표정이 숨어 있답니다.
• 화가들의 다양한 얼굴관련 작품을 보여주고 유아들과 이야기 나누어 보세요.</td></tr>
<tr><td>자원
협조</td><td>• '지원목록표'를 보시고 지원을 부탁합니다. 보내주신 자원은 교육활동 자료로 소중히 사용한 후 보내드리겠습니다. 아이들은 자신이 갖고 온 것에 대해 더욱 애착과 호기심을 가지고 자발적으로 학습을 하게 됩니다.(자원을 보내실 때는 이름을 꼭 적어주세요.)</td></tr>
</table>

2 시작 단계

이 단계에서는 선정된 주제를 중심으로 관련된 경험을 나누고 표상하기, 생각 모으기, 주제망 구성, 질문목록 작성, 흥미유발 활동 등을 다루게 된다.

1) 흥미유발 활동 (1)

프로젝트 수업에 익숙하지 않은 만 4세아반은 주제 관련 경험 나누기, 특히 내 얼굴 주제 관련 경험을 이야기하는 것이 쉽지 않다. 우선 몇 가지 흥미유발 활동을 통해 주제에 대해 생각해보고 흥미를 가질 수 있는 워밍업 시간을 가졌다. 흥미유발 활동의 예를 제시하면 다음과 같다.

흥미유발 활동
• 유아자신이 생각하는 나의 모습을 말해 보고 그림을 그려본다. • 유아들끼리 서로 얼굴을 쳐다보면서 상대방 생김새가 어떤지, 거울 속의 나 자신의 얼굴을 보면서 그 생김새가 어떤지 표상해보도록 한다. • 상대방 유아의 얼굴과 나의 거울 속의 얼굴을 보면서 무슨 신체기관이 있고(눈, 코, 입, 귀, 눈썹, 눈동자, 콧구멍, 이, 혀, 땀구멍, 솜털 등), 어떻게 생겼고, 각 기관이 무엇을 닮았는지 이야기 나눈다. • 유아 둘씩 눈을 감은 채로 마주 앉아 번갈아 가면서 교사가 지시하는 신체기관명에 반짝이 스티커를 붙이는 게임을 한다. • 얼굴 퍼즐을 끼워 맞추게 하고, 그 표정이 어떤지, 왜 이런 표정을 짓고 있는지에 대해 이야기 나눈다.

2) 생각 모으기, 주제망 구성

흥미유발 활동에서 시작된 내얼굴 프로젝트는 그리 어렵지 않게 생각 모으기로 이어졌다. 하지만 만 4세반의 경우 생각 모으기, 즉 브레인스토밍 과정이 서투를 수 있으므로 교사가 유아들의 생각을 자극할 수 있는 적절한 질문을 던지도록 한다. 또한 교사가 유아의 생각을 칠판에 글자나 그림으로 표현해주면 생각을 자극할 수 있다.

내 얼굴 프로젝트 4

▸생각 모으기

생각 모으기 이전에 흥미유발활동을 조금 진행해보았더니 아이들은 자신의 생각에 구체적인 반응을 보였다. 교사는 이들의 반응을 칠판에 적은 후 아이들이 그대로 옮겨 적게 했는데 곧잘 따라 했다. 최근 우리 반 아이들이 문자에 대한 관심이 부척 많더니 그동안 문자변별 능력이 많이 향상된 것 같다.

생각 모으기를 한 후 교사는 방과 후에 백지 도화지에 아이들의 생각 모으기 종이를 주제망에 붙여서 게시해 놓았다. 다음 날 완성된 주제망을 보며 교사가 유목화 한 상황을 간단히 소개해 주면 유아는 자신의 것(생각 모으기 종이)을 지적하면서 유목화 과정을 이해하게 된다. 또한 글씨를 읽을 수 없는 유아도 게시된 주제망을 보며 글씨에 관심을 갖고 다음번 프로젝트에는 생각 모으기 종이에 자신의 생각을 써보고 싶어지게 된다. 다음 <내 얼굴 프로젝트 5>는 교사가 유아의 생각 모으기 종이를 도화지에 옮겨 붙여 완성한 주제망이다.

내 얼굴 프로젝트 5

▸주제망

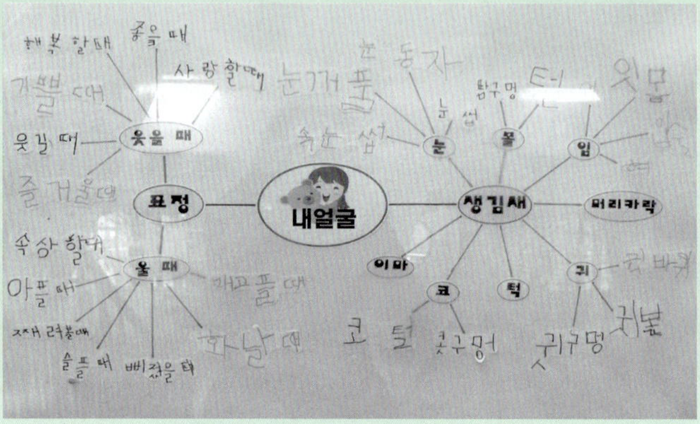

3) 질문목록 작성

주제망이 구성되고 나면 여러 가지 궁금한 것들을 모으게 되는데, 평소에 유아들이 말하는 질문이나 궁금한 사항을 메모해 두면 질문목록 작성에 유용하다. 흔히 이용하는 '궁금이 상자'(질문상자), 질문게시판, 매력적인 질문 쪽지 등을 동원하면 흥미를 불러일으켜 질문 모으는데 도움이 된다(나비 프로젝트 참조).

교사가 질문거리를 재촉하면 흥미를 잃을 우려가 있고, 다른 유아의 질문을 모방하게 되어 활동참여에 소극적으로 되기 쉽다. 또 어린 유아들은 자기가 질문하려고 생각한 내용을 금방 잊어버리기도 하고, 정말 알고 싶은 것이 무엇인지 명확하게 표현하는 것이 어려울 때도 있다는 것에 유의한다.

내 얼굴 프로젝트의 경우, 주제망(내 얼굴 프로젝트 5)에서 볼 수 있듯이, 유아들은 얼굴 생김새와 표정에 대해 관심이 많았다. 예를 들면, "○○가 웃으니까 예쁘죠?", "○○가 우니까 미워요.", "선생님 머리는 길어서 예뻐요." 등이다.

4) 흥미유발 활동 (2)

앞서 시작 단계 초반의 흥미유발 활동 (1)은 주제에 대해 생각해 보는 워밍업 활동이고, 흥미유발 활동 (2)는 프로젝트 활동의 흥미를 더하기 위한 폭넓은 주제 관련 경험이라 할 수 있다. 교사가 준비한 자원이나 부모들이 보내 준 자료들을 소개하고, 이들을 자유롭게 경험해 보도록 격려하거나 주제 관련 작품을 만들어 전시하도록 조력한다.

내 얼굴 프로젝트의 경우, ○○유아의 얼굴 생김새와 표정에 대한 흥미를 보다 더 유발시키기 위해 활동예상안 <내 얼굴 프로젝트 2>에 따라 다음과 같은 흥미유발 활동들이 이루어졌다<내 얼굴 프로젝트 6, 7 참조>.

내 얼굴 프로젝트 6

▸내 얼굴에서 예쁜 부분은 어디일까요?(수, 조작 활동: 그래프로 나타내기)

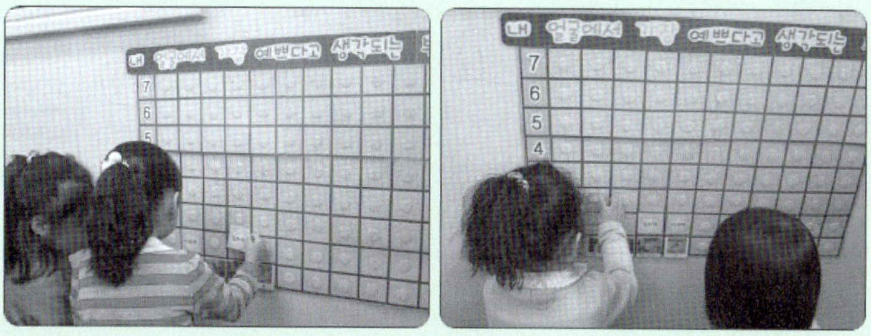

'내 얼굴에서 예쁜 부분을 어디일까요?'라는 질문을 가지고 그래프 활동을 해 보았다. 모두를 예쁜 부분을 잘 찾아내어 스티커를 해당칸에 붙였다.

내 얼굴 프로젝트 7

▸하회탈 따라 하기(조작 활동)

○○유아가 다양한 표정이 있음을 알도록 교사는 여러 가지 하회탈을 소개하면서 표정이 어떤지, 왜 그런 표정을 짓는지 표정을 탐색해보도록 한다. 그 다음 똑같이 표정을 따라 지어보도록 한다.

위 사진들은 무엇을 따라 표정을 지어 봤을까? 이가 보이고, 눈이 반달눈이 될 정도로 감기고, 입 꼬리가 쭈욱~! 각자 자신의 표정이 담긴 사진을 가지고 서로 이야기 나누면서 즐거운 시간을 가졌다.

3 전개 단계

전개 단계는 시작 단계에서 작성한 질문 목록에 있는 질문거리를 중심으로 문제해결을 하는 단계이다. 질문거리는 지금까지 프로젝트 활동을 하면서 유아들이 질문한 것이나 궁금해 했던 사항들을 메모해 둔 것들이다. 물론 전개 단계에서 새로이 제기된 질문이 있을 수 있는데 이것 역시 포함될 수 있다. 교사는 이들 질문거리들을 준비단계에서 작성한 활동예상안의 활동들과 접목·조화해서 진행해 나가도록 한다. 너무 의욕적으로 많은 질문을 가지고 그 해결을 시도하기보다는 유아와 함께 프로젝트 주제를 탐구하는 활동 과정 그 자체에 의의를 두는 것이 바람직하다. 또한 프로젝트를 처음 접하는 유아에게 한 가지 문제를 해결하기 위해 오랫동안 탐구히도록 히면 지루헤할 수 있으므로 유아의 사고 흐름에 맞추어 여러 가지 탐구 활동을 적절하게 해보도록 도와준다.

1) 다양한 탐구활동

교사는 활동예상안과 질문거리들을 적절하게 접목하여 미술, 언어, 수·조작, 과학, 요리, 신체, 음률 등의 모든 영역에서 탐구 활동이 진행되도록 도와준다. 다음 <표 8-3>은 실제 교실현장에서 실시했던 내 얼굴 프로젝트 탐구 활동들 중 일부이다. 거의 대부분의 활동이 활동예상안대로 이루어졌다. 활동마다 목표, 자료, 활동방법 등을 제시하고 있고, 이들 활동 중 <내 얼굴 프로젝트 8, 9>는 실제 활동하는 모습을 담은 사진자료의 예들이다.

〈표 8-3〉 내 얼굴 프로젝트 : 다양한 탐구 활동

[소개활동] 느낌에 따라 달라지는 얼굴 표정
* 활동목표 • 사람들의 다양한 표정에 대해 안다. • 느낌에 따라 표정이 달라짐을 안다. * 활동자료 : 거울 * 활동방법 • 유아들과 함께 다양한 표정을 연출해 본다. - 가만히 앉아 있는 나의 얼굴을 거울로 보자. 어떤 표정을 짓고 있니? - 교사의 표정과 제스처에 대해 유아가 그 느낌 맞추는 놀이를 한다. - 지금부터 내 얼굴을 마음대로 만들어보기로 하자.(선물 받고 좋아서 웃을 때, 동생과 다투고 화가 났을 때, 엄마한테 꾸중 들었을 때, 친구와 놀이하다 토라졌을 때, 그림을 그리다 잘못 되어서 속상할 때, 내가 아파서 슬플 때, 칭찬 듣고 행복할 때, 맛있는 음식을 먹었을 때 등) • 우리의 얼굴은 우리가 어떤 느낌을 갖고 있는지에 따라 달라짐을 이야기한다.
[미술활동1: 감상] 명화 따라잡기
* 활동목표 • 명화를 감상한다. • 감상 후 어떤 느낌인지 표현해 본다. • 그림 속의 표정을 보고 상황을 예측해 본다. • 나의 모습을 표현해본다. * 활동자료 : 레오나르도 다빈치의 모나리자 그림, 활동지, 색칠도구 * 활동방법 • 유아들과 함께 명화를 감상한다. - 이 그림에는 무엇이 그려져 있니? - 이 사람의 표정은 어떠니? 무슨 생각을 하고 있는 걸까? • 작품에 대해 간단히 소개한다. - 이 작품은 '레오나르도 다빈치'라는 화가의 '모나리자'라는 그림이란다. 이 그림은 지난 시간에 본 빈센트 반 고흐의 그림과 같이 사람이 그려져 있지만 화가가 모델을 놓고 그린 '초상화'란다. 우리 ○○이가 친구의 얼굴을 그리면 그게 바로 초상화가 되는 것이다. • 작품 감상 후, 모나리자처럼 미소 짓고 있는 나의 모습을 그림으로 표현해보고, 제목을 지어본다. • 작품을 완성한 후 친구들과 서로 작품을 감상해본다.

[미술활동2: 꾸미기] 내 얼굴 사포 그림 액자 꾸미기

* 활동목표
- 나의 모습을 자세히 관찰한다.
- 나의 얼굴을 그려본다.
- 사포의 질감을 경험한다.

* 활동자료 : 사포, 액자틀, 크레파스, 거울, 솜공, 스팽글, 오공본드

* 활동방법
- 유아들에게 거울을 통해 오늘 자신의 모습이 어떤지 살펴보게 한다.
- 사포를 유아들에게 나누어주고, 탐색해 보게 한다.
  - 이것을 만져보니 느낌이 어떠니?
  - 이것은 무엇을 하는데 사용되는 걸까?
  - 이것으로 오늘 우리는 무엇을 할 수 있을까?
- 유아들에게 사포에 자신의 얼굴을 그릴 것임을 알리고, 거울을 보며 자신의 모습을 그려보게 한다.
  - 종이에 그릴 때와 다른 점이 있니?
- 유아들의 그림이 완성되면 액자틀에 붙이고, 액자를 꾸며준다.
- 완성된 그림은 교실에 전시하고 감상하도록 한다.

[언어활동] 다양한 표정의 사람들 왜?

* 활동목표
- 얼굴에는 다양한 표정이 있음을 안다.
- 상황에 따라 표정이 달라짐을 안다.

* 활동자료 : 다양한 사람들의 표정이 실린 잡지책, 활동지, 풀, 가위, 색연필

* 활동방법
- 그림 속 얼굴을 보고 어떤 표정인지 이야기 나눈다.
- 그림 속 얼굴표정이 나타난 이유 혹은 상황을 이야기한다.
- 좋아하는 얼굴 표정의 그림을 오려서 꾸며본다. 그리고 왜 좋아하는지 이야기 나눈다.

[조작활동] 자석 가베로 내 얼굴 표현해 보기

* 활동목표
- 다양한 모양을 이용하여 형상화해 볼 수 있다.
- 계획하고 실행해 볼 수 있다.

* 활동자료 : 거울, 자석 가베, 가베 놀이 활동판

* 활동방법
- 유아들과 함께 '내 얼굴' 살펴보기 활동을 한다.
  - 내 얼굴을 꾸미려면 어떤 것들을 표현해 주면 좋을까?
  - 오늘은 자석 가베를 이용하여 내 얼굴을 표현해보려고 하는데 어떤 것들을 이용하면 좋을까?

- 자석 가베 판에 친구들과 함께 내 얼굴 꾸미기 활동을 해 보고, 완성되면 서로 감상해 보도록 하자.

[과학활동1] 라이트 테이블로 얼굴표정 구성하기

* 활동목표
- 다양한 기기와 여러 가지 물체를 이용하여 활동해 본다.

* 활동자료 : 라이트 테이블, 여러 가지 다양한 물체

* 활동방법
- 유아들과 함께 라이트 테이블과 여러 가지 다양한 물체를 이용하여 얼굴표정을 구성해본다.

[과학활동2] 거울과 돋보기로 내 얼굴표정 탐색하기

* 활동목표
- 사람의 얼굴 생김새와 표정에 대해 관심을 갖는다.

* 활동자료 : 돋보기, 거울

* 활동방법
- 유아들과 모여 앉아 얼굴 생김새와 표정에 대한 이야기를 나누어본다.
- 옆에 앉은 유아들과 돋보기를 이용하여, 다양한 표정을 관찰해본다.

[요리활동] 핫케이크 위에 내 얼굴 만들기

* 활동목표
- 요리에는 여러 가지 재료가 필요함을 안다.
- 요리의 순서를 알아본다.
- 완성된 요리를 꾸며 본다.

* 활동자료 : 핫케이크 만들기 재료와 순서도(핫케이크 가루, 계란, 우유, 큰 그릇, 국자, 기름, 팬, 가스버너, 뒤집개, 쟁반, 개인접시)

* 활동방법
- 유아들과 준비된 재료를 보며 오늘 활동할 핫케이크 만들기의 순서에 대해 이야기 나누고, 핫케이크가 완성되면 '내 얼굴 꾸미기'를 할 것임을 알린다.(큰 그릇에 모든 재료를 담고 섞기, 약한 불에 달군 팬에 기름을 조금 두르고, 노릇노릇 부쳐내기 등)
- 우유 넣기와 계란 넣기, 국자로 반죽 섞기 등은 유아들에게 하도록 하고, 팬에 굽는 것은 교사가 하면서 유아들이 관찰할 수 있도록 한다.
- 완성된 핫케이크를 개인 접시에 하나씩 담아 조금 식힌다(너무 뜨거우면 초콜릿 등을 올려 꾸몄을 때 바로 녹으므로……).
- 유아들마다 핫케이크를 받으면 꾸미기 활동을 해본다.
  -○○이는 그것으로 어디를 꾸밀 생각이니? ○○으로는 어디를 장식해 볼까?
- 얼굴 꾸미기가 완성되면 친구들과 함께 사진을 찍어본다.
  (친구들과 감상 후 점심 식사 이후에 먹는다.)

내 얼굴 프로젝트 8

▸내 얼굴 사포 그림 액자 꾸미기(미술 활동)

사포를 탐색한 후에 크레파스를 이용해서 나를 그려보았다. 아이들은 '꺼칠꺼칠', '울퉁불퉁', '따가워요', '이상해요' 등과 같은 사포의 특성을 말했고, 크레파스 선이 어떻게 나타나는지 조심스럽게 살펴보면서 나를 그렸다. 그림을 그린 다음 날 솜공, 스팽글, 모루 등으로 액자를 꾸몄다.

내 얼굴 프로젝트 9

▸핫케이크 위에 내 얼굴 만들기(요리 활동)

핫케이크 위에 잼과 가정에서 각자 준비한 식재료를 가지고 얼굴을 꾸며 보았다. 물론 어떤 재료들을 가지고 어디를 장식할 것인지 이야기한 뒤 아주 진지하게 이루어졌다. 완성된 핫케이크가 얼굴과 많이 닮았는지 아이들끼리 이야기 나누었다.

2) 현장견학

현장견학은 지금까지의 활동을 확인·확장·활성화하는 실제 현장 활동이다. 잦은 견학이 어렵다면 근처의 공원, 슈퍼, 우체국, 주유소, 서점 등도 훌륭한 견학 장소로 이용될 수 있다.

현장견학할 때 유의해야 할 점은 알아보고자 하는 것이 무엇인지 이야기 나누고 견학을 다녀와서는 그 과정과 결과에 대해 이야기 나누는 것이다. <표 8-4>는 사진관 견학 활동안이고, <내 얼굴 프로젝트 10, 11> 각각은 사진관 견학 활동 사진, 사진관 견학 후 활동 사진이다.

〈표 8-4〉 내 얼굴 프로젝트 : 사진관 견학 활동 안

[현장견학 전 준비 활동]
* 장소: ○○○○ 스튜디오 * 활동목표 • 사진관에서 하는 일을 탐색한다. • 호기심을 가지고 궁금한 것들을 조사한다. * 활동자료 : 종이, 연필, 카메라 * 활동방법 • 유아들에게 사진관 견학을 갈 것임을 알린다. • 견학 시 우리가 질문하고 알아오고 싶은 것에 대해 이야기한다. - 사진관 견학을 가서 무엇을 보고 무엇을 알아보고 싶니?(사진이 만들어지는 과정, 장비들의 종류와 생김새 등) - 알게 된 것을 어떻게 하면 안 잊어버리고 기억할 수 있을까?(종이에 적어오기) • 견학 시 주의할 점에 대해 이야기한다. - 교육안전에 유의한다. - 사진관 안에서 마음대로 돌아다니지 않는다. - 촬영 중인 사람들이 있으므로 방해하지 않도록 조심한다.
[현장견학 활동]
• 사진관 둘러보기, 궁금한 점 질문하기, 메모하기
[현장견학 후 활동]
<현장 활동 평가 및 사후활동계획> - 스튜디오 견학에서 무엇을 보았는지, 무엇을 알게 되었는지, 반성해야 할 점은 무엇인지 이야기 나눈다.

- 가장 기억에 남는 것이 무엇인지 표현해 본다.
- 사후활동으로 '사진관 놀이'를 하려면 준비해야 할 것들이 무엇인지 이야기 나눈다. (사진관 꾸미기: 사진기, 조명, 배경, 소품 등……)
- 사진관 놀이를 하기 위해 필요한 것들을 어떻게 준비하면 좋을지 방법을 이야기 나눈다. (폐품을 이용한 만들기, 모형 장난감 집에서 가져오기 등)

<사진관 꾸미기- 웃음 스튜디오>

* 활동목표
- 사진관 꾸미는 일을 계획하고 실행한다.

* 활동자료: 다양한 폐품(종이상자, 플라스틱컵, 병뚜껑, 색지조각, 시트지조각, 계란판 등), 오공본드, 가위, 스카치테이프, 사인펜과 매직, 백업, 수수깡 등

* 활동방법
- 유아들과 함께 조형영역에서 사진관 놀이 시 필요한 것들을 만들어 본다.
  - 우리 ○○이는 오늘 무엇을 만들기로 했니? 친구와 함께 잘 만들어 보자.
  - 무엇을 이용하여 만들면 좋을까? 어떻게 만들고 싶니?
    (힘든 부분은 선생님께 도와달라고 요청하도록 한다.)
- 작품이 완성되면 친구들과 함께 어디가 잘 되었고 더 잘 만들었으면 좋을지에 대해 이야기 나누고 수정한다.
- 만들어진 물건은 본드나 풀이 잘 마르도록 교구장 위에 올려두도록 한다.
- 사진관의 명칭도 만들고 간판도 붙여본다. 사진 찍는 비용도 정해서 돈도 만들어 본다.

<사진관 놀이>

- 유아들은 웃음 스튜디오에서 역할(사진사, 손님, 소품설정하는 자 등)을 바꿔가며 사진관 놀이를 한다.

내 얼굴 프로젝트 10

▸사진관 견학(견학 활동)

사진 기사님이 우리 아이들의 사진을 찍어, 인화하는 것까지 보여주기로 하셨다. 우리들의 사진이 카메라에서 컴퓨터로, 컴퓨터에서 인화기에 출력되어 나오는 것을 볼 수 있었다. 그리고 마지막으로 어떻게 하면 예쁜 사진이 나올 수 있느냐고 묻자, 기사님 말씀이 "음식 골고루 먹고, 일찍 자고 일찍 일어나고, 부모님 말씀 잘 들으면 돼요." 하네요. 사진 선물을 가지고 돌아오는 아이들의 마음에 사진관 견학은 즐거운 추억으로 오래 간직될 것이다.

내 얼굴 프로젝트 11

▶사진관 놀이: 웃음 스튜디오에서(견학 후 활동)

사진관 놀이를 무척 하고 싶어 했던 우리 아이들이 사진관 놀이에 필요한 소품들(꽃, 블록 자동차, 의자, 카메라 등)을 쌓기 영역과 조형영역에 꾸며서 '웃음 스튜디오'를 만들었다. 그다음 모두들 사진관 놀이에 몰두하며 즐거운 시간을 보냈다.

4 마무리 단계

그동안 진행해온 프로젝트 전 과정을 되돌아보며 결과물을 재정리·재구성해서 전시회나 발표회 같은 행사를 마련하는 마무리 단계를 가진다. 이는 지금까지의 활동을 정리·평가해 보면서 재창조 작업을 하고, 지식을 내면화하는 의의를 지닌다. 마무리 단계는 마무리 행사 준비, 마무리 행사(발표회, 전시회 등), 마무리 행사 이후와 같은 활동이 포함된다. 아이들은 내 얼굴 프로젝트 마무리 행사를 통해 프로젝트 전 과정을 정리하고, 지식을 내면화하고, 성취감 자신감, 만족감 등을 발달시킬 수 있었다.

1) 마무리 행사 준비

프로젝트가 익숙하지 않은 어린 반의 경우에는 전시회와 발표회를 교사가 주도하게 될 가능성이 크다. 유아의 행사가 되기 위해서는 쉽게 준비하고 실행할 수 있는 이전에 해보았던 활동들 중에서 유아들이 다시 하고 싶어 하는 활동을 좀 더 확장해서 하는 것도 좋다. 그래서 내 얼굴 프로젝트, 미리 계획한 활동예상안 대로, 견학 후 활동을 확장해서 유치원 형님반 선생님과 형님들을 초대하여 사진을 찍어주는 행사, 즉 '형님 초대하여 사진 찍어주기'를 하기로 했다. 마무리 행사 활동안은 다음과 같다.

〈마무리 행사: 사진관 놀이〉

* 행사명: 형님 초대하여 사진 찍어주기
* 행사목표
- 사진관 놀이에서 각자 맡은 역할에 최선을 다한다.

* 행사방법
- 초대한 손님들이 오기 전에 유아들이 먼저 역할 놀이를 연습해 본다.
  - 각자 역할 분담하기(사진사, 손님, 사진대금 받는 자, 소품 설정 및 사진 찍을 자리 추천하는 자, 조명 기구 드는 자 등)
- 풀잎, 꽃잎, 지혜반의 초대한 형님들이 오면 연습했던 대로 진행한다.
  - 사진사 배역을 맡은 유아는 실제 디지털 카메라를 이용해 교사와 함께 손님의 사진을 찍는다.
  - 사진은 유아들과 함께 인화작업을 거쳐 손님들에게 줄 것임을 알린다.
  - 사진을 찍은 후 사진 대금을 받을 때는 교사가 곁에서 도와준다.
    (와 주셔서 감사합니다. 사진 비용은 300원입니다. 감사합니다. 사진은 예쁘게 해서 뽑아드릴게요…… 등)

<내 얼굴 프로젝트 12>는 형님을 맞이하기 위한 마무리 행사 준비를 위해 이전에 견학 활동 후 꾸며 놓았던 '웃음 스튜디오'를 더 멋있게 꾸며서 역할놀이를 하고 있는 장면이고, 그 다음 '형님 초

대하기'는 형님반을 찾아가서 초대장을 건네주면서 "우리 웃음 스튜디오에 놀러와~"라고 말하는 모습이다.

내 얼굴 프로젝트 12

▸웃음 스튜디오 예쁘게 꾸며서 역할놀이하기 (마무리 행사 준비)

사진관을 더 멋있게 꾸미고 초대한 선생님과 형님들이 오기 전에 우리끼리 먼저 역할놀이 해보았다. 서로 손님이 되고, 사진사가 되고, 여러 가지 소품을 이용해 멋을 한껏 부리고 사진을 찍으니 진짜 사진기로 놀이하는 것 같았다.

▶형님 초대하기(마무리 행사 준비)

마무리 행사를 위한 스튜디오 오픈에 앞서 형님 반을 직접 돌아다니며 선생님, 언니, 오빠, 형을 초대하기로 했다. 처음엔 "우리 웃음 스튜디오에 놀러와~"라고 말하는 것이 수줍었지만 그 다음에는 곧잘 했다. 아이 한 명이 두 명씩 초대해서 사진을 직접 찍어 주기로 했다. 물론 인화 작업을 거쳐 사진도 선물하기로 했다.

2) 마무리 행사, 마무리 행사 이후

앞서 언급했듯이 마무리 행사는 '형님 초대하여 사진 찍어주기'이다. 마무리 행사는 재미있고 즐거웠다. 사진을 찍는 4세 반 유아와 포즈를 취하는 5세 반 형님 모두가 약간은 흥분된 모습이었다.

마무리 행사 후 유아들과 함께 마무리 행사에 대해 평가하고 정리하는 시간을 가졌다. 그냥 지나쳐 버릴 수 있는 마무리 행사 이후의 이러한 시간은 끝마무리를 잘하는 습관을 길러 자기주도적인 삶의 기초를 형성하는 좋은 기회가 될 것이다.

5 평 가

내 얼굴 프로젝트 평가는 나비 프로젝트 및 친구 프로젝트의 평가를 참조하기 바란다.

'물' 프로젝트

1 준비단계

1) 주제 선정

'물'이라는 주제는 <물 프로젝트 1>에서 알 수 있듯이 만 4세 유아가 정신적으로 몰입하여 학습 활동에 적극 참여할 수 있는 적합한 주제라 할 수 있다.

물 프로젝트 1

▸주제 선정 동기

물이란 유아들에게 목마를 때, 아침에 세수할 때, 목욕할 때와 같이 다양한 용도로 사용될 뿐만 아니라 자유롭게 놀이를 할 때도 감각적인 놀이 재료로도 활용된다. 교사는 이렇게 유아의 일상생활과 밀접하게 관련된 물을 프로젝트의 주제로 선정하면 유아 학습에 적합할 것으로 보았다. 또한 물 관련 탐구활동을 한다면 유아가 물에 대한 과학적 현상을 관찰하고 물의 오염이나 소중함도 배울 수 있으리라 여겨졌다. 여러 측면에서 물 관련 활동이 유아 발달과 학습에 바람직할 것 같아 적절한 시기를 찾던 중 마침 어떤 부모가 다양한 종류의 주스 한 상자를 사 오셔서 주스의 성분에 대한 이야기를 나누게 되면서 물을 주제로 선정하게 되었다.

2) 교사의 수업준비

교사는 주제 선정 후 예상 주제망이나 중심개념을 도출하고, 주제관련 교육과정 영역별 내용안 작성 및 활동예상안을 짠다. 그리고 자원목록표를 작성하고, 환경을 구성하며, 그리고 이 모든 내용이 담긴 프로젝트 안내문을 가정통신문을 통해 부모에게 알리고 협조와 지원을 구한다. 프로젝트 안내문은 이 책의 내 얼굴 프로젝트나 '프로젝트 수업 사례: 영아 편'의 프로젝트 안내문을 참고하기 바라고 생략한다.

다음은 교사의 예상 주제망, 교육과정 영역별 내용안, 활동예상안, 자원목록표이다.

물 프로젝트 2

▸교사의 예상 주제망

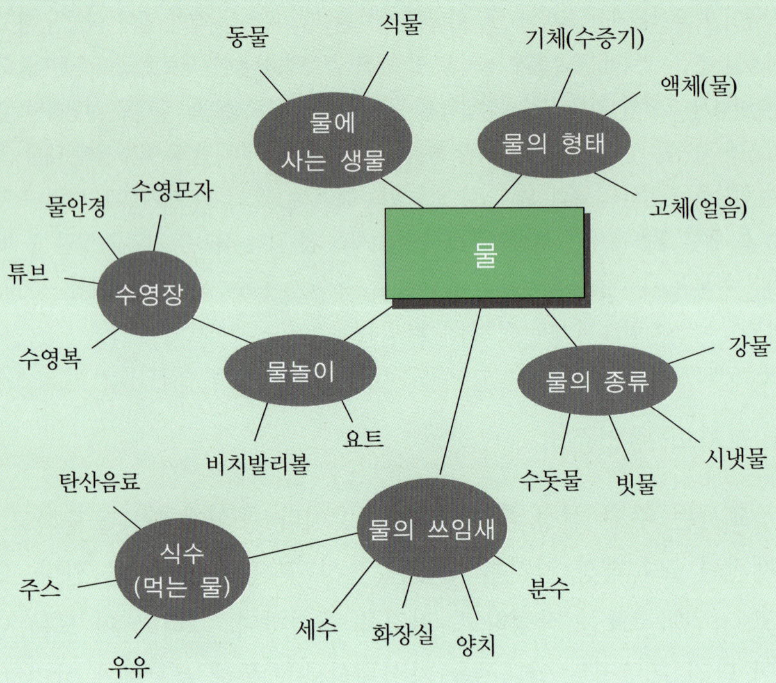

물 프로젝트 3

▸교육과정 영역별 내용안

영역	내용안	
건강생활	• 물 속에서 나의 몸을 인식하고 움직이기 • 안전하게 물놀이하기	→신체활동 기본생활습관 현장견학활동
사회생활	• 가족과 함께 목욕하기 • 질서와 규칙 지켜 물 마시기	→기본생활습관 현장견학활동
표현생활	• 물소리에 관심 가지기 • 협동적인 조형 활동을 통해 생각과 느낌 표현하기 • 노래 즐겨 부르기 • 신체를 이용하여 물의 움직임을 다양하게 표현하기	→미술활동 음률/동작활동
언어생활	• 물과 관련된 동화책 듣기 및 경험 말하기 • 물(혹은 주스)로 간단한 글자 써보기	→언어활동
탐구생활	• 물의 특성을 다양한 방법으로 탐색하기 • 물을 변화시킬 수 있는 다양한 방법 탐색하기(정수, 오염) • 물의 변화과정에 관심 가지기(수증기, 얼음) • 물의 소중함 알기 • 물 담아서 측정해 보기	→탐구활동 수/조작활동

물 프로젝트 4

▶활동예상안

〈조사 및 소개활동〉	〈언어활동〉	〈미술활동〉
• 물 관련 경험 소개하기 • 내가 좋아하는 음료수 소개하기	• 물 관련 동화 듣기 • 물놀이 경험 혹은 가족과 목욕한 경험 나누기 • 물(주스)로 자기 이름 쓰기	• 물에 불린 미역을 붙여 바다그림 그리기 • 과즙(주스)으로 그림 그리기 • 물레방아와 수로 만들기
〈신체·게임/현장활동〉 • 물놀이 용품 입고 돌아오기 • 물놀이(장소미정)	물	〈수/조작활동〉 • 음료수 색깔끼리 분류하기 • 큰 비눗방울 작은 비눗방울 만들어 놀이하기 • 다양한 크기의 계량컵에 물 담아 보기
〈탐구활동 1〉 • 물이 얼음이나 수증기로 변하는 과정 관찰하기 • 물 속에 가라앉을까요? 물 위에 뜰까요? • 물 속에 사는 생물 그림 자료 관찰하기 • 물의 형태에 대해 알아보기(물 돋보기 관찰하기) • 정수 실험하기	〈탐구활동 2〉 • 물 속의 미역 풀어지는 과정 관찰하기 • 물로 악기 만들기 〈음률/동작〉 • 물병 실로폰으로 연주하기 • 빗방울(새 노래) • 자유롭게 신체 표현하기(빗방울이나 계곡물 떨어지는 소리)	〈마무리 활동〉 • 빗방울 노래와 율동 〈기본생활습관〉 • 수도꼭지 꼭 잠그기 • 변기 물 내리기 • 물놀이 안전 관련 비디오 보기 • 차례 지켜 물 마시기

물 프로젝트 5

▸자원목록표

<table>
<tr><td rowspan="2">1
차
적
자
원</td><td>실물</td><td>물, 다양한 액체(주스, 우유 등), 얼음, 과즙, 전분가루, 미역, 정수를 위한 재료(자갈, 모래, 숯, 스펀지, 페트병 등), 수로 만드는 재료(여러 개의 투명 페트병, 큰 물 담는 그릇 등)</td></tr>
<tr><td>현장견학</td><td>○○리조트(물놀이)</td></tr>
<tr><td rowspan="4">2
차
적
자
원</td><td>정보를 주는 책</td><td>• 바다에 사는 생물, 자연학습 백과
• 연못에 사는 생물, 자연학습 백과
• 강에 사는 생물, 자연학습 백과</td></tr>
<tr><td>동화 자료</td><td>• 더 깊이 가보자, 달팽이 과학동화
• 더러운 물 때문이야, 달팽이 과학동화
• 아기 물방울의 여행, 달팽이 과학동화</td></tr>
<tr><td>사진</td><td>물의 종류(도랑물, 개울물, 시냇물, 강물, 바닷물)</td></tr>
<tr><td>비디오
인터넷
녹음자료</td><td>• 한국수자원공사(www.kowaco.or.kr)
• 네이버 자연소리 듣기 검색
• 빗방울 떨어지는 소리 녹음자료
• '물' 안전교육용 비디오</td></tr>
</table>

2 시작 단계

교사는 프로젝트 활동의 출발점을 확인하기 위해 유아들의 주제 관련 사전 경험을 나누도록 안내하고 이를 표상해보도록 한다. 이 활동을 유아들이 어려워한다면 주제에 대한 유아들의 흥미를 유발할 수 있는 활동, 즉 흥미유발 활동을 시도할 수도 있다. 사전 경험에 대한 표상의 결과물에 대해서는 그것이 무엇을 의미하는지 물어보고 이를 유아의 눈높이에 전시해서 유아들끼리 공유하도록 하면 프로젝트 수행을 활성화하는데 도움을 줄 것이다.

그다음 생각 모으기를 할 때 유아들의 생각을 인정하고 지지해 주는 것이 중요하고 흔히 사용하는 부전지나 궁금이 상자를 활용하면 많은 생각을 끌어내는데 유용할 수 있다. 생각 모으기 결과물을 비슷한 것끼리 모으는 유목화과정을 거쳐 주제망을 짜도록 한다. 유목화나 주제망도 유아들에게 익숙한 활동이 아니라면 교사-유아 공동으로 실행한다.

그다음 질문목록을 작성하게 되는데 이 경우도 질문을 활성화하기 위해 평소 유아들이 제기한 질문을 교사가 유아와 함께 확인하고 또 다시 새로운 질문이 있는지 물어보고 이를 모아서 목록으로 만들어 게시한다. 이때쯤, 주제 관련 경험을 폭넓게 해보도록 다양한 흥미유발 활동을 또다시 안내할 수도 있다. 즉, 미리 준비단계에서 영역별로 구성한 자원을 활용하거나, 교실 내·외에서 주제 관련 실제 경험 활동에 참여하는 상황을 만들어 줄 수 있을 것이다. 또한 부모들이 보내 준 충원 자료들을 가지고 자유롭게 경험해 보고 그 결과물을 전시하도록 할 수도 있다. 다음 <물 프로젝트 6~9>는 시작단계의 여러 활동들을 사진으로 담아둔 것이다.

<물 프로젝트 10>은 유아와 교사가 함께 모아보았던 질문들 중 실제로 활동해 보았던 것만 질문목록표로 제시한 것이다. 다른 프로젝트 수업과 달리 교사의 활동예상안과는 다소 벗어나긴 했지만 아이들은 물관련 활동에 대한 호기심이 커서 다양한 질문들이 나왔다.

물 프로젝트 6

▸경험 나누기

→부모님이 가지고 오신 주스 성분을 이야기하면서 내가 좋아하는 음료수를 소개했다. 교사는 물과 관련된 교사 자신의 경험을 먼저 얘기했고, 아이들의 이야기도 들어보았다. 아이들은 자신들이 물에 대해 어떤 경험을 했는지 그려 보았다.

물 프로젝트 7

▸흥미유발 활동

→물 관련 동화를 진지하게 들었다.

물 프로젝트 8

▶생각 모으기 및 유목화

→아이들과 물에 대해 생각 모으기를 한 뒤 교사가 유목화 하여 정리했다.

물 프로젝트 9

▶교사-유아 공동 주제망 구성

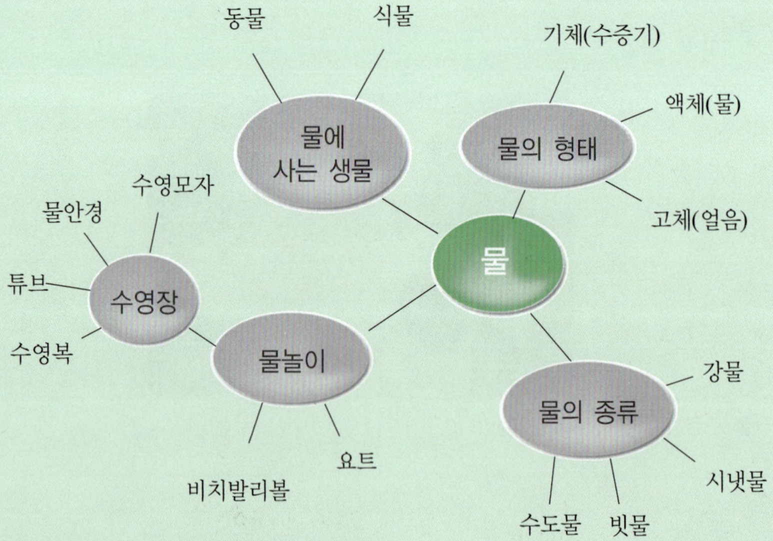

→아이들과 함께 주제망을 완성하게 되었다.

물 프로젝트 10

▶질문목록표

- 교실의 물건 중 물 속에 가라앉는 것은 무엇일까요? 물 위에 뜨는 것은 무엇일까요?
- 물은 얼음이나 수증기로 변할 수 있나요?
- 식물에 다른 물(식초 물)을 주면 어떻게 되나요?
- 물로 악기를 만들 수 있나요?
- 미역은 어떻게 물 속에서 풀어지나요?
- 물에서 (전분) 가루가 어떻게 녹나요?
- 정수기의 물은 어떻게 만들어지나요?
- 과일즙의 색깔은 모두 다를까요?
- 물은 어떻게 흘러가나요?
- 구명조끼를 입으면 왜 물에서 뜨나요?

3 전개 단계

전개 단계에서는 시작 단계에서 제기되었던 질문들, 즉 문제들을 중심으로 해서 탐구활동들이 이루어지지만 발현적 탐구활동도 나타나게 된다. 교사는 유아 각자를 세심하게 관찰하면서 그들의 사고 흐름에 맞추어 나아가되 유아 마음대로 나아가지 않도록 적절하게 자극하고 반응하는 것이 필요하다.

물 프로젝트 학습에서 나타난 질문들은 실험·실습·관찰을 통한 '발견학습'의 원리에 따라 해결되는 것이 많았다. 발견학습이란 마치 해당 분야의 과학자가 하는 것과 같은 방식으로 교사는 유아에게 특정 경험이나 실험을 수행하게 하여 아동 스스로 개념과 원리를 발견하도록 하는 방법이다. 예컨대, 교실의 물건 중 물에 뜨고

가라앉는 것은 무엇인지 알아보기 위해서는 물 속에 물건을 넣어보고 잘 관찰하여 그 숨은 원리를 발견하도록 해야 할 것이다. 이처럼 구체적인 사례를 통해 일반화를 찾아보게 하는 발견학습의 의의는 앎이란 결과물이 아닌 과정이라는 관점에서 아동 스스로 지식습득의 과정에 참여해 보도록 한다는 점이다(Bergstrom & O'Brien, 2001; Bruner, 1966). 이러한 발견학습은 학습자의 호기심을 유발시켜 해답을 찾을 때까지 탐구하고자 하는 동기를 유발시킨다.

물 프로젝트 전개단계는 문제해결을 위한 예측활동, 실험 · 실습 · 관찰 활동, 표상활동, 현장견학 등이 포함되었다<물 프로젝트 11~21 참조>. 현장견학은 현장견학 이전에 물놀이용품인 구명조끼를 탐색한 후 이루어졌다. <물 프로젝트 20: 구명조끼를 입으면 왜 물에서 뜨나요?>를 참고하기 바란다.

1) 문제해결을 위한 예측활동

본격적인 문제해결 활동을 하기 이전, 우선 문제에 대해 답을 예측해보는 예측활동을 하게 된다. 교사는 작성된 질문목록을 훑어보면서 유아들이 가장 궁금해하는 질문을 한 가지씩 선택하여 유아에게 어떻게 문제를 해결해야 할지 예측해보도록 하고 이때 예측을 이야기나 그림으로 표현하도록 한다. 이러한 표현활동을 사전표상활동이라 한다.

문제해결을 위한 예측활동이후, 문제의 성격에 따라 여러 가지 문제해결의 방법들이 동원될 수 있다. 물 프로젝트의 경우 실험 · 실습 · 관찰이 주된 활동이었다.

2) 실험 · 실습 · 관찰 활동

실험 · 실습 · 관찰 활동을 위해 교사는 다음과 같은 점에 유의해야 한다.

(1) 유아의 적극적인 참여가 이루어지도록 유도·안내한다.

전통적인 학급에서는 교사나 외래강사가 미리 계획한 특정 실험이나 실습활동의 절차를 유아가 따라하는 방식이었다. 하지만 프로젝트 활동은 발견학습이나 문제해결학습의 과정을 통해 유아가 능동적으로 지식을 구성하도록 유도·안내해야 한다.

(2) 프로젝트 활동의 발현적 특성을 이해하고 적절히 개입한다.

유아의 실험·실습·관찰을 조력하고 자극하기 위해서 교사는 자신의 눈과 귀를 온통 유아를 향하도록 한다. 활동 중 적절한 시기에 질문하고, 점검하고, 협의하고, 조력하고, 자극하면서 그들의 발견들을 확대·심화시키는 기회를 놓치지 않기 위해서다. 프로젝트의 발현적 활동에 대해 교사는 다음과 같은 반응으로 적절하게 개입할 수 있다.

첫째, 활동을 전개하다 보면 유아는 뜻밖의 발견을 할 수 있다. 즉, 유아는 교사나 또래와 상호작용하면서, 학습 자료나 구체물과 상호작용하면서, 작업 활동을 하면서 뜻밖의 발견을 할 수 있다. 교사는 이때를 놓치지 말고 자연스럽게 비집고 들어가는 기회포착이 필요하다. 이 경우 모르는 척 질문하고, 의문을 나타내고, 다시 시도해보라고 하고, 응원하고 칭찬한다. 이러한 교사의 반응으로 유아는 더욱 심도 있게 탐색하게 되고, 그리하여 자신감을 쌓아가게 된다.

둘째, 활동을 전개하다 보면 유아는 뜻하지 않게 실패하는 경우가 있다. 교사는 이를 덮어두기보다 교육적인 활용을 모색하도록 한다. 실패도 유아 자신의 상위인지를 알 수 있는 훌륭한 교육이 될 수 있으므로 그 이유를 알아내기 위한 활동을 다시 시도할 수 있을 것이다.

셋째, 어떤 경우는 유아들이 무엇을 해야 할지 모를 때가 있다.

'우리 무엇을 할까?'라는 교사의 적절한 질문은 그들의 주도성을 인정해 주게 된다.

넷째, 활동을 하는 동안 유아가 주장을 하는 경우가 있다. 유아가 어떤 주장을 한다면 무슨 객관적인 근거로 주장하는지 교사가 그 이유를 물어야 한다. 교사의 질문은 유아의 사고를 존중하고 보다 깊은 사고력과 판단력 형성에 도움을 줄 것이다.

다섯째, 유아의 사고는 꼬리에 꼬리를 무는 경우가 흔해서 주제와 다른 방향으로 흐를 수도 있다. 교사는 이 경우 유아들 수준에서 적합한지 자원 지원이 가능한지 그 실현 가능성을 따져보면서 유아 마음대로 나아가지 않도록 유도한다(지옥정, 2005). 하지만 유아의 능동적인 참여를 위해서는 활동의 흐름이 계획대로 나아가는 것보다 유아들 자신에 의해 흘러가고 있다는 느낌을 받아야만 한다는 것도 동시에 고려해야 할 것이다.

3) 표상활동

대부분의 실험・실습・관찰에서는 사전 표상과 사후 표상이 유용하다. 실험이나 관찰 전에 어떨 것이라는 예상을 하는 사전표상을 한 다음 실험이나 관찰 후에 사후 표상을 하는 것은 유아 자신의 정보를 수정하게 하는 중요한 역할을 한다. 특히 유아들끼리 토론하고 가르쳐주면서 만들어 나가는 공동 표상은 보다 큰 기쁨과 만족감과 성취감을 심어줄 수 있다. 이러한 유아들끼리의 동료교수는 지적발달은 물론이고 책임감 형성을 도와준다(Damon, 1984).

교사는 유아들이 자신의 표상 혹은 표현 활동의 결과물을 전시하도록 조력함으로써 유아를 이해하고, 유아를 위한 활동을 계획하고, 학부모와 상담을 하는데 활용될 수 있도록 한다. 이러한 결과물 전시는 또한 유아들끼리 공유하는 기회를 갖도록 해서 교실은 유아의 생각이 살아 숨 쉬는 곳이 된다. 그리하여 유아들은 자아존중감, 자신감, 성취감, 만족감 등과 같은 긍정적 성향과 느낌을 발달시키게 된다.

4) 현장견학

준비단계에서는 현장견학을 가까운 장소에서 물놀이하는 것으로 예상했었는데 마침 우리 원 전체가 ○○리조트로 캠프 가는 것이 정해졌다. 그리하여 현장견학 전 준비 활동을 위해 물놀이용품인 구명조끼를 탐색하였고<물 프로젝트 20: 구명조끼를 입으면 왜 물에서 뜨나요?>, 물놀이 후(현장견학 활동 후)에는 물놀이를 하면서 흥미로웠던 점, 구명조끼에 대해 알게 되었던 점에 대해 이야기 나누었다.

다음은 전개단계에서 이루어졌던 11가지 활동들이다. 발현적 활동도 나타났지만 질문목록에 제시된 활동들만 소개한다.

물 프로젝트 11

▸물 속에 가라앉을 까요? 물 위에 뜰까요?

→교실에 물건중 물에 뜨는 것이 무엇이고 가라앉는 것은 무엇인지 실험해 보았다.

물 프로젝트 12

▸물은 수증기나 얼음으로 변할 수 있나요?

→ 가습기 통에 물을 넣어 전원을 켰다. 무언인가 뿌옇게 위로 솟았다. 아주 작은 물방울인 것 같은데…… 수증기라고 한다. 아이들이 팔을 뻗혀 잡으려 해도 잡히질 않고…… 신기하기만 하다. 물이 펄펄 끓을 때 나오는 김과 같은 것일까?

→ 냉동실에 물을 넣었더니 얼마 후 얼음으로 변했다. 어떻게 해서 변한 걸까? 딱딱한 얼음을 갈아서 시원하고 맛있는 팥빙수를 만들었다.

물 프로젝트 13

▸식물에 다른 물(식초 물)을 주면 어떻게 되나요?

→산성 물(식초 섞은 물)과 수돗물 각각을 공작초에 주고 공작초를 관찰하기로 했다.

물 프로젝트 14

▸물로 악기를 만들 수 있나요?

→유리 물병에 물을 담아 물병 실로폰을 만들어 보았다. 신기하게도 물의 높이에 따라 소리가 달라지는 것을 알게 되었다.

물 프로젝트 15

▸미역은 어떻게 물 속에서 풀어지나요?

→마른 미역을 관찰해 보고 물 속에 넣어 변화를 살펴보았다. 엄청나게 큰 물 미역으로 바뀌었다. 왜 그럴까?

물 프로젝트 16

▸물에서 전분 가루가 어떻게 녹나요?

→ 물에 전분 가루를 타고 어떻게 녹는지 살펴보았다. 그리고 직접 만져 보면서 촉감이 어떤지, 무엇을 만지는 것 같은지 이야기 나누었다.

물 프로젝트 17

▸정수기의 물은 어떻게 만들어지나요?

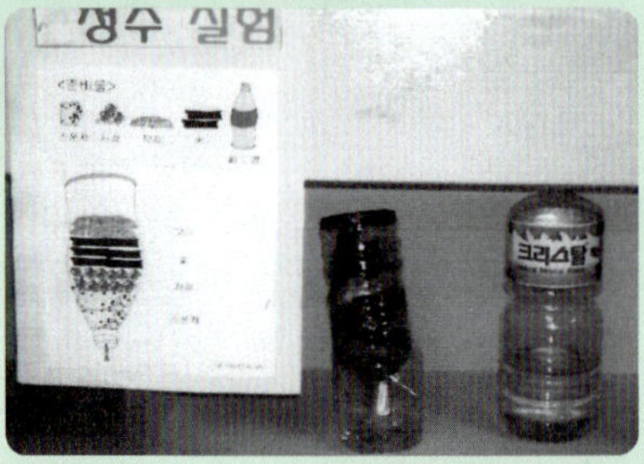

→정수기를 만들어 보았고, 더러운 물이 깨끗해지는 과정을 살펴보았다.

물 프로젝트 18

▸과일즙의 색깔은 모두 다를까요?

→과일에서 나오는 즙을 짜보고 색깔을 비교해 보았다.

물 프로젝트 19

▸물은 어떻게 흘러가나요?

→PET 병을 연결해서 수로를 만들었고, 물통 속에 소라, 조개, 물고기를 넣어 보았다. 이들이 수로를 통해 흘러간 물 속에서 잘 살 수 있겠지요? 아이들 나름대로의 아이디어, 집중력, 의견 교환 등을 통해 어려운 작업을 훌륭하게 해냈고, 물은 위에서 아래로 흐른다는 것을 알게 되었다. 정말 자랑스럽다.

물 프로젝트 20

▸구명조끼를 입으면 왜 물에서 뜨나요?

→ 구명조끼를 입으면 왜 물에서 뜨는지 궁금해하면서 구명조끼를 살펴보았다.

물 프로젝트 21

▸현장견학(○○ 리조트)

→물놀이용품을 사용하면서 신나게 물놀이했다.

3) 마무리 단계

유아들이 프로젝트 전 과정을 통해 이루어 온 결과물들을 재정리 · 재구성하고 전시 혹은 발표하는 재창조 작업을 하면서 지식을 내면화하는 마무리 단계를 가진다. 마무리 단계는 마무리 행사 준비, 마무리 행사(발표회, 전시회 등), 마무리 행사 이후와 같은 활동이 포함된다.

(1) 마무리 행사 준비, 마무리 행사

주제에 대한 질문을 중심으로 충분한 활동이 이루어진 후 교사는 유아와 함께 프로젝트 전 과정을 되돌아보고 어떤 활동을 했는지 되짚어보았다. 유아들이 불러보았던 '빗방울'이라는 새 노래를 가지고 율동을 곁들여 주변 사람들과 공유하는 기회를 가지기로 했다. 마무리 공개행사 주제는 '빗방울 노래와 율동'이었고, 초대 손님은 유치원 다른 반 친구들, 동생들, 형님들로 정했다.

발표를 위해 유아들과 교실을 꾸몄다. 유아 각자 자기 작품을 한두 가지씩 골라 원하는 위치에 붙였다. 빗방울 노래와 함께 율동을 연습하고 연습했고, 초대 손님들 앞에서 발표시간을 가졌다. 이러한 발표를 통해 유아들은 자존감과 성취감을 형성하게 되고, 그밖에 협동심과 공동체 의식과 협동심, 책임감 등의 발달을 가져오게 된다. 초대되어 온 유아들도 그 주제에 대해 관심을 갖게 되고 상호 교류하는 장이 된다. <물 프로젝트 22~23>은 마무리 단계에서 이루어진 활동 중 일부이다.

(2) 마무리 행사 이후

마무리 행사 후 유아들과 함께 마무리 행사에 대해 평가하고 정리하여 끝마무리를 잘하는 습관을 기르도록 한다.

물 프로젝트 22

▶'빗방울 노래와 율동' 준비

→ 무대 배경을 꾸미기 위한 준비작업에 들어갔다.

물 프로젝트 23

▶'빗방울 노래와 율동' 발표

→물 프로젝트를 시작한 지 벌써 3주가 지나갔다. 그동안 여러 가지 활동을 하면서 물의 성질과 물의 소중함을 알게 된 뜻깊은 시간이었다. 마무리 행사인 발표회는 되도록이면 아이들 스스로 준비하고 연습해 보도록 격려했고, '빗방울 노래와 율동' 발표가 끝났을 때 초대 손님들로부터 큰 박수를 받았다. 아이들의 의기양양한 모습에서 이번 프로젝트가 아이들의 즐거움, 성취감, 만족감, 자신감 등의 발달에 큰 기여를 했음을 느낄 수 있었다.

5 평가

프로젝트 평가는 다양한 차원에서 이루어질 수 있을 것이다. 상세한 내용은 나비 프로젝트 및 친구 프로젝트의 평가를 참조하기 바란다.

09 Chapter

만 3세반 프로젝트 수업 사례

만 3세반 프로젝트 수업 사례는 '나뭇잎'과 '자동차' 주제의 프로젝트 수업을 그 예로 들고자 한다. 이들 프로젝트는 각각 어린이집 만 3세반 유아 15명을 대상으로 4주 동안 실시되었다. 우선 프로젝트 수업의 진행단계에 따른 활동들을 간략히 제시하면 <표 9-1>과 같다.

〈표 9-1〉 만 3세반 프로젝트 수업 진행단계에 따른 활동들

진행단계	프로젝트 주제	활동들
준비단계	나뭇잎	① 주제 선정 ② 교사의 수업준비(교사 예상 주제망 구성, 교육과정 영역별 내용안 및 활동예상안 짜기, 자원목록표 작성, 환경구성, 부모에게 알리기)
	자동차	
시작단계	나뭇잎	① 경험 나누기, 흥미유발 활동, 표상하기
	자동차	② 생각 모으기, 유목화 및 주제망 짜기
전개단계	나뭇잎	① 다양한 탐구 활동 및 표상 활동 ② 현장 활동
	자동차	① 다양한 탐구 활동, 발선학습 활동, 표상활동 ② 현장 활동
마무리 단계	나뭇잎	① 마무리 행사 준비 ② 마무리 행사, 마무리 행사 이후
	자동차	
평가	나뭇잎	나비 프로젝트 및 친구 프로젝트 평가 참고
	자동차	

'나뭇잎' 프로젝트

1 준비단계

준비단계의 주된 활동은 주제 선정, 교사의 예상 주제망 구성, 보육과정 영역별 내용안 작성, 활동예상안 짜기, 자원목록표 작성, 환경구성, 부모에게 알리기 등이다.

1) 주제 선정

프로젝트 주제는 유아가 정신적으로 몰입해서 활동할 수 있는 것으로 선정되어야 한다. 유아 자신의 실생활과 가까운 친숙하고도 조작 가능한 구체적인 것이라면 유아가 프로젝트 활동에 적극 참여·몰입할 수 있을 것이다. 나뭇잎이라는 주제는 이들 조건들을 모두 갖추고 있어 이를 주제로 선정하게 되었다(나뭇잎 프로젝트 1 참조).

나뭇잎 프로젝트 1

▸주제 선정의 배경

월요일 아침 등원 후 몇몇 친구들이 주말에 아빠·엄마랑 가까운 산에 다녀온 이야기를 나누고 있었고, 그중 한 명이 길거리에서 주은 노란 은행잎을 동화책 갈피에 끼워 놓았다고 했다. 며칠 동안 프로젝트 주제를 무엇으로 할까 고심해 왔던 교사는 문득 가을 나뭇잎을 주제로 하면 좋을 것 같다는 생각이 떠올랐다. 요즘 길거리나 가까운 공원에서 쉽게 볼 수 있는 빛깔도 곱고 모양도 다양한 나뭇잎들을 가지고 유아들이 여러 가지 탐구 활동을 해 보면 유아발달이나 학습에 적합할 것 같아 나뭇잎을 주제로 선정하게 되었다.

2) 교사의 수업준비

주제가 선정되면 교사는 아동과 수업을 시작하기 전에 먼저 주제와 관련된 교사 자신의 예상 주제망을 구성하고, 보육과정 영역별 내용안을 바탕으로 예상되는 활동예상안을 짜고, 자원 목록을 작성한다. 나뭇잎 프로젝트 활동을 시작하기 위해 교사는 자원 목록을 작성하면서 여러 가지 빛깔과 모양의 나뭇잎을 모았고, 관련 책이나 사진들도 마련했다. 활동 시작하기 전 주말에 흥미 영역별로 이들을 적절하게 게시해서 월요일 프로젝트 활동에 대한 유아들의 관심을 불러일으키도록 준비했다. 그리고 준비단계의 활동 모두를 가정통신문을 통해 부모에게 전달해서 협조를 구했다. 시간을 내서 아이들과 가까운 공원이나 산에 가서 나뭇잎에 대한 이야기를 나누고, 나뭇잎을 가지고 재미있는 놀이도 해 볼 것을 부탁했다. 다음 <나뭇잎 프로젝트 2, 3, 4, 5>는 각각 교사 예상 주제망, 보육과정 영역별 내용안 및 활동예상안, 자원목록표이다. 부모에게 전달한 프로젝트 안내문은 이 장에 제시하지 않았다. 만 4세 내 얼굴 프로젝트나 만 2세의 친구 프로젝트를 참고하기 바란다.

나뭇잎 프로젝트 2

▸교사의 예상 주제망

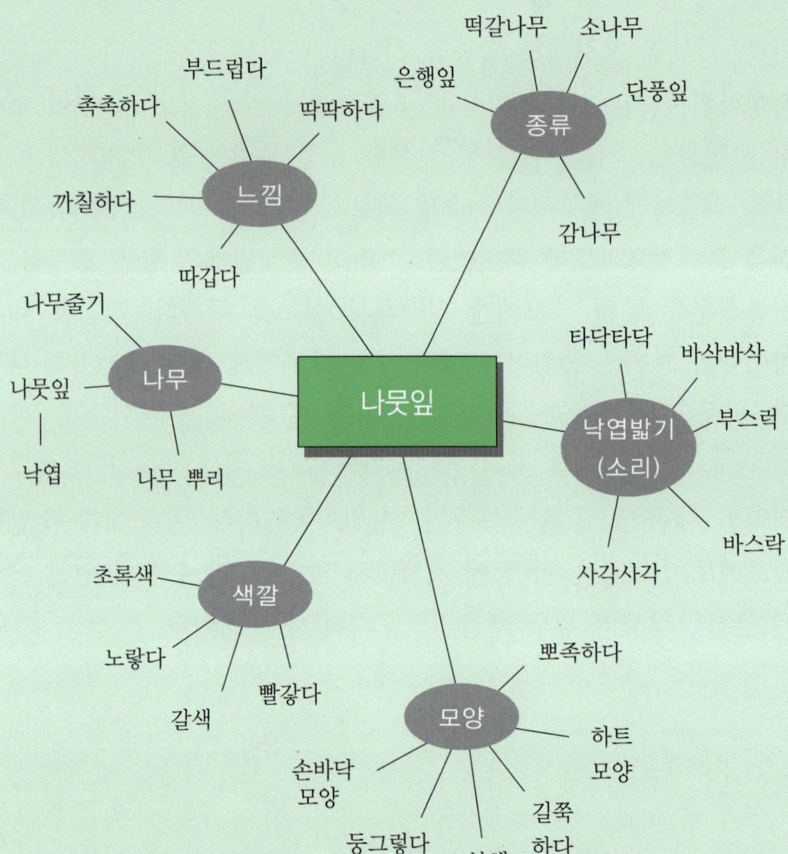

나뭇잎 프로젝트 3

▶보육과정 영역별 내용안

영역	내용안	
건강생활	• 이동하며 움직이기(나뭇잎 활용) • 바깥에서 신체활동하기 • 보행안전 규칙 지키기	→게임활동 기본생활습관
사회생활	• 가족과 화목하게 지내기(나뭇잎 활용 놀이) • 다른 사람 이해하고 존중하기(거리 청소부 아저씨) • 주변지역 관심 가지기(공원)	→현장견학 언어활동
표현생활	• 꾸미기(나뭇잎 활용) • 나뭇잎 밟는 소리 관심 가지기 • 나뭇잎 날리는 풍경 보고 춤으로 표현하기 • 즐겨 노래 부르기 • 나뭇잎 날리고 떨어지고 풍경 감상하기	→미술활동 현장견학 음률활동
언어생활	• 다른 사람 이야기 바른 태도로 듣고 이해하기 • 나뭇잎 관련 동화 즐겨듣기 • 자신의 느낌 말하기 • 이야기 지어 말하기 즐기기	→언어활동 조사/소개활동
탐구생활	• 나뭇잎 관심 가지기(나뭇잎새, 모양, 크기 등)	→탐구활동 수/조작활동 현장견학

나뭇잎 프로젝트 4

▸활동예상안

〈조사/소개활동〉 • 내가 좋아하는 나뭇잎 〈기본생활습관〉 • 보행안전 규칙 지키기	〈언어〉 • 나뭇잎 관련 동화 듣고 이야기 나누기	〈미술〉 • 나뭇잎 물감 찍기 • 나뭇잎 면봉 찍기 • 나뭇잎 목걸이 만들기
〈게임〉 • 나뭇잎 반쪽 찾기 • 나뭇잎 뒤집고 돌아오기 • 똑같은 나뭇잎을 찾아오기	나 뭇 잎	〈수/조작〉 • 내가 좋아하는 나뭇잎 (그래프 활동) • 나뭇잎 크기 비교하기
〈탐구/현장견학〉 • 나뭇잎새 관찰하기 • 공원에서 나뭇잎 날리기 • 공원에서 나뭇잎 밟으면서 소리 들어보기	〈음률〉 새 노래 • 가을은 • 몰래 들어와서는 • 나뭇잎	〈마무리 활동〉 • 나뭇잎 발표회

▸자원목록표

1차적 자원	실물	여러 종류의 나뭇잎
	현장견학	공원, 산, 산책로, 거리
2차적 자원	정보를 주는 책	내가 만난 나뭇잎 하나, 윤여림 저, 웅진출판사, 2008
	동화자료	가을/아기 다람쥐와 도토리/나뭇잎 색깔이 변했어요/나뭇잎의 모양이 달라요/나뭇잎이 떨어져요/나뭇잎이 왜 떨어질까?/나뭇잎 여행/밤송이가 걸어가네/초록색이 아니면 어때요/높아진 하늘
	사진	크기, 모양, 색깔이 다른 나뭇잎 사진들, 나뭇잎이 변하는 과정이 담긴 사진들

2 시작 단계

이 단계에서는 선정된 주제를 중심으로 경험 나누기, 흥미유발 활동, 표상하기, 생각 모으기, 유목화 및 주제망 구성 등을 다루게 된다.

1) 경험 나누기, 흥미유발 활동, 표상하기

시작단계의 생각 모으기에 앞서 주제에 대해 생삭해볼 수 있는 워밍업 활동 즉, 경험 나누기와 흥미유발 활동을 만 3세 유아에게 적절하게 제시하는 것이 필요하다. 만 4, 5세 프로젝트 시작활동과는 발달적 차이를 고려하는 교사의 융통성이 요구된다. 그리하여 나뭇잎 프로젝트에서는 주제관련 경험을 간단히 나눈 후, 유아의 흥미를 유발하기 위한 표상활동을 해보도록 유도했다(나뭇잎 프로젝트 5 참조). 이때 교사가 계획한 활동예상안을 참고하도록 한다.

2) 생각 모으기, 유목화 및 주제망 짜기

주제에 대해 관심이 생기고 흥미가 유발되면 주제와 관련해서 유아의 생각을 모아보고, 그 결과물을 교사가 유목화해서 주제망을 짜도록 한다. 만 3세아에게는 유목화와 주제망 짜기가 힘든 과제가 될 수 있으므로 이를 생략하거나, 혹은 교사주도로 유목화와 주제망을 짜고 이에 대해 설명해 주는 것도 좋을 것이다.

나뭇잎 프로젝트 5

▸흥미유발 활동: 내가 좋아하는 나뭇잎

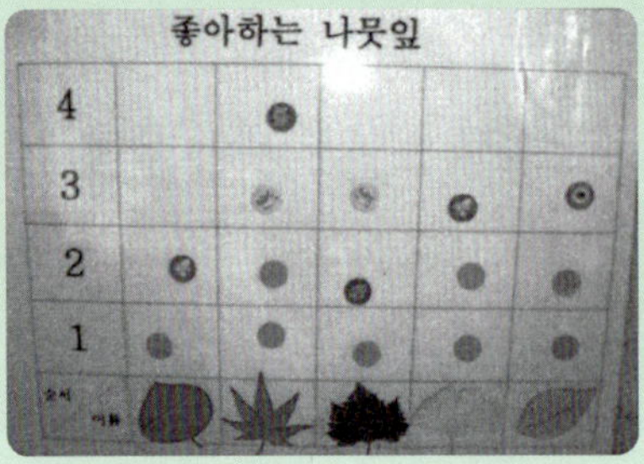

→유아들과 나뭇잎 관련 경험에 대해 이야기 나눈 후, 유아들 각자 어떤 나뭇잎이 가장 마음에 들고 좋아하는지 표에 표시해 보았다. 그 다음 왜 좋아하는지도 이야기 나누었다.

나뭇잎 프로젝트 6

▸생각 모으기

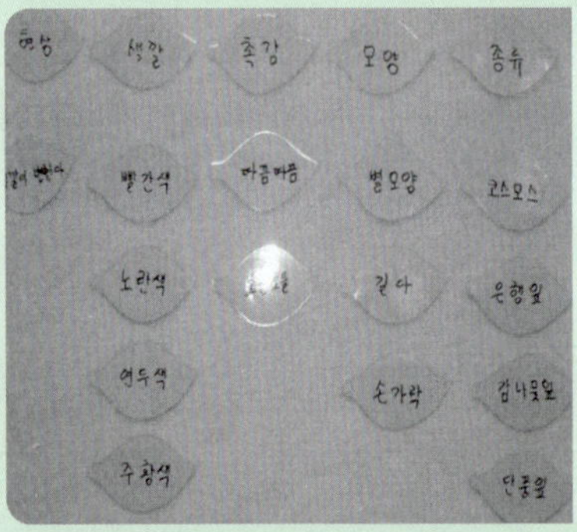

→교사가 유목화하여 정리했다.

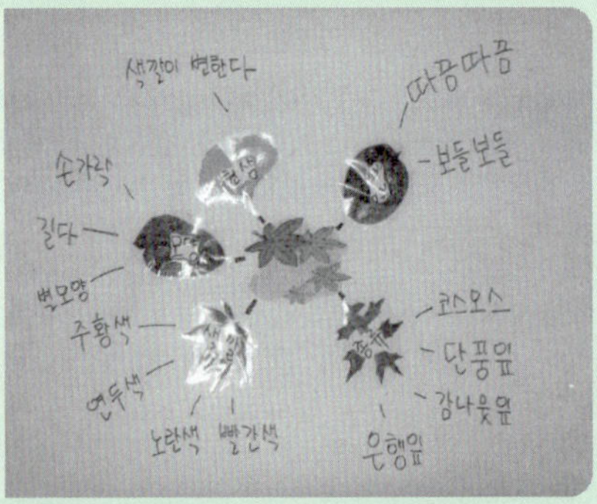

→교사가 주제망을 짜면서 아이들에게 간단히 설명해 주었다.

3 전개 단계

전개 단계는 시작 단계에서 나온 질문들이 있다면 그 질문을 중심으로 문제해결을 해보는 단계이다. 하지만 나뭇잎 프로젝트에서는 유아의 흥미에 따른 발현적 탐구활동, 특히 나뭇잎 관찰을 통한 꾸미기 활동이 많이 나타났다. 유아의 사고 흐름에 맞추어 나아가는 교사의 세심한 관찰, 반응, 자극 등이 필히 요구되는 부분이다. 전개 단계에서는 관찰하기, 표상하기, 비교하기, 게임하기, 노래하기, 꾸미기, 공원 견학하기 등과 같은 활동이 이루어졌다.

1) 다양한 탐구활동 및 표상 활동

교사는 다양한 종류의 나뭇잎을 관찰·탐구하면서 표상활동을 하는 유아들을 조력했다. 시작 단계에서 구성한 활동예상안이 많은 참고가 되었다. 즉, 언어, 미술, 게임, 수·조작, 탐구, 음률 등 모든 영역에서 활동이 이루어질 수 있었다. <나뭇잎 프로젝트 7~17>은 여러 가지 활동의 예들을 사진자료로 담은 것들이다.

2) 현장 활동

다양한 탐구활동과 표상활동이 있은 후 가까운 공원에서 '나뭇잎 견학활동'을 했었다. 물론 현장으로 가기 전 교사는 "○○ 공원에 가서 무엇을 보고, 무엇을 하기로 했지?"와 같은 질문을 던져 그동안의 학습활동과의 연관성을 강조하고 관심을 가지도록 한다. 또한 보행 안전 규칙을 지킬 것을 강조했다. 가까운 공원으로 견학 가서 나뭇잎을 밟으면서 소리를 들어보았고, 현장 활동을 마치고 돌아오는 길에 공원에 떨어진 나뭇잎을 모아서 왕관을 만드는 현장 견학 이후 활동을 했다(나뭇잎 프로젝트 18 참조).

나뭇잎 프로젝트 7

▸나뭇잎새 관찰하기

→아이들과 여러 가지 종류의 나뭇잎을 관찰한 후 나뭇잎의 잎맥, 즉 나뭇잎새를 그려보았다.

나뭇잎 프로젝트 8

▸나뭇잎 물감 찍기

→나뭇잎의 잎맥을 자세히 표현해 내기 위해 나뭇잎 찍기를 해보았다. 물감에 찍히는 여러 가지 나뭇잎의 잎맥을 보며 아이들은 아주 신기해했다.

나뭇잎 프로젝트 9

▶나뭇잎 프로타주

→나뭇잎의 잎맥을 더욱 더 잘 나타내기 위한 기법으로 프로타주를 선택해서 아이들과 색연필로 문질러 보았다.

나뭇잎 프로젝트 10

▶나뭇잎 크기 비교하기

→아이들은 여러 가지 나뭇잎 그림을 보면서 큰 것, 중간 것, 작은 것으로 크기를 비교해 보았다. 또 크기별로 나누어 붙여 보았다.

나뭇잎 프로젝트 11

▸나뭇잎 뒤집고 돌아오기

→아이들과 함께 인기 있는 단풍잎과 은행잎으로 나뭇잎 뒤집기 게임을 해보았다.

나뭇잎 프로젝트 12

▸나뭇잎 면봉 찍기

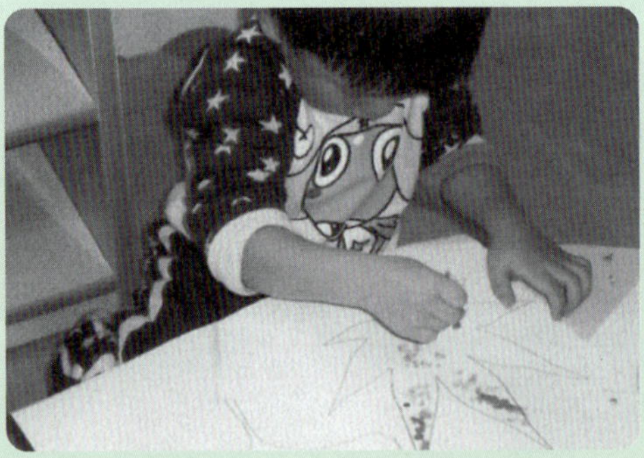

→물감을 좋아하는 우리 아이들은 물감으로 단풍잎과 은행잎을 표현하기로 했다. 붓을 사용하지 않고 면봉 찍기를 통해 단풍잎과 은행잎을 표현해 보았다.

나뭇잎 프로젝트 13

▸가을은(새 노래)

→'가을은'이라는 새 노래를 부를 때 아이들은 가을 계절 속으로 푹 빠져든 느낌과 모습을 읽을 수 있었다. 각자 노래에 맞춰 은행잎, 단풍잎, 높은 하늘을 쳐들고 흔들었다.

나뭇잎 프로젝트 14

▸나뭇잎 목걸이 만들기

→아이들과 나뭇잎으로 목걸이를 만들어보았다. 나뭇잎 목걸이를 목에 건 자신의 모습을 상상을 하니 기분이 무척 좋은가 보다.

나뭇잎 프로젝트 15

▸나뭇잎 접기

→아이들과 어떤 나뭇잎이 가장 좋은지 그리고 왜 좋은지 이야기 나누었다. 아이들은 단풍잎이 가장 좋고, 그 이유는 색깔이 곱고 모양이 손바닥처럼 생겼다고 했다. 그래서 모두들 단풍잎을 접어 보았다.

나뭇잎 프로젝트 16

▸나뭇잎 인형 꾸미기

→아이들이 나뭇잎 인형을 꾸며 보았다. 눈, 코, 입을 만들 때 스팽글, 뿅뿅이, 눈모형을 사용했더니 훌륭한 나뭇잎 인형이 만들어졌다.

나뭇잎 프로젝트 17

▶'나뭇잎 여행' 동화 듣고 이야기 나누기, 나뭇잎 꾸미기

→아이들은 '나뭇잎 여행' 동화를 듣고 이야기를 나누었다. 그리고 나뭇잎을 붙여서 여러 가지 모양도 만들어 보았다.

나뭇잎 프로젝트 18

▶나뭇잎 밟으면서 소리듣기(현장견학활동) ▶왕관 만들기(현장견학 후 활동)

→나뭇잎을 밟아보며 소리를 들을 수 있었다. 나뭇잎 밟는 소리가 신기해인지 밟고 또 밟고, 아이들 끼리 소리를 비교해 보았다.

→주어 온 나뭇잎으로 왕관도 만들었다. 유치원 앞에서 왕관 쓴 아이들의 모습을 찰칵!

4 마무리 단계

마무리 단계에서는 프로젝트 전 과정을 통해 이루어 온 학습의 결과물, 즉 주제에 대한 탐구활동의 산물을 재정리・재구성해서 다른 사람에게 보여주고 설명하는 전시회나 발표회와 같은 재창조 작업을 하게 된다. 그리하여 유아는 성취감, 긍정적 자아개념, 만족감, 자신감을 키우게 되고, 지식을 내면화하게 되는 기회를 가지게 된다.

1) 마무리 행사준비

나뭇잎 프로젝트 주제에 대해 만 3세 유아의 관심이 차츰 없어졌고, 교사 역시 충분히 다루어졌다고 판단되어 마무리 행사를 하기로 했다. 다만 전개 단계에서 [나뭇잎 → 나무줄기 → 나무뿌리 ……], [나뭇잎 → 다양한 나뭇잎 색깔 → 나뭇잎 색깔의 변화 원인……] 등과 같은 질문이 나타나지 않았고, 따라서 심화되거나 확장되는 활동이 없었다. 교사가 유아의 사고를 이끌어내는 능력이나 유아의 발달적 특성에 그 이유가 있었을 것으로 판단된다.

교사는 유아들과 함께 프로젝트 시작 이후 지난 몇 주 동안의 유아들의 작품과 CD에 담았던 활동내용들을 재정리하면서 나뭇잎 옷을 만들어 입고 노래를 불러보는 발표회를 갖기로 했다. <나뭇잎 프로젝트 19>는 나뭇잎 옷을 만들기로 결정하고 마무리 행사 준비를 하는 모습이다. 나뭇잎 발표회는 교사의 행사가 아닌 유아의 행사가 되기 위해 아이들과 함께 준비했고, 발표회의 관객은 같은 어린이집 형님과 동생들로 정했다.

2) 마무리 행사, 마무리 행사 이후

나뭇잎 발표회는 유아의 이해를 넘어서 남에게 보여주기 위한 행사가 아니었다. 같은 어린이집 동생과 형님들을 초대해 유아 자신들이 만든 나뭇잎 옷을 입고 그동안 배운 노래를 부르면서 정말 즐거운 시간을 보냈다. <나뭇잎 프로젝트 20>은 유아의 프로젝트 마무리 행사 사진을 담은 것이다. 마무리 행사 이후 교사는 아이들과 함께 공개행사 기간 동안 찍은 사진들을 보면서 평가하는 시간을 보냈다. 마무리 행사를 하면서 바뀌었던 물품의 위치나 자료가 무엇인지 물어보고 정리하는 시간도 함께 가졌다.

나뭇잎 프로젝트 19

▸나뭇잎 옷 만들기

→아이들이 마무리 활동을 어떻게 해야 할지, 그 동안의 작품들과 CD에 담았던 활동들을 재정리하면서 이야기 나누는 과정에서 '나뭇잎 옷도 있을까?'라는 질문에 '없다'라는 의견이 많아서 '정말 그럴까?'라는 의문이 생겼다. 아이들 각자 자신의 나뭇잎 옷을 비닐 위 붙여 만들어 보기로 했고, 나뭇잎 옷을 입고 노래 부르기로 했다.

나뭇잎 프로젝트 20

▸나뭇잎 발표회

→마무리 행사를 하는 동안 내내 아이들은 자기가 만들었던 나뭇잎 옷을 입고 그동안 열심히 배웠던 노래를 하면서 기쁨을 감출 수 없었다. 교사도 아이들의 모습에서 뿌듯한 마음, 자신감, 성취감, 공동체 의식 등을 엿볼 수 있어 교사로서의 보람과 행복을 느꼈다.

5 평 가

프로젝트 평가는 개별 유아의 발달적 변화뿐만 아니라 보육과정 운영전반을 점검하고 앞으로의 계획을 세우기 위한 중요한 자료가 될 수 있다. 나뭇잎 프로젝트 활동 평가를 위해 나비 프로젝트와 친구 프로젝트의 평가부분의 내용을 참고하기 바란다. 포트폴리오 파일과 함께 부모에게 보내는 감사의 쪽지의 예를 들면 다음과 같다.

○○ 어머님, 그동안 안녕하십니까?

아이들과 나뭇잎이라는 주제로 프로젝트 활동을 시작한 지 벌써 한 달이 되었습니다. 그동안 다른 어느 때보다도 즐겁고 알찬 시간을 보낸 것 같습니다. 이전에는 주변의 나뭇잎을 무심코 지나쳐 버렸는데 나뭇잎으로 여러 가지 활동을 하면서 나뭇잎과 더 친해지고 소중하게 다룰 줄 알게 되었습니다.

그동안 나뭇잎 프로젝트에 참여하면서 힘들 때도 간혹 있었지만 재미있게 열심히 작품을 만들고, 동화도 듣고, 새 노래도 배우고, 게임도 하고, 공원 견학도 갔습니다. 지난 주말에는 나뭇잎 프로젝트 활동을 마치면서 어린이집 내에서 발표회가 있었습니다. 아이들 각자가 '나뭇잎 옷'이라는 멋진 자신의 옷을 만들어 입고 형님들과 동생들 앞에서 노래를 불렀답니다. 모두들 잘했다고 많은 박수를 보냈습니다. 이렇게 여러 가지 활동을 하면서 나뭇잎 친구들과 하나가 되었고, 인생에서 가장 중요한 성취감, 자신감, 만족감, 협동심의 성향을 형성할 수 있었던 계기가 된 것 같습니다. 교사로서 자부심과 행복을 느낍니다.

이 모두가 부모님의 격려, 협조, 지지가 없었다면 이룰 수 없었을 것입니다. 그동안 활동 자료를 보내주셔서 끝까지 우리 아이들이 학습할 수 있었던 점 다시 한번 감사말씀 드립니다. 안녕히 계십시오.

'자동차' 프로젝트

1 준비단계

주제를 선정하면, 교사는 예상 주제망, 보육과정 영역별 내용안, 활동예상안, 자원목록표 등을 작성하고, 부모에게 프로젝트 활동을 알리고 협조를 구한다.

1) 주제 선정

교사는 만 3세 유아가 최근 일상적인 활동에서 관심과 흥미를 보이는 친숙한 것이 있다면 이것이 주제가 될 수 있다는 것을 염두에 두면 될 것이다. 이러한 조건을 갖춘 주제는 유아가 정신적으로 몰입해서 활동에 적극적으로 참여할 수 있어서 프로젝트 수업의 활성화를 가져올 것이다. 자동차라는 주제를 선정한 배경은 <자동차 프로젝트 1>과 같다.

자동차 프로젝트 1

▸주제 선정 배경

여름 방학을 마치고 아이들이 방학 동안 무엇을 했는지 이야기 나누는 시간을 가지게 되었다. 어디를 놀러갔는지, 어떤 차를 타고 갔는지, 자동차 생산 회사는 무엇이었는지 등에 대한 내용을 신나게 주고받았다. 이러한 상황을 지켜보면서 교사는 문득 자동차 종류나 모양, 자동차의 움직임과 구조, 교통안전 규칙 등에 대한 프로젝트 활동을 한다면 유아들의 관심과 흥미를 불러일으켜 아이들이 몰입해서 활동할 수 있을 것이라고 여겨져 자동차를 주제로 선정하게 되었다.

2) 교사의 수업준비

교사는 선정된 주제와 관련해서 교사 예상 주제망을 짜고 보육과정 영역별 내용안을 구성한다. 그다음 보육과정 영역별 내용안에 기초하여 활동예상안을 작성하게 되는데 이때 각 흥미 영역별로 영아들이 충분히 경험할 수 있는 활동인지를 고려한다. 활동에 필요한 자원목록표를 짜고 환경을 구성한다. 가정통신문을 통해 프로젝트 학습에 대해 부모에게 알려 그들의 관심과 지원을 받도록 한다.

다음 <자동차 프로젝트 2~5>는 각각 교사의 예상 주제망, 보육과정 영역별 내용안, 활동예상안, 자원목록표이다. 가정통신문을 통한 프로젝트 안내문 형식은 내 얼굴 프로젝트나 친구 프로젝트를 참고하기 바란다.

자동차 프로젝트 2

▶교사의 예상 주제망

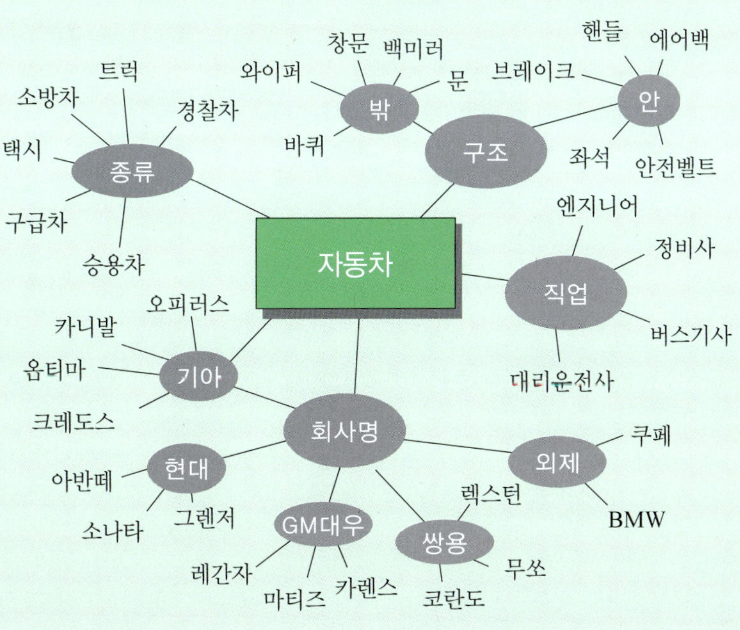

자동차 프로젝트 3

▶보육과정 영역별 내용안

영역	내용안	
건강생활	• 이동하며 움직이기(놀이용 모형 자동차 활용) • 교통안전 규칙 지키기 • 위험한 상황 알고 대처하기	→신체게임 기본생활습관 언어활동 소개활동 현장견학
사회생활	• 질서와 규칙 지키기(교통안전교육) • 우리 동네에 있는 여러 기관 알아보기(자동차 판매소, 주차장)	→언어활동 현장견학
표현생활	• 소리에 관심 가지기(자동차 소리) • 조형 활동을 통해 창의적으로 표현하기(자동차 모양)	→현장견학 미술활동
언어생활	• 자동차 관련 경험 이야기 바른 태도로 듣고 이해하기 • 자동차 관련 동화책이나 동요 내용을 듣고 생각과 느낌 말하기	→언어활동 현장견학
탐구생활	• 자동차에 관심 가지기(자동차 종류, 자동차 바퀴) • 모형 자동차 만들어 즐기기 • 분류하고 수세기(자동차 모형)	→탐구활동 수/조작활동

자동차 프로젝트 4

▸활동예상안

〈조사 및 소개 활동〉 • 좋아하는 장난감 자동차 가져와서 소개하기 〈기본생활습관〉 • 손들고 횡단보도 건너기, 위험한 상황 대처하기(교통안전 교육실시)	〈언어〉 • 자동차 그림 자료에 대해 경험 나누기 • 자동차 관련 동화 및 동요를 바른 태도로 듣고, 교통안전에 대해 이야기 나누고 느낌 말하기	〈미술〉 • 자동차 모자이크 • 자동차 도로 꾸미기 • 블록으로 자동차 만들기 • 찰흙으로 자동차 만들기 • 자동차(트럭) 종이접기
〈신체게임/ 현장견학〉 • 모형 자동차 굴리면서 시합하기 • 핸들 잡고 운전하기(자동차 박물관) : 현장견학	자 동 차	〈수/조작〉 • 자동차의 색깔, 종류에 따라 분류하기 • 내가 좋아하는 자동차 스티커 붙이기 • 옛날과 오늘날의 교통기관 비교하기
〈탐구〉 • 자동차 바퀴 굴리기 • 구르는 것과 구르지 않는 것	〈음률〉 새 노래 • 간다 간다 • 길조심 • 건너가는 길	〈마무리 활동〉 • 자동차 표상 작품 전시회나 발표회

▸자원목록표

<table>
<tr><td rowspan="2">1차적 자원</td><td>실물</td><td>여러 종류의 자동차(장난감 자동차)</td></tr>
<tr><td>현장 견학</td><td>자동차 박물관, 주차장, 횡단보도, 육교</td></tr>
<tr><td rowspan="4">2차적 자원</td><td>정보를 주는 책</td><td>• 변신 자동차, 권은희 역, 킨더랜드, 2008</td></tr>
<tr><td>동화 자료</td><td>• Where is the truck?
• 꼬마자동차 또또
• 호기심 빵빵
• 미래의 자동차
• 일하는 자동차
• 자동차 표지판</td></tr>
<tr><td>동요 자료</td><td>간다 간다(새 노래)
길조심(새 노래)
건너가는 길(새 노래)</td></tr>
<tr><td>사진</td><td>여러 종류의 자동차가 실린 사진, 잡지책, 신문 등</td></tr>
</table>

2 시작 단계

이 단계에서는 선정된 주제를 중심으로 흥미유발 활동을 한 후, 생각 모으기, 주제망 구성 등을 다루게 된다.

1) 경험 나누기, 흥미유발 활동, 표상하기

만 5세 유아들인 경우 프로젝트 활동의 출발점을 확인하기 위해 사전 경험을 나누도록 안내하고 이를 표상해 보도록 한다. 하지만 만 3세 유아들의 경우 주제와 관련해서 교사 자신의 경험담을 먼저 들려주거나 유아 각자 자기가 좋아하는 장난감 자동차를 가져와서 유아들 끼리 경험과 느낌을 나누도록 도와주는 것이 바람직하다. <자동차 프로젝트 6>과 같이 자동차 그림자료를 보면서 멋있는 자동차가 무엇인지 이야기 나누는 것도 유아의 관심을 끌 수 있는 방법이다. 교사는 좀 더 유아의 흥미를 유발시키기 위해 또 다른 활동을 계획해서 참여하도록 이끌 수 있다(자동차 프로젝트 6 흥미 유발 활동 참조).

2) 생각 모으기, 유목화 및 주제망 짜기

교사는 자동차 관련 유아의 생각을 모았고, 유목화를 주도하면서 주제망 구성을 이끌었다. 이전 준비단계에서 교사자신이 짠 예상 주제망이 참고되었다(자동차 프로젝트 7 참조).

자동차 프로젝트 6

▸경험 나누기(내가 좋아하는 자동차)

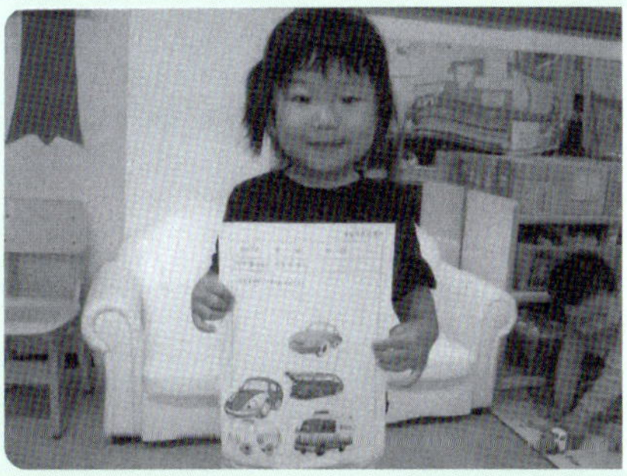
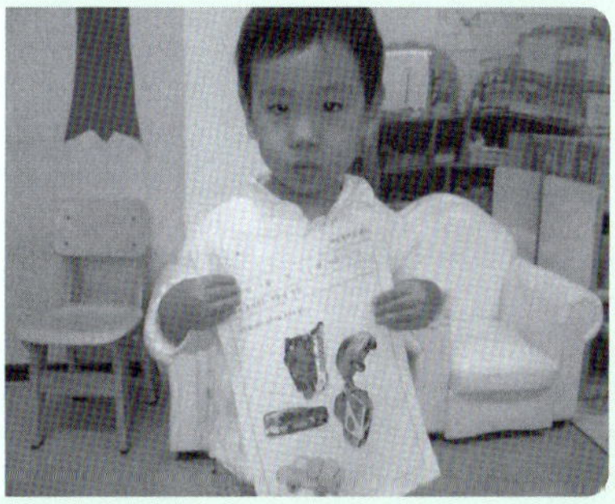

아이들과 어떤 자동차들이 있는지 그림 자료를 보고 이야기 나눈 뒤 가장 멋있어 보이는지 자동차가 무엇인지, 또 멋있어 보이는 이유가 무엇인지 서로 이야기 나누어 보았다.

▸흥미유발 활동(자동차 모자이크)

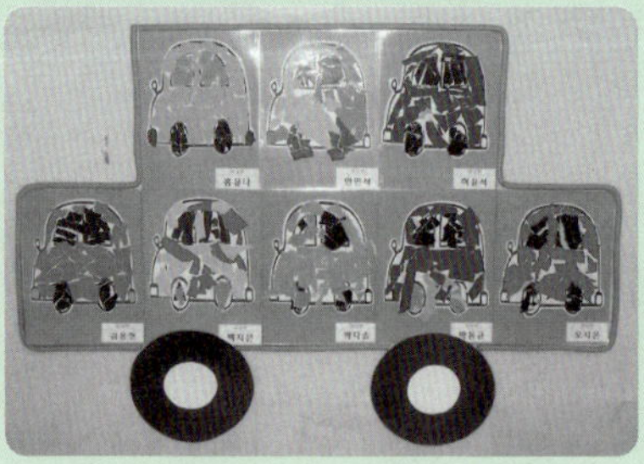

자동차 프로젝트 7

▸생각 모으기

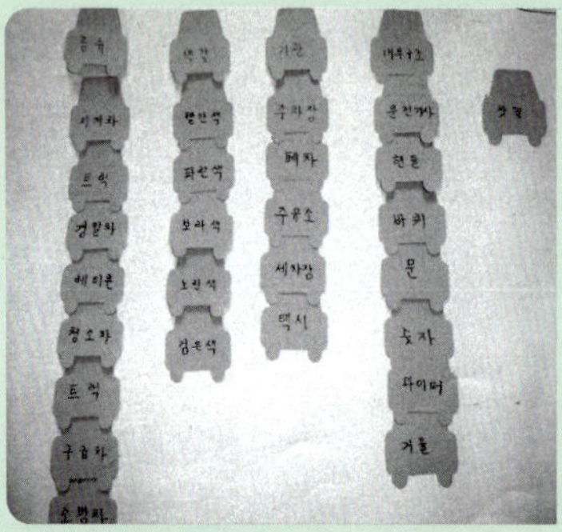

▸주제망

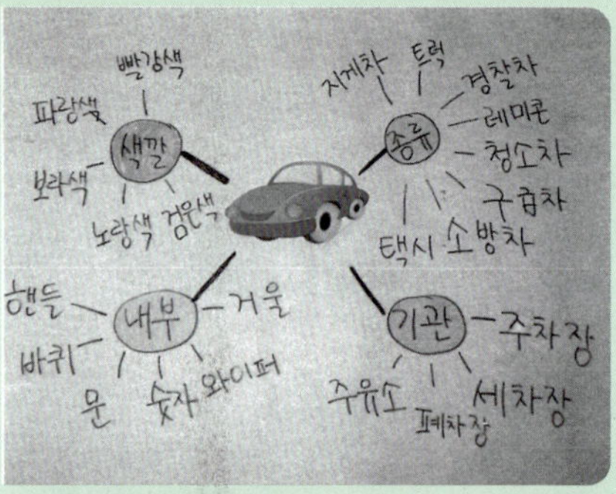

3 전개 단계

전개 단계는 지금까지의 활동 과정에서 나타났던 의문들을 중심으로 문제해결을 해보는 단계이다. 하지만 새로운 흥밋거리나 뜻밖의 발견들이 나타나는 경우 교사의 역할이 중요하다. 모르는 척 질문도 하고, 의문도 나타내고, 다시 시도해보라고 하고, 응원하고 칭찬한다. 교사의 반응으로 유아는 보다 깊이 있게 탐구하게 된다.

1) 다양한 탐구활동, 발견학습 활동, 표상활동

자동차 프로젝트에서는 생각 모으기에서 나타났던 질문들, 유아들의 흥미, 교사가 시작단계에서 짠 활동예상안 등이 고려되어 다양한 탐구 활동들이 이루어졌다. 발현적 활동들도 나타났다. 교사는 유아의 사고 흐름에 맞추어 나아가되 '유아 마음대로' 나아가지 않도록 세심하게 관찰하고, 반응해야 한다.

<자동차 프로젝트 10, 11>에서 보는 바와 같이 유아는 마치 과학자가 된 것처럼 여러 번 시행착오를 거쳐 구르는 것과 구르지 않은 이유를 알아내려고 노력했고, 바퀴에 무늬가 있는 이유가 무엇일까 궁금해했다. 이러한 구체적인 사례를 통해 일반화를 찾아보게 하는 학습이 발견학습이다. 이러한 발견학습의 의의는 앎이란 결과물이 아니라 과정이라는 관점에서 유아 스스로 지식습득의 과정에 참여하도록 하는데 있다. 그리하여 호기심을 유발시켜 해답을 찾을 때까지 탐구하고자 하는 동기를 유발시키게 된다. <자동차 프로젝트 8~17>은 다양한 탐구활동, 발견학습활동, 표상활동의 예들이다. 활동과정은 생략하고 사진자료와 함께 에피소드를 제시했다

2) 현장 활동

(1) 현장 활동 이전, 현장 활동

준비단계에서 교사는 자동차 박물관으로 현장견학 가기로 예정했지만 어린이집 사정으로 같은 동네의 다른 어린이집 버스를 빌려 타기로 했다. 현장 활동 이전에 교사는 '길조심'이라는 새 노래를 배우고, 교통안전 교육도 실시했다<자동차 프로젝트 18>. 교사는 또한 지금까지의 자동차 활동과 연관 지어 몇 가지 질문을 했다. 예컨대 "내일 어린이집 버스 타면 무엇을 알아볼까?", "무엇을 지키고 조심해야 할까?", "기사님께 무슨 말씀을 드려야 할까?" 등과 같은 질문으로 교통안전 문제를 환기시키고 현장 활동에 대한 관심과 호기심을 불러일으켰다.

현장 활동 당일 아이들은 버스를 타고 동네를 돌아보았고, 자동차의 종류, 색깔, 크기 등에 대해 기사님과 함께 이야기 나누며 즐거운 자동차 경험을 했다.

(2) 현장 활동 이후

현장 경험이 있었던 다음 날 아이들은 버스를 타 본 경험이나 느낌이 어떠했는지 이야기를 나누었고, 그 경험을 그림이나 사진으로 표상해보았다<자동차 프로젝트 19>. 다음에 기사님을 뵈면 고맙다는 인사를 꼭 하자고 약속했었다.

자동차 프로젝트 8

▸자동차 노래 배우기(간다 간다)

간다 간다 간다 간다 골목길로
간다 간다 간다 간다 넓은 길로
간다 간다 간다 간다 뛰뛰빵빵
랄랄랄라 자동차

→아이들과 블록으로 차를 꾸며 보았고 노래에 맞춰 신나게 놀았다.

자동차 프로젝트 9

▸자동차 도로 꾸미기

→아이들과 함께 자동차 도로에 대해 이야기 나누고, 자동차들이 다닐 수 있도록 도로를 꾸며 주고, 자동차들을 붙여주었다. 멋진 자동차도로가 되었네!

자동차 프로젝트 10

▸자동차 바퀴 굴리기

→자동차 바퀴를 굴러보았더니 지나간 자국이 생겨났다. 왜 그럴까?
자동차 바퀴에는 여러 가지 무늬가 있다. 왜 무늬가 있을까?

자동차 프로젝트 11

▸구르는 것과 구르지 않는 것

→자동차에는 바퀴가 있고, 바퀴는 굴러간다.
여러 가지 장난감을 가지고 구르는 것과 구르지 않는 것을, 굴러보면서, 구분해 보았고 해당 그림을 붙여 보았다.

자동차 프로젝트 12

▸옛날과 오늘날의 교통기관

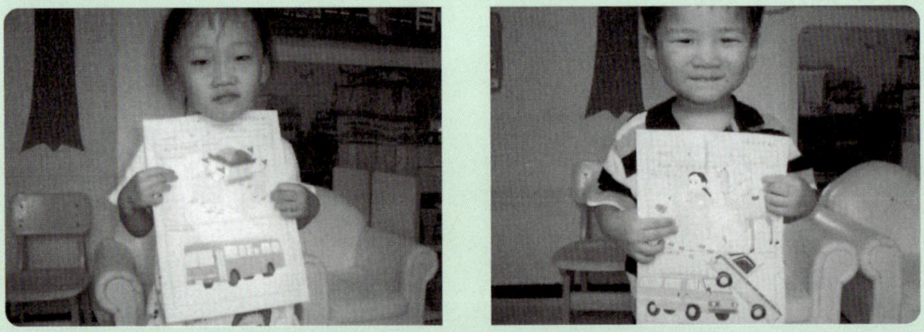

→옛날에는 사람(혹은 말)이 이끄는 가마를 이용하였답니다. 가마란, TV 드라마를 통해 알고 있겠지만, 조그마한 집 모양의 가마 속에 사람이 들어앉고, 앞뒤에서 두 사람 또는 네 사람이 밑에 붙은 가마채를 손으로 들거나 어깨에 메어 운반하는 기구를 말합니다. 옛날 가마와 오늘날 자동차가 어떻게 서로 다른지(속도, 안전, 편안함 등) 이야기 나누어 보았다.

자동차 프로젝트 13

▸공사장에서 일하는 자동차

→공사장에서 일하는 자동차들을 보고 아이들은 무척 신기해하고 좋아했다. 아이들과 함께 공사장 자동차들이 하는 일에 대해 알아보고 자신이 좋아하는 공사장 자동차들을 골라서 붙여보았다.

자동차 프로젝트 14

▸내가 좋아하는 자동차 (스티커 붙이기)

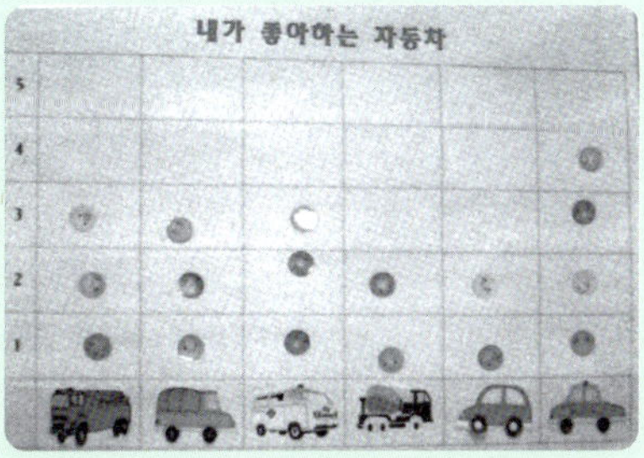

→경찰차를 제일 좋아했다.

자동차 프로젝트 15

▸찰흙으로 자동차 만들기

→아이들의 손으로 조물조물 정성 드려 만들었더니 이렇게 멋진 자동차들이 되었네!

자동차 프로젝트 16

▸자동차 만들어 놀기

→만든 자동차로 신나게 놀고 있다.

자동차 프로젝트 17

▸자동차 종이접기

→종이를 접어서 트럭을 표현해 보았다.

자동차 프로젝트 18

▸현장활동 이전: 길조심(새 노래) 배우기, 교통안전 교육

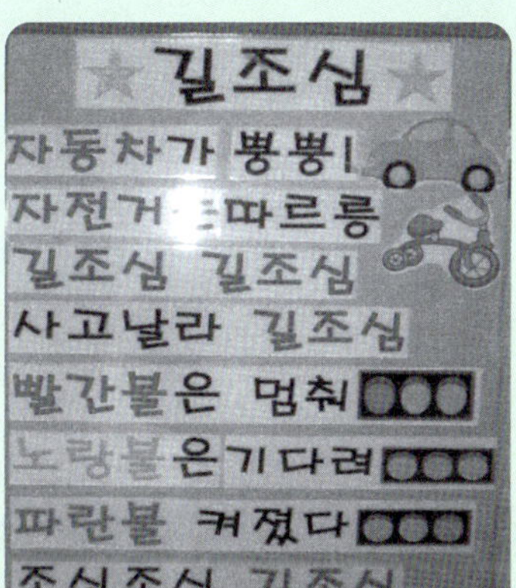

→'길조심' 새 노래를 배우고 난 뒤 교통 표지판을 색칠해 보았다. 또 바깥 거리로도 나가 표지판을 확인해보고, 건널목 신호등이 초록색으로 켜졌을 때 손들고 안전하게 횡단보도를 건너보았다.

자동차 프로젝트 19

▶현장 경험이후 활동

→타본 경험을 사진을 붙이면서 표상하고 있다.

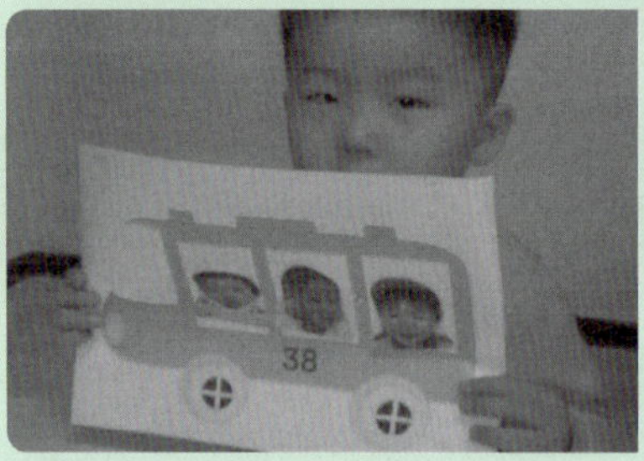

→좋아하는 친구들의 사진이 자동차 속에 붙어 있네!

4 마무리 단계

프로젝트 전체 과정을 통해 주제에 관한 충분한 활동과 학습이 이루어진 후 여러 가지 활동 결과물을 정리하고 종합하는 프로젝트 마무리 단계로 들어가게 된다. 마무리 행사인 전시회나 발표회와 같은 공개행사는 프로젝트를 종결짓는다는 의미뿐만 아니라 주제에 대한 또 따른 새로운 경험, 즉 재정리, 재구성, 재창조 작업을 통한 지식 내면화를 이룰 수 있게 된다.

1) 마무리 행사 준비

교사는 유아들과 함께 지난 몇 주 동안의 유아들의 작품과 CD에 담았던 활동내용들을 재정리하면서 공개행사를 가지기로 했다. 공개행사는 유아들의 '자동차' 프로젝트 작품 전시, 노래발표, 어린이 교통안전 면허증 수여식으로 구성되었다. 마무리 행사를 준비하는 아이들의 모습에서 이들이 마치 자동차 전문가가 된 듯했다. 이번 공개행사의 초대 손님은 같은 어린이집 유아들이다.

2) 마무리 행사, 마무리 행사 이후

마무리 공개행사는 유아들에게는 전 과정을 돌아보고 맡은 역할에 대한 수행능력과 책임감, 성취감을 느낄 기회를 가지게 된다. 이번 자동차 프로젝트 수업에 참여한 유아들의 성향과 느낌의 발달은 프로젝트 마무리 행사 때의 아이들의 모습에서 충분히 엿볼 수 있었다<자동차 프로젝트 20 참조>. 그리고 초대받은 유아들 역시 자동차 주제에 대해 관심과 흥미를 가지게 되었으며 차후 자동차 관련 학습에 긍정적인 영향을 주리라 여겨졌다.

마무리 공개행사 이후 교사는 행사 동안 찍었던 사진을 유아들과 함께 보면서 소감을 나누었고, 그리고 작품과 교실도 유아들과 함께 정리했다.

자동차 프로젝트 20

▸마무리 활동(자동차 작품 전시, 노래 발표, 교통안전 면허증 수여)

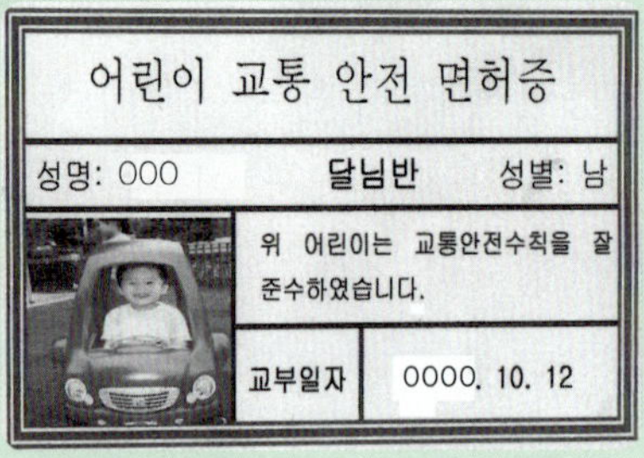

→ '건너가는 길', '간다간다', '길조심' 등 세 가지 노래를 불렀고 유아 각자에게 '어린이 교통안전 면허증'을 수여했다. 모두들 재미있고 신나는 즐거운 시간이었다.

5 평가

프로젝트 평가는 개별 유아의 발달적 변화뿐만 아니라 보육과정 운영전반을 점검하고 앞으로의 계획을 위한 중요한 자료가 될 수 있다. 자동차 프로젝트 활동에 대한 평가에 대한 상세한 내용은 나비 프로젝트와 친구 프로젝트의 평가 부분을 참조하기 바란다.

다음 '부모님께 보내는 감사쪽지'는 유아별 포트폴리오 파일에 첨부한 것으로 프로젝트 전반적 활동에 대한 유아의 반응이 어떠했는지, 프로젝트 수업에서 어떤 목적이 달성되었는지를 알렸다. 마지막으로 부모의 지지와 격려에 감사하다는 것도 잊지 않았다.

○○ 어머님, 안녕하십니까?

2학기가 되어 처음으로 자동차라는 주제의 프로젝트 수업을 시도해 보았습니다. 아이들이 이 수업 활동을 재미있게 할 수 있을지 걱정이 앞섰지만 그 어느 때보다 많은 관심을 가지고 적극적으로 참여하여 교사로서 정말 뿌듯했습니다.

우리 반 아이들은 다양한 자동차 프로젝트 활동들을 통해 자동차에 대한 지식뿐만 아니라 자동차에 대한 호기심과 의문도 많이 갖게 되었습니다. 이전에는 별 흥미가 없었던 자동차의 이름도 먼저 물어보고 승용차부터 시작해서 공사장에서 일하는 자동차는 물론이고 미래의 자동차까지 무척 궁금해했습니다. 자동차 프로젝트 활동을 하는 동안 자동차 안전교육도 실시했습니다. 우리 아이들의 마무리 활동에는 자신들이 만든 작품을 전시하고, 노래를 발표하고, '어린이 교통안전 면허증' 수여식도 있었습니다. 이 모든 수업 활동들은 아이의 성취감, 공동체 의식, 자신감, 책임감 등을 형성하는 밑거름이 될 것이며, 미래 학업에도 큰 역할을 할 것임을 확신합니다.

이번 학기 첫 번째 프로젝트였지만 부모님께서 지지와 격려를 아끼지 않으셔서 끝까지 활동을 잘할 수 있었습니다. 다시 감사말씀 드립니다. ○○ 담임 ××× 올림

Part 04 프로젝트 수업 사례: 영아 편

제4부는 제1부의 프로젝트 접근법에 대한 전반적인 이해와 제2부의 프로젝트 수업과 이론을 기초로 해서 영아용 프로젝트 수업 사례를 제시할 것이다. 수업 시작 이전에 5장의 '만 1, 2세 영아반 프로젝트 수업의 특징'을 꼭 읽어보기 바란다.

10장 만 2세반 프로젝트 수업 사례
'친구' 프로젝트
'토마토' 프로젝트
'월드컵' 프로젝트

11장 만 1세반 프로젝트 수업 사례
'응가' 프로젝트
'거북이' 프로젝트
'인형' 프로젝트

10 Chapter

만 2세반 프로젝트 수업 사례

만 2세반 프로젝트 수업 사례는 '친구', '토마토', '월드컵' 주제의 프로젝트 수업을 그 예로 들고자 한다. 영아 프로젝트 수업은 연간 보육계획안에 맞추어 교사 주도하에 활동을 준비하고 실행하고 평가하지만 영아들의 반응을 항상 살피면서 그들의 관심과 흥미를 배려해 주어야 한다.

친구 프로젝트는 연간 보육계획안에는 10월로 계획되었으나 원 사정과 영아의 흥미에 의해 11월 4주 동안 이루어졌고(표 10-1 참조), 토마토 프로젝트는 교사의 필요에 의해 7월 초반 2주 동안 수행되었다. 월드컵 프로젝트는 계획대로 이루어졌다. 각 프로젝트 수업에 참여한 영아반은 7명으로 이루어진 2개 반이며, 참가한 영아들의 월령은 조금씩 차이가 있다(표 10-2 참조). 수업 진행단계와 활동들을 요약하면 <표 10-3>과 같다.

〈표 10-1〉 만 2세반 연간 보육계획안

월	대 주 제	프로젝트 주제
3	즐거운 어린이집	사랑하는 내 짝꿍
4	새싹이 파릇파릇 <밖으로 나가요.>	알록달록 봄꽃 (노란꽃, 분홍꽃, 하얀꽃, 새싹)
5	예쁜 나와 친구들	예쁜 손

6	무엇일까요? <오감각>	떼굴떼굴~ 축구공 (월드컵)
7	여름이에요	퐁당퐁당 물놀이
8	여러 동물들	빙글빙글~달팽이
9	우리가족을 소개해요	알콩달콩~가족사진
10	우리 동네 사람들/ 가을	친구
11	탈것이 많아요	뛰뛰빵빵~자동차
12	겨울이에요	겨울삼총사 (장갑, 털모자, 목도리)
1	색과 모양	오물조물 찰흙
2	형, 언니가 되어요	딩동댕♪ 리듬악기

*대주제나 프로젝트 주제는 영아들의 흥미와 관심도, 교사의 필요, 원의 사정 등에 따라 바뀔 수 있다.

〈표 10-2〉 만 2세반 프로젝트 수업 참가 영아의 수와 월령

프로젝트 주제	참가영아 수	월령(월령평균)	시작 한 달	실시 기간
친구	7명×2개 반	30~40개월(39개월)	11월	4주
토마토	7명×2개 반	32~39개월(37개월)	7월	2주
월드컵	7명×2개 반	30~39개월(36개월)	6월	3주

〈표 10-3〉 만 2세반 프로젝트 수업 진행단계에 따른 활동들

진행단계	프로젝트 주제	활동들
준비단계	친구	교사의 주제 선정, 교사의 수업준비(예비 주제망 구성, 표준보육과정 영역별 내용안 및 활동예상안 작성, 자원 목록표 만들기, 환경구성, 부모에게 알리기)
	토마토	
	월드컵	
상호작용 단계	친구	다양한 표상 활동 (시작 · 중반 · 마무리 활동)
	토마토	
	월드컵	
평가	친구	친구 프로젝트 평가 참고
	토마토	
	월드컵	

'친구' 프로젝트

1 준비단계

주제를 선정한 후 예비 주제망, 자원목록표, 표준보육과정 영역별 내용안, 활동예상안 등을 작성한다. 그 다음 주제와 관련된 그림이나 사진을 게시하는 등의 환경구성을 한 후 부모에게 이 모든 것을 가정통신문을 통해 알리면서 협조를 구한다.

1) 교사의 주제 선정

프로젝트 접근법에서는 어떤 주제가 선정되느냐에 따라서 앞으로의 수업의 방향이 결정된다. 만 2세반 영아를 위한 활동은 우선 영아의 발달에 적합한 것이어야 한다. 따라서 프로젝트 주제 선정의 조건은 다음과 같다.

첫째, 영아의 일상생활에서 감각적으로 직접 경험이 가능하면서 동시에 영아 자신과 친숙·밀접한 것일수록 좋다.

둘째, 성인과 풍부하게 상호 작용할 수 있는 것이라야 바람직하다. 그 예를 들어본다면, 영아가 좋아하는 물체(장난감, 인형, 책 등)를 가지고 성인과 상호 작용하거나, 기본적인 생활습관을 익히기 위해 성인과 상호 작용할 수 있는 활동 관련 주제를 선정하면 될 것이다. Katz와 Chard(2000)에 따르면, 연령이 어릴수록 프로젝트 주제는 보다 구체적이고 현재에 관한 것, 소규모의 것이 되어야 한다. 예컨대, '가족'보다는 '아기', '몸'보다는 '응가'가 더 적합한 주제가 될 수 있는 것이다.

셋째, 주제 선정을 위해 교사의 입장에서도 흥미가 느껴지고, 부모와의 의사소통을 촉진할 수 있는지도 고려해 보는 것이 좋다.

교사는 영아와 활동을 하는 동안 이들 요소를 포함하는 주제 쪽으로 그 흥미를 유도하거나, 혹은 활동(예: 동화책 읽기, 신체놀이, 조형 활동하기, 야외 활동 등) 도중에 영아가 특별히 관심을 보이는 것이 있으면 이를 주제로 선정할 수 있다. '친구'라는 프로젝트 주제 선정의 배경은 <친구 프로젝트 1>에 제시되었다.

2) 교사의 수업준비

주제 선정 후 주제와 관련되어 탐색할 수 있는 여러 가지 활동들을 예상해 본다. 이를 위해 먼저 교사는 자신의 예상 주제망을 짜 보고, 표준보육과정 영역별 내용안을 구성하고, 이 표준보육과정 영역별 내용안을 기초로 활동예상안과 자원목록표를 짜고 부모에게 이 모든 것을 가정 통신문을 통해 알리면서 협조를 구한다. <친구 프로젝트 1> <표 10-4> <표 10-5>를 참고하기 바란다.

친구 프로젝트 1

•주제 선정 배경

교사는 만 2세반 아이들에게 그림책 『좋은 친구란 뭘까?』(샐리그린들리, 영교, 2000)'를 읽어 주었다.

그림책을 듣고 있는 영아들의 반응이 다양하게 나타났다. 책으로 몸을 기울이거나, 웃거나, 찡그리거나, 자신의 몸으로 주인공의 행동을 모방해보거나, 춤으로 표현해보았다. 또한 이야기에 나오는 재미있는 의성어나 의태어를 반복해보며 웃는다던가, 이야기의 분위기나 느낌을 빠져 다시 읽어주기를 바라는 표정을 지어보기도 하고, 영아 자신이 글을 읽어 보려고도 했다.

그동안 원 사정으로 인해 미루어졌던 친구 프로젝트 수업은 이렇게 아이와 함께 그림책을 읽으면서 그들이 보여준 책에 대한 다양한 반응과 흥미로 인해 11월에 시작하게 되었다.

•교사의 예상 주제망

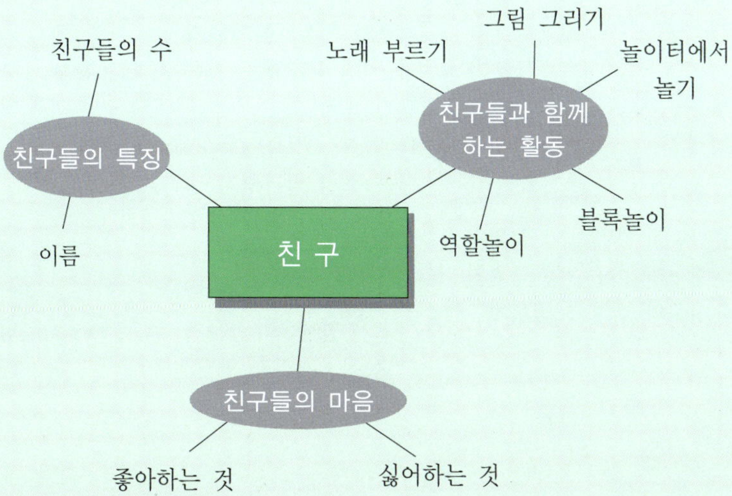

〈표 10-4〉 표준보육과정 영역별 내용안, 활동예상안, 흥미 활동 영역

영역	내 용 안	활동예상안 (표상활동의 유형)	흥미 활동 영역
기본 생활	-친구와 즐겁게 활동하기 -놀이규칙에 따라 친구하고 안전하게 놀기 -예절 바르게 생활하기	-손 흔들며 인사하기 -친구와 사이좋게 지내기 (동작적 · 가상적 · 구어적 · 관례적 · 시각적 표상활동)	모든 흥미 영역
신체 운동	-친구와 함께 이동 운동하기 -친구와 함께 비이동 운동하기	-친구와 함께 춤추기 -친구 어깨 주물러주기 -친구와 함께 손잡고 걷기 -『곰 제퍼슨과 여우 피기』 행동 따라하기 (동작적 표상활동)	대근육 영역
사회 관계	-자신의 정서를 적절하게 표현하기 -친구의 정서에 관심 가지기 -자신이 속한 집단알기	-친구야, '장난감 빌려줘' -친구야, '고마워' -친구야, '미안해' (구어적 표상활동)	모든 흥미 영역
의사 소통	-그림책에 흥미 가지기 -자신의 느낌과 생각 말하기 -친구와 함께 읽어주는 글 즐기기	-『좋은 친구란 뭘까?』(그림책) -친구에게 '사랑해' 표현해보기 -『곰 제퍼슨과 여우 피기』는 어떤 친구일까? (구어적 · 관례적 표상활동)	책보기 영역
자연 탐구	-친구와 자연현상에 호기심 가지기 -친구와 자연현상 인식하기	-침구와 함께 꽃 기르기 -친구가 좋아하는 책(동식물그림책) 함께 보기 (구어적 · 관례적 표상활동)	탐색 영역
예술 경험	-단순한 가작놀이 즐기기 -친구와 미술활동 즐기기 -친구와 함께 노래하기	-친구 로션 발라주기 -친구 집에 전화하여 초대하기 -친구 얼굴 그려보기 -친구 미술작품 감상하기 -친구와 함께 책 만들기 (가상적 · 시각적 표상활동)	소꿉 영역 만들기 영역

〈표 10-5〉 친구 프로젝트 안내문

<table>
<tr><td colspan="4">○○ 부모님, 안녕하십니까! 11월 한 달 동안 친구를 주제로 프로젝트 활동이 시작됩니다. 부모님의 많은 관심과 협조를 부탁드립니다.</td></tr>
<tr><td>주제</td><td colspan="3">사랑하는 내 '친구'</td></tr>
<tr><td>예상시기</td><td colspan="3">11월 1주 - 4주</td></tr>
<tr><td>주제 선정 이유</td><td colspan="3">만 2세 영아는 또래와 함께 어울려 놀이하며 사회성 발달의 기초를 형성하기 시작합니다. 연간 보육계획안에 따라 친구를 주제로 프로젝트 활동을 수행하려고 하던 중 마침 그림책(『좋은 친구란 뭘까?』)을 듣고 있는 영아들도 친구와 관련해서 다양하고도 흥미로운 반응을 보여주게 되어 친구를 주제로 선정하게 되었습니다. 이번 친구 프로젝트 활동을 통해 친구에 대해 많은 관심을 갖고 친하게 지낼 수 있는 계기가 되리라 봅니다.</td></tr>
<tr><td colspan="4">* 가정에서 도와주세요 *</td></tr>
<tr><td>영아들과 함께 해주세요</td><td colspan="3">① 이웃친구들과 만나서 놀 수 있는 기회를 주세요.
② 친구와 지켜야 할 약속에 대해 이야기 나눠주세요.
③ 영아가 하고자 하는 활동을 적극적으로 도와주세요.</td></tr>
<tr><td rowspan="6">자원협조</td><td rowspan="3">1차적 자원</td><td>실물</td><td>친구가 사용하는 물건: 옷, 가방, 신발, 동화책, 앨범 등</td></tr>
<tr><td>사람</td><td>친구에 대한 정보를 가지고 있는 사람(예: 부모님 등)</td></tr>
<tr><td>견학 장소</td><td>친구 집(가까운 이웃 친구 집을 부모님과 함께 방문해 보세요)</td></tr>
<tr><td rowspan="3">2차적 자원</td><td>책</td><td>짝꿍이 생겼어요!, 우리는 친구, 무지개 물고기, 무지개 물고기와 신기한 친구들, 온 세상에 친구가 가득, 친구랑 싸웠어!, 심술 좀 그만 부려!, 친구를 데려가도 될까요?, 친구가 필요하니?, 내 친구 커트니, 외톨이 사자는 친구가 없대요 등.</td></tr>
<tr><td>사진 그림 팸플릿 인터넷 자료</td><td>친구사진(어렸을 때 모습, 현재 모습, 가족사진)</td></tr>
<tr><td>비디오 테이프</td><td>친구의 모습이 있는 비디오(예: 돌잔치 비디오 등)</td></tr>
<tr><td colspan="4">*1차적 자원이란 직접경험이 가능한 자원이며, 2차원 자원은 간접경험을 할 수 있는 자원을 말함</td></tr>
</table>

OO반 소 식	• 11월 1주부터 '친구'를 주제로 프로젝트 활동이 시작됩니다. • 프로젝트 활동의 자원과 관련하여 부모님의 적극적인 협조를 부탁드립니다. 부모님의 많은 관심과 자원 협조는 수업환경을 더욱 풍족하게 만듭니다! 자원을 보내실 때는 이름을 꼭 적어주세요. 보내주신 자원은 교육활동 자료로 소중히 사용한 후, 보내드리겠습니다.

2 상호작용 단계

프로젝트 활동이 시작되면 교사가 준비단계에 예상한 활동들을 진행해 본다. 하지만 예상치 않던 자원의 조달이나 전문가의 출현, 영아의 특별한 경험 등으로 새로운 활동이 계획 · 실행될 수 있다. 교사는 이런 모든 요인에 대해 민감하게 주의를 기울이고 영아의 욕구나 흥미를 반영시키면서 활동이 진행되도록 한다. 영아반 교사는 프로젝트의 발현적 특성을 충분히 반영하여 주제를 더 효율적으로 원활하게 탐구해 나가도록 유념한다. <표 10-6>은 시작, 중반, 마무리 활동으로 수업활동 과정을 제시하고 있으나 활동의 순서가 정해진 것이 아니라 상황에 따라 변경 가능하다.

〈표 10-6〉 친구 프로젝트 수업활동 과정

프로젝트 수업 활동과정	활동 시기	활 동 명	예상 활동	새 활동	흥미 활동 영역 (표준보육과정 영역)
시작활동	1주	-좋은 친구란 뭘까?(그림책)	○		책보기 영역 (의사소통)
		-친구와 함께 손잡고 4.19탑 걷기	○		대근육 영역 (신체운동)
중반활동	2주	-친구와 함께 화분에 물주기		○	탐색 영역 (자연탐구)

		-친구와 함께 책 만들기	○		만들기 영역 (예술경험)
	3주	-친구 집에 전화하여 초대하기	○		소꿉 영역 (사회관계)
		-식빵 위에 친구 얼굴 꾸미기		○	만들기 영역 (예술경험)
마무리활동	4주	-친구와 함께 춤을 ~	○		대근육 영역 (신체운동)
		-친구와 사이좋게 지내기	○		모든 영역 (기본생활)

1) 시작활동

상호작용 단계 초반부는 워밍업을 위한 시작활동 시간을 갖는 것이 필요하다. 교사는 영아가 주제를 인식하고 흥미를 가질 수 있도록 주의 집중 시키는 일에 무엇보다 신경 써야 한다. 다음 <표 10-7>, <표 10-8>은 시작활동 안이다.

처음 프로젝트 활동을 시도할 때는 준비단계에 예상했던 표상활동을 그대로 실행하게 되나, 점차 그 절차나 활동방법에 익숙해지면 활동을 점차 확장하도록 한다.

〈표 10-7〉 친구 프로젝트: 좋은 친구란 뭘까?

활 동 명	좋은 친구란 뭘까?	프로젝트 목적: 사회성 계발
활동목표	나의 어떤 행동이 친구를 기분 좋게 하는지, 속상하게 하는지 생각해 본다.	
준비자료	『좋은 친구란 뭘까?』 책 (샐리그린들리, 영교, 2000)	
유 의 점	책의 내용이 조금 길기 때문에 처음에는 내용을 줄여서 읽어주고 차츰 내용을 길게 들려준다.	
확장활동	친구와 책 정리하기, 친구 관련 또다른 동화책 들려주기	
도 입	* 주의집중하기 T : 아빠별이 올라갑니다~♬ 엄마별이 올라갑니다~♬ T : 선생님 등 뒤에 친구가 놀러왔데. C : 친구야~ 놀자~~	

전 개	* 책 읽기 T : 제퍼슨과 피기에게 어떤 일이 있었지? C : 피기는 제퍼슨이 졸린데 계속 놀자고 했어요. 그래서 제퍼슨은 소리를 질렀어요! T : 친구가 피곤해서 놀이 하고 싶지 않다고 하는데 계속 놀이하자고 얘기하면 될까? C : 그러면 친구가 안 좋아요. 피곤해요.
마 무 리	* 친구들과 책보기 책보기 영역에 비치해두고 영아들이 볼 수 있게 한다.
활동사진	 

〈표 10-8〉 친구 프로젝트: 친구와 함께 손잡고 4.19탑 걷기

활 동 명	친구와 함께 손잡고 4.19탑 걷기	프로젝트 목적: 신체기능 습득, 사회성 계발
활동목표	친구와 함께 가을 풍경을 보며 이야기 나눠보고 즐겁게 산책활동을 한다.	
준비자료	지퍼백, 물티슈, 구급약, 비닐봉투, 마실 물	
유 의 점	실외 활동은 항상 안전사고에 유의하고, 친구들과 못 어울리는 영아가 없도록 교사가 잘 개입한다.	
확장활동	친구와 나뭇잎 줍기, 친구와 가을바람 느끼기, 친구와 사진 찍기	
도 입	* 약속 정하기 산책 활동을 나가기 전에 활동을 소개하고 지켜야 할 약속을 정한다.	
전 개	* 친구와 산책하기 T : 친구 잃어버리지 않게 친구 손 꼭 잡고 산책하자. C : 저는요, ○○ 손 꼭 잡을 거에요. ○○야~ 내 손 잡아. T : 여기 있는 나무는 어떤 나무일까? C : 나뭇잎이 노란색이에요. T : 그래. 노란색이네! 은행나무라고 한대. 저기 있는 빨간 나뭇잎은 무엇일까?	

	C : 단풍잎이오! T : 맞아. 잘 알고 있구나. 노란 은행잎은 ○○ 선생님 지퍼백에 담고, 빨간 단풍잎은 ㅁㅁ 선생님 지퍼백에 담아보도록 하자.
마 무 리	* 손 씻기 및 이야기 나누기 T : 손 깨끗하게 씻었니? C : 네~ T : 4.19탑에서 산책하고 오니까 기분이 어때? C : 재밌었어요. C : 좋았어요! T : 선생님은 해님반 친구들이 약속도 잘 지켜주고 친구들과 사이 좋게 지내서 기분이 참 좋아. 다음에 또 가도록 하자.
활동사진	 

2) 중반활동

영아들은 자신의 의견을 말하고 궁금한 것들을 이야기하기 어려워 한다. 교사는 영아들의 놀이 모습이나 또래와의 대화를 보다 세심하게 관찰하고 그때그때 상호작용하도록 한다. 또한 영아의 흥미를 잘 파악해서 계획했던 표상활동들을 적절하게 조정・제시해 주어야 한다. 친구 프로젝트를 어느 정도 진행하는 중 어린이집에 화분이 들어왔고, 화분에 관심을 보이는 영아들을 교사가 발견하고 친구와 함께 물주기 활동을 제시해 주었다. 이처럼 교사는 영아들의 흥미, 주변의 상황 등을 고려하여 연관된 프로젝트 활동으로 연결할 수 있는지 가능성을 따져보아야 한다. <표 10-9>, <표 10-10>, <표 10-11>, <표 10-12>는 중반활동 안이다.

〈표 10-9〉 친구 프로젝트: 친구와 함께 화분에 물주기

활 동 명	친구와 함께 화분에 물주기	프로젝트 목적: 탐구심 계발, 성취감의 발달
활동목표	친구와 함께 화분에 물을 주며 생명의 소중함을 안다.	
준비자료	화분, 분무기	
유 의 점	영아들이 스스로 물을 줄 수 있게 도와준다.	
확장활동	친구와 식물 이름 지어주기, 물 조리개에 물 받아보기	
도 입	*활동 소개하기 분무기를 탐색해보고 어떤 활동을 할 것인지 소개한다. T : 이것이 무엇일까? C : 분무기요. T : 분무기로 화분에 있는 꽃에 물을 줄 거란다.	
전 개	*화분에 물주기 T : 꽃이 목이 마르다고 하네. C : 물을 줘야 해요. ○○야~ 우리 꽃에 물을 주자. T : 분무기로 물을 줄까? C : 네~ 맛있게 먹어. C : 건강하게 자라렴.	
마 무 리	*칭찬하기 T : 우리 □□하고 ○○가 화분에 물을 줘서 꽃이 목마르지 않겠다. C : 내일도 물 줄 거예요. C : 저도 줄 거예요. T : 그래. 내일 또 주도록 하자. 참 잘했어.	
활동사진		

〈표 10-10〉 친구 프로젝트: 친구와 함께 책 만들기

활 동 명	친구와 함께 책 만들기	프로젝트 목적: 사회성 계발, 성취감·만족감 발달
활동목표	영아들이 그림을 그리고 가위질 한 것으로 공동 작품(책)을 만들어본다.	
준비자료	헌 잡지, 가위, 풀, 색지, 크레파스, 색연필 등	
유 의 점	친구들과 함께 하는 활동임을 강조하고 자기 혼자만 독점하지 않도록 미리 약속한다.	
확장활동	친구와 함께 만든 책 감상하기	
도 입	*활동소개 및 재료 탐색하기 친구들과 함께 책을 만들어볼 것이라고 이야기 해주고 교사가 만든 책을 보여주어 활동이 어렵게 느끼지 않게 한다.	
전 개	*책 만들기 T : △△반 친구들이 만든 책은 참 멋질 것 같아. 여기 있는 재료들로 만들어보자. C : 저는요, 싸인 펜으로 그림을 그릴 거예요. C : ○○야~ 나는 여기 있는 가방을 잘라서 붙일 거야. T : ㅁㅁ그림과 ○○ 가방 사진이 채에 들어가면 정말 예쁘겠다. C : 선생님도 같이 해요. T : 그래. 선생님은 잡지책에 있는 구두를 잘라볼게. C : 구두도 책에 붙이면 좋겠어요!	
마 무 리	*협동하여 만든 책 감상 및 정리하기 T : 너희들이 함께 만든 책이라서 그런지 더 멋진 것 같아! C : 예뻐요! 멋져요! T : 멋지게 만든 것처럼 정리도 멋지게 해보자.	
활동사진	 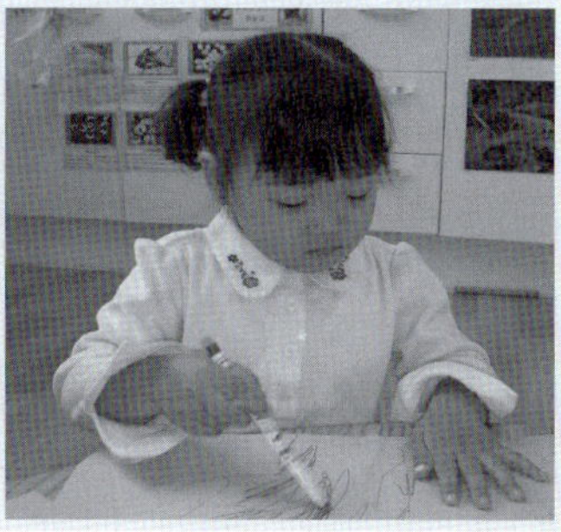	

〈표 10-11〉 친구 프로젝트: 친구 집에 전화하여 초대하기

활 동 명	친구 집에 전화하여 초대하기	프로젝트 목적: 사회성 계발
활동목표	친구와 전화통화하는 가작화 놀이를 즐긴다.	
준비자료	소꿉그릇, 음식 모형, 전화기	
유 의 점	전화통화 시 바른 전화예절을 배울 수 있게 교사가 모델링을 보인다.	
확장활동	친구 어깨 주물러 주기, 친구 로션 발라주기	
도 입	* 교사의 모델링 T : ○○네 집이죠? 안녕하세요. 저는 해님반 교사 ㅁㅁㅁ예요. ○○ 바꿔주시겠어요? ○○야~ 선생님 집에 놀러올래? 선생님이 맛있는 호박죽 만들었어.	
전 개	* 친구에게 전화걸기 C : ○○야 안녕? 우리 집에 놀러올래? 맛있는 케이크 만들었어. C : 와! 맛있겠다. 그래~ 지금 놀러갈게. C : 어서와. 기다릴게.	
마 무 리	* 친구와 음식먹기 C : 딸기 케이크이야. 맛있게 먹어 C : 고마워 잘 먹을게. 와~ 정말 맛있다! T : 선생님도 놀러왔어. 선생님도 줄 수 있니? C : 네~ 여기요. 많이 드세요. T : 고마워. 맛있게 먹을게. 달콤해서 정말 맛있구나.	
활동사진	 	

〈표 10-12〉 친구 프로젝트: 식빵 위에 친구 얼굴 꾸미기

활 동 명	식빵 위에 친구 얼굴 꾸미기	프로젝트 목적: 흥미·사회성·만족감 발달
활동목표	친구 얼굴의 특징을 알아보고 꾸며본다.	
준비자료	식빵, 초코볼, 크림, 과자, 딸기 잼	
유 의 점	요리 활동 시 머릿수건과 앞치마를 착용하여 요리활동임을 잘 느낄 수 있게 한다.	
확장활동	친구와 음식 나누어 먹기, 친구 음식 먹여주기	
도 입	* 활동소개 및 재료 소개 T : 이번 시간에는 여기 있는 맛있는 음식 재료를 가지고 친구얼굴을 꾸며 볼 거야. 어떤 재료가 있지? C : 식빵이오! 과자요! 딸기 잼이오! T : 맞아. 옆에 있는 친구 얼굴 마주보고 친구 눈, 코, 입 어떻게 생겼는지 볼까? C : 예뻐요. 눈이 동그래요!	
전 개	* 식빵 얼굴 꾸미기 T : 선생님은 ○○ 선생님 얼굴을 꾸며 볼게. 여기 식빵에 눈을 붙이고 딸기 잼으로 입을 만들었어. C : 귀여워요! C : 저도 ㅁㅁ 얼굴 꾸며볼래요. T : 여기 있는 재료들로 ㅁㅁ 얼굴 꾸며보렴.	
마 무 리	* 친구와 함께 먹기 다 만든 음식을 감상하는 시간을 갖고 친구들과 함께 먹는다. 먹고 난 후에는 바닥에 흘린 음식을 주워 휴지통에 버리고 정리한다.	

3) 마무리활동

교사는 영아가 프로젝트 활동을 곧잘 해내고 익숙해지게 되면 마무리활동을 해보도록 계획한다. 프로젝트 전 과정에서 배운 활동을 토대로 새로운 활동을 계획할 수 있고, 혹은 기존에 해보았던 재미있는 활동을 되풀이하는 것을 좋아하는 영아의 특성을 고려하여 지금까지 실시해보았던 여러 활동 중의 한두 개를 선택해서 심화활동할 수도 있다. 혹은 지금까지 모아두었던 활동사진 전체를 전시해서 부모님을 초대해서 가정과 활동을 연계 · 공유하는 시간을 가져

보는 것도 권장할 만하다. 교사는 마무리 활동을 통해 모든 영아가 성취감, 자신감, 공동체 의식을 키우는 기회가 되도록 하고, 무엇보다 즐거운 활동 시간이 되도록 해야 할 것이다. <표 10-13>, <표 10-14>는 마무리 활동안이다.

〈표 10-13〉 친구 프로젝트: 친구와 함께 춤을 ~

활 동 명	친구와 함께 춤을 ~	프로젝트 목적: 신체기능의 습득, 사회성 및 만족감 발달
활동목표	친구와 즐겁게 춤을 추며 대근육 발달을 도모한다.	
준비자료	경쾌한 음악 CD, 카세트	
유 의 점	다른 친구와 부딪히지 않게 넓은 공간에서 활동을 한다.	
확장활동	친구동작 따라 하기, 친구 어깨 주물러주기	
도 입	*준비운동하기 T : 팔을 쭉~ 길게 펴보자. C : 쭉~ T : 목도 선생님처럼 돌려볼까. ○○처럼 손도 흔들어 보자.	
전 개	*친구와 춤추기 교사는 신나는 음악을 틀어주고 리듬에 맞춰 몸을 흔들어본다. 점프하기, 팔 흔들기, 고개 끄덕이기 등 다양한 동작을 해본다. '둘이 살짝 손잡고' 음악에 맞춰 친구와 손잡고 선생님 동작을 따라 율동을 한다.	
마 무 리	*친구 동작 따라 해보기 T : 우리 ○○가 하는 춤을 따라 해볼까? C : 네~ ○○는 다리를 흔들어요! 하하하~ 재미있어요! *친구 어깨 주물러주기 T : 친구랑 춤추니까 어땠니? C : 재밌었어요. T : 친구 시원하게 어깨 주물러줄까?	

〈표 10-14〉 친구 프로젝트: 친구와 사이좋게 지내기

활 동 명	친구와 사이좋게 지내기	프로젝트 목적: 사회성 계발, 언어(말하기) 기능의 습득
활동목표	친구를 사랑하는 마음을 갖고 사이좋게 지낸다.	
준비자료	영아들이 좋아하는 놀잇감	
유 의 점	소외된 영아가 없는지 확인하고 친구들과 어울려서 놀 수 있게 도와준다.	
확장활동	친구에게 내가 좋아하는 놀잇감 빌려주기, 친구에게 '사랑해' 이야기해주기	
도 입	* '너하고 나는' 노래 부르기 C : 너하고 나는 친구 되어서 사이좋게 지내자~♪ T : 친구끼리는 사이좋게 지내고, 어려울 때 도와주는 사란나. '좋은 친구란 뭘까?' 책 볼까? C : 네~	
전 개	* 친구에게 놀잇감 빌려주며 사이좋게 지내기 C : ○○야~ 자동차 좀 빌려줄래? C : 그래, 여기 있어. T : 아~ ㅁㅁ는 친구에게 장난감 빌려달라고 이야기하고 ○○는 빌려주고 정말 멋지다!	
마 무 리	* 칭찬하기 T : 해님반 친구들이 놀이할 때 친구들과 사이좋게 지내는 모습을 보니까 선생님이 정말 행복했어. 역시 멋진 해님반이야. C : 친구랑 싸우지 않고 사이좋게 지낼 거예요. '사랑해~' 할 거예요.	

3 평 가

프로젝트 평가는 영아의 통합발달 목적 성취도 평가와 교사의 수행능력 평가로 나눌 수 있다. 이들 평가를 통해 개별 영아의 발달과 보육과정 운영 전반을 점검함으로써 보다 개선·발전된 프로젝트 수업을 계획할 수 있을 것이다.

1) 영아의 통합발달 목적 성취도 평가

프로젝트 수업의 목적은 유아의 경우 지식, 기능, 성향, 느낌의 통합적 발달이라 할 수 있다. 하지만 영아는 지식과 기능보다는 성향과 느낌의 발달에 초점을 두고 그 성취의 정도를 점검해야 할 것이다. 영아의 통합발달 목적 성취도 평가 내용을 간략하게 나타내면 <표 10-15>와 같다. 영아의 월령에 따라 통합발달 목적의 내용, 즉 항목이 다를 수 있으므로 특정 항목을 제외시킬 수 있을 것이다.

〈표 10-15〉 영아의 통합발달 목적 성취도 교사 평가표

이름								일시	년 월 일 ~	년 월 일
프로젝트 주제: 친구										
지식 및 기능의 습득				성향의 계발				느낌의 발달		
이해력	표상력	신체 기능	말하기	흥미	탐구심	사회성	협동심	성취감	자신감	만족감
☺	☺	☺	☺	☺	☺	☺	☺	☺	☺	☺
★색칠하기(양호: 초록색, 많이 발전: 노란색, 노력바람: 빨간색)★										
★평가/소감(서술식):										

2) 영아교사의 프로젝트 수행능력 평가

교사의 프로젝트 수행능력은 <표 10-16>의 평가항목을 가지고 간단하게 평가할 수 있다. 이들 다양한 평가항목들 가운데 몇 가지만 살펴보면 다음과 같다.

인적 · 물적 자원 확보란 인적 자원(예: 원장, 동료교사, 부모, 전문가, 지역사회 기관 및 주민 등)의 기능(예: 지원하는 분위기 조성, 물적 자원 조달, 전문가 섭외 등)을 평가하는 것을 말한다. 또한 부

모와의 관계능력은 주말마다 가정통신문을 통해 보내는 프로젝트 안내문의 '부모-교사의 대화'란의 활용을 통한 프로젝트 수업의 목적 달성도를 가지고 평가하면 될 것이다. 주된 대화 내용은 프로젝트 수업에 대한 부모의 피드백이나 가정과의 연계가 될 것이다.

평가결과의 활용도란 프로젝트가 진행되는 동안 각 활동에 대한 평가결과와 프로젝트 종료 후 활동 전체에 대한 종합적인 평가결과를 활용하는 정도를 말한다. 진행되고 있는 활동에 대한 평가는 프로젝트를 보다 개선 · 발전시켜 영아가 흥미를 가지고 그다음 활동에 참여하도록 하고, 종료 후 평가는 프로젝트 전체를 반성하고 차후 다른 프로젝트 활동을 보다 효과적으로 수행하도록 하는데 그 목적이 있다.

영아별 포트폴리오 파일은 모든 프로젝트 활동이 끝나면 완성 된다. 파일에 포함되어야 할 내용은 영아의 결과물(작품, 활동 사진 등), 교사의 관찰기록(개별 유아의 작품이나 활동 사진에 당시의 영아의 행동이나 말에 대한 교사의 관찰 멘트), 전반적인 부모-교사의 대화내용 등이다. 아울러 부모의 프로젝트 활동에 대한 지지·격려와 자료지원에 대한 감사의 마음이 담긴 쪽지를 파일에 포함시키도록 한다.

〈표 10-16〉 영아교사의 프로젝트 수행능력 평가표

교사 이름		주 제		일 시	년 월 일 ~ 년 월 일

평가항목		수행능력				
		양 호	많이 발전	최선 다함	조금 부족	노력 필요
1	주제 선정 능력					
2	수업의 계획과 준비					
3	인적 · 물적 자원 확보					
4	교사의 활동 수행력 (영아의 관심 · 흥미 · 집중력의 정도)					

5	표준보육과정 영역별 활동 정도					
6	발현된 활동에 대한 민감성					
7	활동의 심화와 확장을 위한 교사의 발문					
8	동료교사와의 협동					
9	부모와의 관계능력					
10	평가결과의 활용도					
11	영아별 포트폴리오 파일 관리					
★전반적 평가/소감(서술식):						

'토마토' 프로젝트

1 준비단계

1) 교사의 주제 선정

만 2세반 영아를 위한 프로젝트 주제의 핵심 조건은 주제관련 활동이 발달적으로 적합해야 한다는 것이다. 따라서 영아의 일상생활과 관련된 친숙한 주제이면서 동시에 감각적으로 직접 경험이 가능한 주제여야 한다. 아울러 성인과 풍부하게 상호 작용할 수 있는 것일수록 더욱 좋다. 바른 식습관 익히기와 관련된 '토마토' 프로젝트는 영아의 기본생활습관 형성이라는 발달적 과제에 부합되어 바람직한 주제가 될 수 있을 것이다. 보다 구제적인 주제 선정 배경은 <토마토 프로젝트 1>과 같다.

2) 교사의 수업준비

주제를 선정한 후 교사는 예상 주제망, 표준보육과정 영역별 내용안, 활동예상안, 자원목록표 등을 작성한다. 그다음 주제와 관련된 그림이나 사진을 게시하는 등의 환경구성을 한 후 부모에게 이 모든 것을 가정통신문을 통해 알린다. 교사의 예상 주제망, 표준보육과정 영역별 내용안 및 활동예상안, 자원목록표는 <토마토 프로젝트 1, 2, 3>을 참조하기 바란다. 부모에게 보내는 프로젝트 안내문은 '친구'나 '월드컵' 프로젝트의 형식을 따르면 될 것이다.

토마토 프로젝트 1

▸주제 선정 배경

앞으로의 식습관에 나쁜 영향을 미칠 수 있는 영아의 편식이 쉽게 없어지지 않아 교사로서 고민이 많았다. 올바른 식습관 형성 교육이 급/간식 시간에만 이루어지기에는 시간이 부족해서 다른 시간이 없을까 하고 궁리하던 차에 프로젝트 시간을 활용하면 좋을 것 같았다. 마침 웰빙 식품의 대표 음식인 토마토 관련 동화, 즉 『난 토마토 절대 안 먹어』라는 동화가 재미난 음식관련 내용을 담고 있고, 영아의 감각적 호기심(음식의 색깔, 냄새, 맛 등)을 만족시켜 줄 수 있을 것으로 판단되어 '토마토'를 주제로 선정하고, 이 동화를 읽어주면서 프로젝트 활동을 시작하기로 했다. 7월이 다가오니까 시장이나 슈퍼에는 빨간 토마토가 먹음직스럽게 진열되어 시기적으로도 적절했다. 그리하여 연간 보육계획안 7월의 물놀이 프로젝트는 다음 기회로 미루기로 했다.

▸교사의 예상 주제망

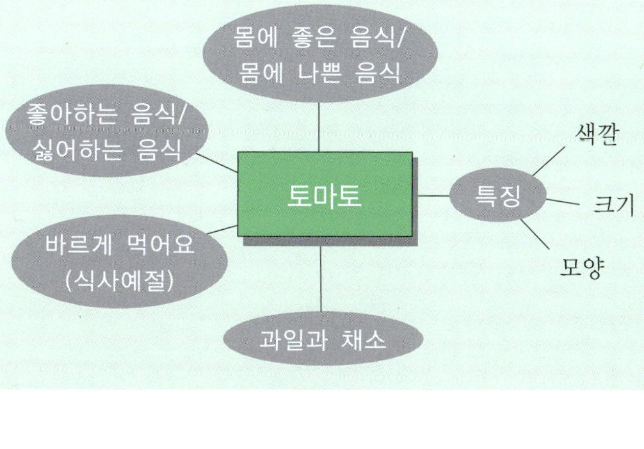

토마토 프로젝트 2

▶표준보육과정 영역별 내용안

영역	내용안	활동예상안	현장견학/ 마무리행사
기본 생활	• 즐겁게 토마토 먹기 • 음식 바르게 먹기(식사 예절) • 건강에 관심 갖기	• 바르게 앉아서 토마토 맛있게 먹기 • 우리 몸에 좋은 음식/나쁜 음식	
신체 운동	• 감각기관을 통해 토마토 탐색하기 • 신체를 인식하고 움직이기	• 토마토의 색깔, 크기, 모양은 무엇과 같을까요? • 콩이 되어보자 • 뒷짐 지고 과자 먹기	
사회 관계	• 자신의 정서를 적절하게 표현하기 • 또래에게 관심 가지기	• 토마토 먹어보고 표정 짓기 • 친구와 음식 나누어 먹기 • 내가 좋아하는/싫어하는 음식 조사	
의사 소통	• 자신의 느낌과 생각 말하기 • '토마토' 발음해보기 • 음식관련 동화/동시 즐기기	<이야기 나누기 및 활동> • 토마토에 대한 경험과 느낌 나누기 • 내가 짓는 음식 이름 <동화/동시> 동화: • 동화 따라 읽기 • 요리사 할머니의 초대 동시(동요): • 잉잉잉 • 멋쟁이 토마토 손유희: • 나는 콩	• 토마토 농장 가보기(혹은 시장이나 슈퍼 가보기) • 마무리활동 -음식 만들기 -책 만들기 (음식관련 책)
자연 탐구	• 토마토 모종에 관심 가지기 • 다양한 과일과 채소에 관심 가지기	• 토마토 모종 기르기 • 과일과 채소는 어떤 것이 있을까요? • 같은 음식은 몇 개?	
예술 경험	• 다양한 과일과 채소의 색깔, 모양, 크기 탐색하기	• 토마토 모자이크 • 토마토케첩 탐색하기 • 지점토로 음식 만들고 색칠하기	

토마토 프로젝트 3

▶자원목록표

<table>
<tr><td rowspan="2">1차적 정보 자원</td><td>실물</td><td>토마토(다양한 크기, 다양한 색깔)</td></tr>
<tr><td>현장견학</td><td>농장, 슈퍼, 시장</td></tr>
<tr><td rowspan="3">2차적 자원</td><td>정보를 주는 책</td><td>• 토마토의 비밀, 엄기원 역, 한림출판사, 2009</td></tr>
<tr><td>동화/동시 자료</td><td>• 난 토마토 절대 안 먹어
• 우리 집에 기다란 수수떡 있다
• 강낭콩 한 알이 또르르르
• 요리사 할머니의 초대
• 잘 먹겠습니다
• 호기심 냠냠
• 내 꿀이 더 작아
• 잉잉잉
• 멋쟁이 토마토
• 나는 콩</td></tr>
<tr><td>사진 및 모형</td><td>채소 사진, 과일 사진, 여러 음식 모형</td></tr>
</table>

2 상호작용 단계

상호작용 단계는 교사가 준비단계에서 계획했던 활동예상안에 따라 활동들을 진행하는 단계이다. 교사는 영아가 주제를 인식하고 흥미를 가질 수 있도록 주의 집중시키는 일에 무엇보다 신경 써야 하고, 교사가 계획한 활동이라도 영아들의 관심, 흥미, 욕구 등을 상황에 따라 적절하게 반영하도록 한다. 또한 이미 준비단계에서 알림장을 통해 알린 어린이집의 프로젝트 활동을 가정에서 부모와 공유하도록 점검한다면 학습 효과를 극대화시킬 수 있을 것이다.

1) 시작 활동

토마토 프로젝트는 『난 토마토 절대 안 먹어』라는 동화를 읽어 주면서 시작되었다. 하지만 교사는 프로젝트 시작을 위해 영아의 흥미를 또 다시 불러일으킬 수 있는 내가 좋아하는 음식/싫어하는 음식을 조사하였고, 생각 모으기 바로 전 『난 토마토 절대 안 먹어』 책을 다시 읽어 주었다. 내가 좋아하는 음식/싫어하는 음식 조사, 생각 모으기 활동은 다음 <토마토 프로젝트 4>와 같다.

토마토 프로젝트 4

• 내가 좋아하는 음식/싫어하는 음식 조사

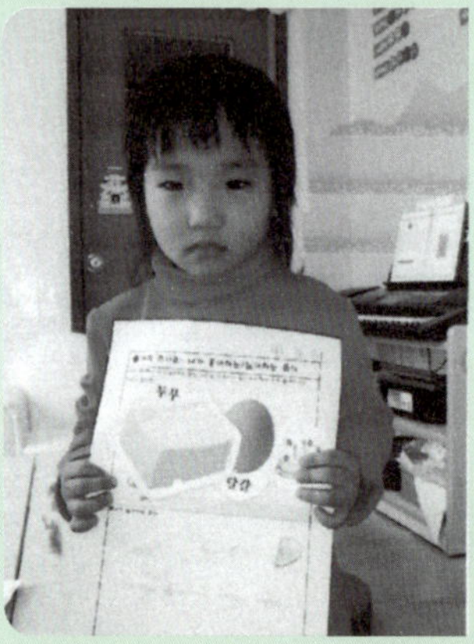

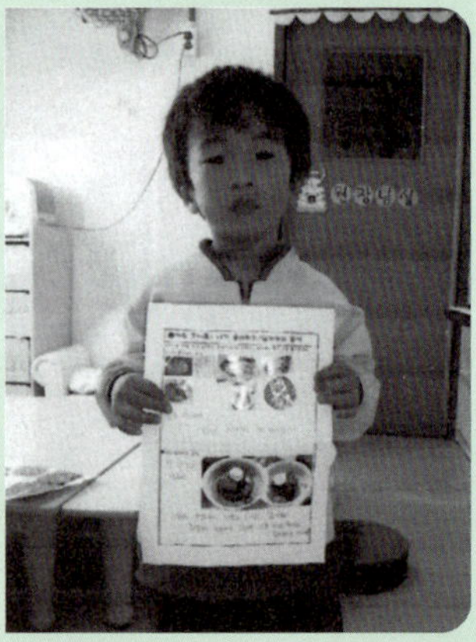

→내가 좋아하는 음식은 무엇인지, 싫어하는 음식은 무엇인지, 그리고 왜 그 음식을 좋아하는지, 싫어하는지 이야기 나누어 보았지요. 엄마와 함께 오려 붙인 음식 사진을 친구들에게 보여 주면서……

• 생각 모으기

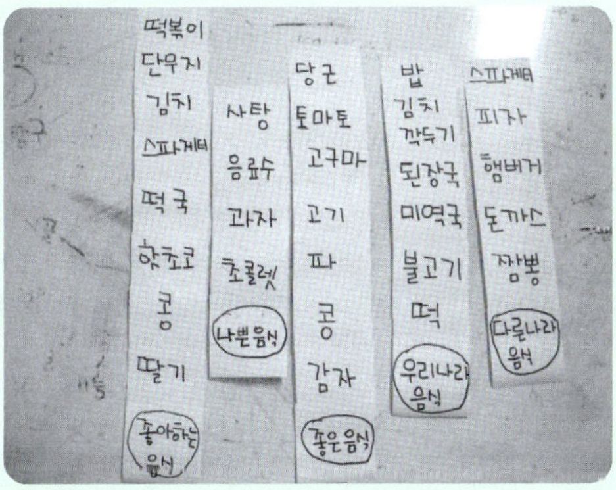

→『난 토마토 절대 안 먹어』 책을 다시 들은 후, 토마토 이외 먹어본 음식이 무엇인지 선생님이 받아적고 여러 음식들을 유목화하여 정리해 주었지요.

2) 중반 활동

영아들이 어느 정도 프로젝트 주제를 인식하게 되면 프로젝트 중반 활동에 들어가게 된다. 다양한 중반 활동의 예들은 다음 <토마토 프로젝트 5, 6>과 같다. 이들 활동들은 활동예상안대로 진행된 것도 있지만 상황에 따라 교사가 추가한 것들도 있다.

토마토 프로젝트 5

• 토마토 모자이크

• 털실 스파게티

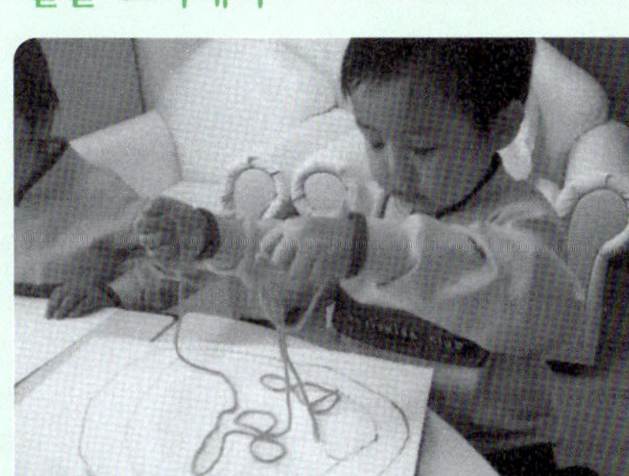

→롤라가 싫어하는 음식을 털실로 표현해 보았습니다.

• 냉장고 종이접기

• 멋쟁이 토마토(새 노래)

• 콩이 되어보자

→북을 살살 치면 콩이 살짝 튀지만, 북을 세게 치면 콩은 높게 튀지요. 콩처럼 살짝, 혹은 높이 뛰어봅니다.

토마토 프로젝트 6

• 지점토로 과일/채소 만들고 색칠하기 • 뒷짐 지고 과자 먹기(게임)

• 내가 짓는 음식 이름

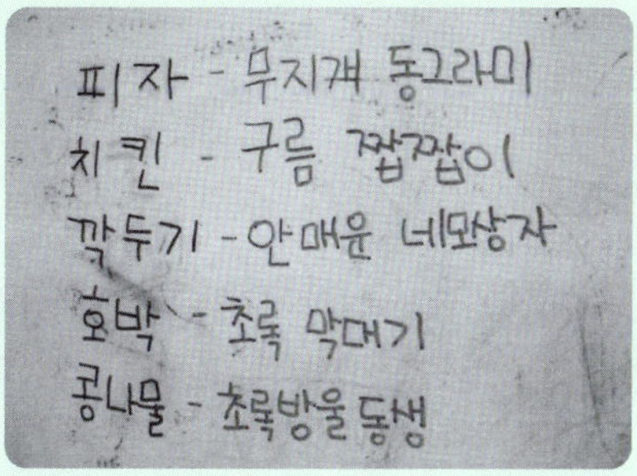

→우리 아이들이 지은 음식 이름…… 상상력이 대단하지요? 성인들은 도저히 따라가지 못할 것 같습니다.

3) 마무리 활동

만 2세반 프로젝트의 마무리 단계에서는 주제와 관련되어 예상했던 활동들을 포함한 다양한 활동이 충분히 다루어졌다고 교사가 판단하면 마무리 활동을 계획한다. 영아 프로젝트 전 과정에서 배운 학습내용을 토대로 새로운 활동을 계획하거나, 지금까지 다루었던 활동 가운데 영아가 좋아하는 대표적인 활동 한 두 가지를 선택해서 확장·반복하거나, 지금까지 모아두었던 활동사진들을 그대로 전시할 수도 있다. 토마토 프로젝트 마무리 활동은 마침 어린이집 김치를 담가야 할 시점이어서 영아들이 선생님과 함께 김치(깍두기)를 직접 만들고 음식에 대한 책을 만드는 것으로 했다. 영아들과 함께 어떤 내용을 책에 실어야 할지 이야기 나누고 책 만들기 작업에 들어갔다. 영아의 욕구, 관심, 의견 등이 책 만드는 과정에 반영되었고 나름대로 훌륭한 책자가 나오게 되었다. 이 마무리 활동을 통해 영아의 성취감, 자신감, 친구들과의 협동 및 공동체 의식을 키울 수 있었다. 다음 <토마토 프로젝트 7>에 '김치(깍두기) 만들기'와 '음식: 김치가 좋아요' 책 만들기 작업사진이 실려 있다.

토마토 프로젝트 7

▸김치(깍두기) 만들기

▶'음식: 김치가 좋아요' 책 만들기

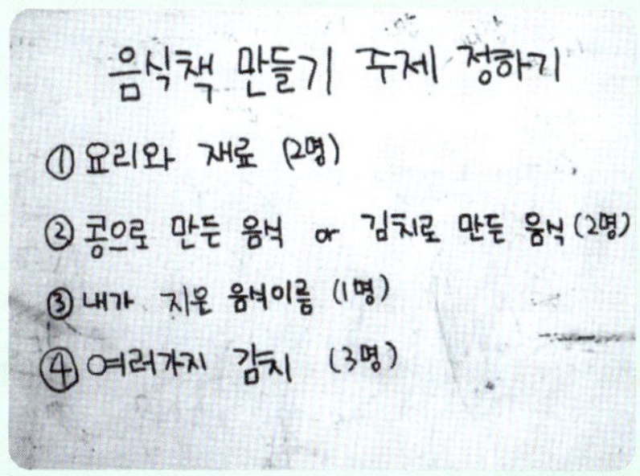

→김치(깍두기) 만들기는 정말 재미있어요. 맵지만 맛도 좋아요!

→그리고 책을 만들어보는 것도 너무나 신기하고……. 우선 선생님과 친구들 모두 함께 음식책의 몇 가지 주제를 정했답니다. 콩으로 만든 음식과 김치로 만든 음식을 알아보았고, 그 재료도 알아보았지요. 그리고 여러 가지 음식 사진을 오렸고 사진과 명칭을 연결해서 붙이기도 하고 음식명칭을 지어보기도 했습니다. 밥이랑 반찬(콩과 김치포함)을 잘 먹고 있는 친구들의 모습도 사진에 담아 책 속에 넣었습니다. 정말 뿌듯하답니다.

3 평가

친구 프로젝트의 평가 부분을 참고하기 바란다. 아래 글은 토마토 프로젝트를 수행한 교사가 자신의 토마토 프로젝트 수업에 대한 소감(혹은 평가)을 서술한 것이다.

ㅇㅇ반 아이들의 토마토 프로젝트 활동은 이들의 올바른 식습관 형성에 다음과 같이 큰 도움이 되었다.

첫째, 아이들 모두가 동화 속에 푹 빠져 들어 동화의 주인공인 '롤라' 입장, 오빠 입장이 되어 식습관 형성에 긍정적 영향을 줄 수 있었다. 식사 시간이 되면 교사가 굳이 말을 하지 않아도 '롤라는 이거 안 먹는데, 난 먹을 수 있어요!' 라고 말하며 자기가 먹는 음식에 대해 자랑하였다.

둘째, 책 읽기 영역에 있는 음식관련 동화책을 수시로 보는 계기가 되어 몸에 좋은 음식에 대한 관심이 높아졌다. 아이들은 책을 통해 음식에 대한 호기심을 키우고, 어느새 음식에 대한 박사?가 되어가고 있었다. 몸에 좋은 음식과 나쁜 음식에 대해서 알고 난 후에는 '이 음식을 먹으면 어른처럼 키가 크죠?' 라고 묻고 좋은 음식을 먹으려고 하는 모습을 볼 수 있었다.

셋째, 마무리 활동으로 깍두기를 만들고 음식에 관한 책도 만들어 보았다. 이러한 경험은 아이들에게 성취감, 자신감, 만족감을 심어주게 되었다. 평소에는 깍두기가 맵다고 했지만 맛있게 잘 먹었고, 식사 시간에 깍두기가 나오면 '우리가 만든 깍두기죠?' 라고 말하는 우쭐한 모습을 엿볼 수 있었다.

식사 시간에만 편식지도가 이루어졌다면 이런 다양한 경험을 하기 어려웠을 텐데… 프로젝트를 통한 식사 지도 활동은 아이들의 올바른 식습관 형성에 쉽게 접근할 수 있어 교사로서 보람이 컸다.

'월드컵' 프로젝트

1 준비단계

준비단계에서 교사는 프로젝트 주제를 선정하고, 선정된 주제와 관련해서 활동을 준비하고 이를 부모에게 알린다. 세부적 내용은 친구 프로젝트나 토마토 프로젝트 내용을 참고하도록 하고 여기서는 생략한다.

'월드컵'을 주제로 선정한 배경, 교사의 예상 주제망(289쪽 그림 주제망과 거의 같음), 표준보육과정 영역별 내용안 및 활동예상안, 월드컵 프로젝트 안내문(자원목록 포함)은 다음과 같다.

월드컵 프로젝트 1

▸**주제 선정 배경**

연간 보육계획안에 따라 6월의 '월드컵' 주제를 그대로 선정하게 되었다. 국내외 관심이 집중된 남아공 월드컵에 대해 어린 영아들도 매스컴을 통해 익숙할 것 같고 가정과도 쉽게 연계할 수 있을 것 같기 때문이다. 월드컵 프로젝트는 운동 경기와 관련된 보육과정 영역별 활동들, 특히 다양한 신체 공놀이를 통해 즐거움을 경험하도록 하는데 초점을 둘 것이다.

〈표 10-17〉 표준보육과정 영역별 내용안 및 활동예상안

영역	내용안	활동예상안	견학/행사
기본 생활	• 경기의 기본 규칙에 따라 안전하게 놀이하기 • 운동 후 손 씻고 휴식 취하기	• 단순한 축구경기 규칙 알기 (축구공은 발로 찬다) • 운동 후 휴식 취하기 • 실외 활동 후 손 씻기	
신체 운동	• 공으로 신체 탐색하기 • 공 던지기, 공차기 등 간단한 조작 운동하기	• 공을 신체로 표상하기 (공처럼 데굴데굴 굴러보기, 공처럼 통통통 뛰어 보기) • 바구니(축구골대?)에 공 넣기	
사회 관계	• 자신의 정서를 적절하게 표현하기 • 친구에게 관심 가지기, 친구의 정서에 관심 가지기 • 자신이 속한 집단 알기	• 축구놀이하며 친구응원하기 • 블록을 가지고 친구와 축구장을 만들기 • 블록 축구장에서 친구와 함께 축구놀이하기	<현장견학> 영휘원(축구놀이하기)
의사 소통	• 운율이 있는 말 듣고 즐기기 • 자신의 느낌과 생각 말하기 • 행동에 맞게 말하기(응원하기)	• 월드컵 경기 후 인터넷을 통해 주요장면 다시 시청하기 • 월드컵에 대해 보고 들은 것 이야기나누기 • 가정에서 가져온 월드컵에 대한 자원 소개하기 • 태극전사들을 다양한 방법으로 응원하기(예: 박수치기, '힘내라, 힘내라', '이겨라' 등)	
자연 탐구	• 주변의 것들(월드컵 경기장, 월드컵에 참가한 나라 · 국기 · 유니폼 등)에 호기 심 가지기 • 주변 사물(고구마) 특색 탐색하기	• 교사가 제작한 월드컵 경기장 조각 퍼즐 맞추기 • 월드컵에 참가한 여러 나라를 찾아보기 • 월드컵에 참가한 나라별 국기와 유니폼에 대한 활동지 함께 하기 • 고구마로 축구공 모양의 크로켓 만들기	
예술 경험	• 리듬 있는 춤으로 표현하기 • 단순한 미술활동 즐기기	• 월드컵 송을 들으며 자유롭게 신체표현하기 • 나만의 축구 유니폼을 디자인하기	

월드컵 프로젝트 안내문

<table>
<tr><td colspan="4">○○ 부모님, 안녕하십니까! '월드컵'을 주제로 3주 동안 프로젝트 활동이 시작되니 부모님의 많은 관심과 협조를 부탁드립니다.</td></tr>
<tr><td>주제</td><td colspan="3">월드컵</td></tr>
<tr><td>예상시기</td><td colspan="3">6월 3주 - 6월 5주</td></tr>
<tr><td>주제 선정 이유</td><td colspan="3">6월은 월드컵의 달인 것 같습니다. 우리나라는 물론이고 세계 많은 나라가 남아공 월드컵에 대해 너무나 많은 관심을 가지고 있습니다. 심지어 어린 영아들도 어린이집에서 월드컵에 대한 이야기를 곧잘 나눈답니다. 매스컴이나 부모님의 영향이 큰 것 같습니다. 가정과 쉽게 연계할 수 있는 이번 프로젝트 수업에 부모님께서도 관심 가져 주시면 보다 흥미 있는 알찬 수업이 되어 영아의 발달에 많은 도움을 주리라 봅니다.</td></tr>
<tr><td colspan="4">* 가정에서 도와주세요. *</td></tr>
<tr><td>영아들과 함께 하세요</td><td colspan="3">① 일정한 시간을 내어 영아와 함께 월드컵 경기 TV시청을 하시기 바랍니다.
② 활동예상안을 참고해서 가정에서도 영아와 함께 활동하시는 것도 좋습니다.
③ 월드컵에 대한 질문에 귀 기울여 주시고 질문을 이야기수첩에 적어 주세요.</td></tr>
<tr><td rowspan="2">자원협조</td><td rowspan="2">1 · 2 차적 자원</td><td>실물</td><td>축구공, 축구 경기 응원도구 및 옷, 축구신발 등</td></tr>
<tr><td>사진, 그림, 팸플릿, 인터넷자료</td><td>월드컵 관련 인터넷 자료, 다양한 축구경기 사진, 월드컵 참가 나라의 국기와 유니폼 사진, 그 밖에 월드컵 자원</td></tr>
<tr><td>○○ 반 소 식 (6월 2주)</td><td colspan="3">☀ 6월 3주부터 '월드컵'을 주제로 프로젝트 활동이 시작됩니다.
☀ 프로젝트 수업의 자원과 관련하여 부모님들의 적극적인 협조는 수업환경을 더욱 풍족하게 만듭니다. 부모님들의 많은 관심과 자원협조 부탁드립니다.
자원을 보내실 때는 이름을 꼭 적어주세요. 보내주신 자원은 교육활동 자료로 소중히 사용한 후 보내드리겠습니다.
☀ 공놀이를 하게 되므로, 영아가 활동하기 편한 옷차림과 신발을 신겨 주세요.</td></tr>
</table>

2 상호작용 단계

프로젝트의 상호작용 단계에서는 준비단계에서 계획한 활동들을 수행하게 된다. 교사가 계획한 활동을 교사 주도로 이끌어 가되 영아의 흥미를 반영하면서 풍부한 언어적 정서적 상호작용을 소홀히 하지 않도록 한다. 상호작용 단계를 월드컵 프로젝트에서는 시작활동, 중반활동, 마무리활동으로 나누었고, 활동의 예들을 사진자료로 제시했다.

1) 시작활동

월드컵과 관련해서 영아와 경험을 나누는 것은 거의 불가능할 것으로 생각하여 교사 주도로 실물이나 그림(예: 축구공, 축구장, 축구신발……)을 가지고 이야기했다. 그러나 TV를 통해 경기를 많이 시청해서인지 예상과는 달리 월드컵에 대해 어느 정도 알고 있었고 여러 이야기들을 나눌 수 있었다. 그래서 주제망도 영아들과 함께 그림으로 표시해 보았다.

▶월드컵에 대해 이야기 나누기

→예상 밖으로 영아들은 월드컵에 대해 관심이 많아서 여러 가지 이야기를 나눌 수 있었어요.

→월드컵에 대해 알고 있는 것을 곧잘 이야기 하네요. 집에서 TV를 통해 아빠 엄마랑 경기를 많이 보았나 봅니다.

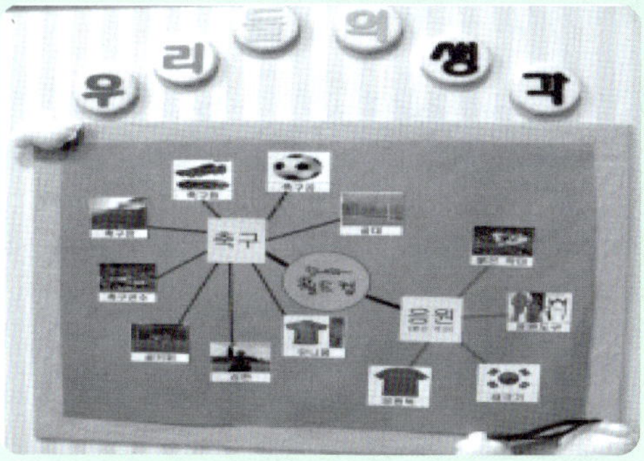

→선생님은 글을 모르는 영아들을 위해 그림을 미리 만들어 왔답니다.
그림을 붙이면서 주제망(그림주제망)을 함께 만들어보았지요.

2) 중반활동

월드컵 프로젝트 중반 활동은 표준보육과정 영역별 활동예상안에 따라 수업이 많이 이루어졌다. 그 예를 제시하면 다음과 같다.

▸기본생활영역

→영아들은 경기규칙의 뜻을 아직 잘 모릅니다. 하지만 축구는 손으로 굴리는 것이 아니라 발로 차면서 나아가는 것이라고 하네요.

→운동 후 꼭 휴식을 취한답니다.

→실외 활동 후에는 꼭 손을 씻는 답니다.

▸신체운동영역

→자기 신체가 공이 되어 데굴데굴 굴러보고, 통통통 튀어보려고 하니까 쉽지는 않네요.

→축구공이 아닌 다른 공을 바구니에 넣어보고 있답니다. 한 아이는 무척 재미있어 하는 표정을 짓고, 또 한 아이는 꼭 바구니에 넣어야겠다는 심각한 표정을 짓고 있네요.

→현장견학 간 영휘원의 넓은 잔디밭에서 신나게 달려보았답니다.

▶사회관계영역

→나도 친구와 함께 붉은 악마가 되어볼래요

→여러 가지 색깔의 블록으로 친구와 의논하면서 미니축구장을 만들고 있답니다.

→친구와 함께 축구놀이를 하고 있어요.

▶의사소통영역

→우리 붉은 악마들이 우리나라 태극전사들을 뚫어지게 쳐다보면서 마음 속 응원을 보내고 있답니다.

→가정에서 가지고 온 월드컵에 관한 자원을 소개하고 있네요.

→태극전사들을 응원할 수 있는 방법에 대해 이야기 나누었어요. 평소 게임활동을 할 때 해보았던 응원을 기억해 냈습니다.
박수도 치고 '힘내라'고 큰 소리도 쳐보았습니다.

▸자연탐구영역

→선생님이 제작한 월드컵 경기장 조각퍼즐을 맞추어 보고 있답니다

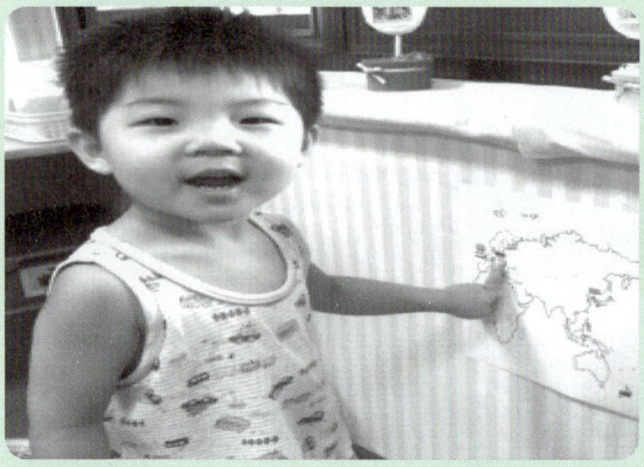

→월드컵에 참가한 여러 나라들을 찾아보는 것은 어려웠답니다. 그런데 마침 미국으로 여행가는 친구가 있어서 영아들이 미국에 대해서는 많은 관심을 가졌답니다.

→월드컵에 참가한 나라별 국기와 유니폼을 활동지를 통해 알아보았답니다.

▶예술경험영역

→다양한 월드컵 송을 들으면서 자유롭게 신체표현을 해보고 있네요.

→나만의 유니폼을 디자인해 보고 있습니다.

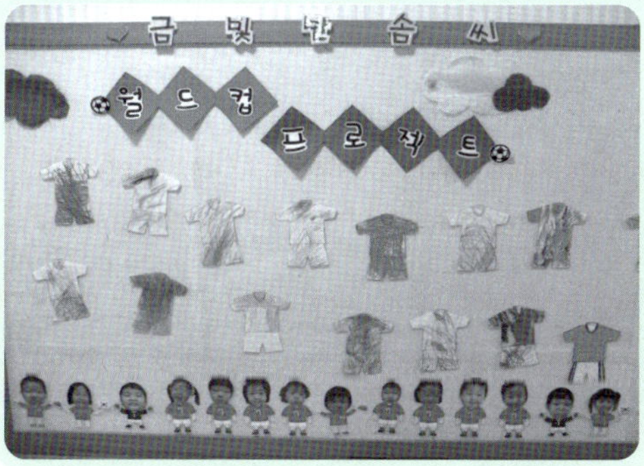

→내가 디자인한 유니폼을 게시판에 전시해 보았답니다.

▶견학

→현장견학 간 영휘원의 넓은 잔디밭에서 축구놀이도 해 보았습니다.

→현장견학으로 간 영휘원 잔디밭에서 축구경기 후 단체 사진을 찍었어요.

▶요리활동

→축구공처럼 동글동글한 고구마 크로켓을 만들어 요리활동의 즐거움을 경험해 보았답니다.

3) 마무리활동

월드컵 프로젝트의 마무리 활동은 자유선택활동이 되도록 유도했다. 어떤 아이들은 축구장을 만들어 보았던 경험을 기억해 내어 쌓기영역에서 벽돌블록을 가지고 축구장을 만들었다. 또 어떤 영아들은 축구장을 만들고 탐색영역에 있는 동그란 구슬을 가지고와서 축구공이라고 하면서 축구놀이를 했다. 또 어떤 영아는 음률영역에서 악기를 치면서 응원가(함께 불러본 '오~ 대한민국')를 불렀고, 또 어떤 아이는 탐구조작 영역에서 경기장 퍼즐을 맞추기도 했다.

월드컵 프로젝트 2

▸마무리활동: 자유선택활동

<쌓기영역>

→친구와 함께 축구경기장을 만들고 있답니다.

<음률활동>

→악기를 연주하며 너무나 열심히 응원하고 있네요. 친구들도 쳐다보고 있답니다.

<탐구조작영역>

→경기장 퍼즐을 조용히 맞추고 있습니다. 조금 시간이 걸리네요.

3 평가

월드컵 프로젝트 수행했던 교사가 영아 프로젝트 평가 기준(친구 프로젝트 참고)에 따라 영아의 통합발달 목적성취도와 교사 자신의 프로젝트 수행능력을 평가했다. 또한 프로젝트 수업 전반에 대한 교사 자신의 소감 및 부모들의 반응도 다음과 같이 서술했다.

① 영아의 통합발달 목적 성취도 교사 평가표

영아이름	○○○						일시	6월 14일 ~ 7월 3일		
프로젝트 주제: 월드컵 프로젝트										
지식 및 기능의 습득				성향의 계발				느낌의 발달		
이해력	표상력	신체 기능	말하기	흥미	탐구심	사회성	협동심	성취감	자신감	만족감
☺(가로줄)	☺(세로줄)	☺(세로줄)	☺(격자줄)	☺(격자줄)	☺(가로줄)	☺(세로줄)	☺(세로줄)	☺(세로줄)	☺(세로줄)	☺(가로줄)
★양호: 가로줄, 많이 발전: 세로줄, 노력바람: 격자줄★ ★영아의 월령에 따라 통합발달 목적의 내용(위 항목)이 다를 수 있으므로 특정 항목을 제외시킬 수 있음										

② 영아교사의 프로젝트 수행능력 평가표

교사 이름	○○○	주 제	월드컵	일 시	6월 14일 ~ 7월 3일

평가항목		수행능력				
		양 호	많이 발전	최선 다함	조금 부족	노력 필요
1	주제선정 능력	√				
2	수업의 계획과 준비			√		
3	인적·물적 자원 확보	√				
4	교사의 활동 수행력 (영아의 관심·흥미·집중력의 정도)		√			
5	표준보육과정 영역별 활동 정도	√				
6	발현된 활동에 대한 민감성			√		
7	활동의 심화와 확장을 위한 교사의 발문				√	
8	동료교사와의 협동	√				
9	부모와의 관계능력		√			
10	평가결과의 활용도				√	
11	영아별 포트폴리오 파일 관리	√				

③ 전반적인 교사의 소감과 부모들의 반응

〈교사의 소감〉

-아이가 여러 영역의 활동과 탐색을 통해 다양한 경험을 한 것 같다. 주제에 대한 꾸준한 관심과 호기심을 보였다. 하지만 영아들이라 주제에 대한 적극적인 탐구가 이뤄지기는 힘들었다.

-프로젝트의 시작단계의 이전경험 나누기나 생각 모으기 활동이 어려웠다. 영아들이 아직 월드컵에 대한 개념을 잘 모를 뿐더러 언어 표현에 한계가 있기 때문일 것이다.

-글에 대한 이해력이 발달하지 않은 영아이기 때문에 교사가 그림으로 모든 자료를 준비해야하는 어려움이 있었다.

〈부모들의 반응〉

교사의 소감에서 나타난 부모들의 반응은 대체로 다음과 같았다.

-수업에 큰 관심을 가지고 주제와 관련된 많은 자원들을 지원하는 적극적인 참여의 모습을 보였다.
-가정에서 책을 읽을 때 프로젝트 주제와 관련된 내용이 나오면 아이가 더 집중하고 관심을 기울인다.
-어린이집에서 프로젝트 활동을 하게 되면서 가정에서 아이와 대화할 때, 놀이할 때, 외출해서 주변 환경을 접할 때 아이가 새롭게 알게 된 지식, 단어 등을 이야기하는데 무척 대견하다.

11 Chapter

만 1세반 프로젝트 수업 사례

만 1세반 프로젝트 수업사례는 프로젝트 주제들 중 '응가', '거북이', '인형'을 그 예로 들고자 한다. 응가 프로젝트(11월)와 인형 프로젝트(4월) 수업은 연간 보육계획안에 맞추어 진행했다. 하지만 거북이 프로젝트(6월)는 영아들이 쌓기영역에 제시되어 있는 동물 모형 중 거북이에 가장 큰 관심을 가져 원래의 '금붕어' 주제를 변경하게 되었다(표 11-1 참조).

이들 세 가지 프로젝트 수업은 2~3주 동안 수행되었고, 월령과 참여 인원수는 <표 11-2>와 같다. 모든 활동은 교사 주도로 수행하되 영아들의 반응, 관심, 흥미 등도 배려하는 세심한 주의를 기울였다. 세 가지 프로젝트 수업의 진행단계에 따른 활동들은 <표 11-3>과 같다.

〈표 11-1〉 만 1세반 연간 보육계획안

월	대 주 제	프로젝트 주제
3	재미있는 어린이집	우리 선생님
4	놀잇감이 많아요	인형
		떼굴떼굴 공
5	나는 예뻐요/그림책	내 모습이 비춰지는 거울
		그림책이랑 놀자

6	움직이는 동물	빼끔빼끔 금붕어
		깜장 개미
7	신나는 여름	물 이야기
		퉤퉤퉤~ 수박
8	궁금해요(오감각)	냠냠냠, 맛있는 밥
		가루야, 밀가루야~
9	사랑하는 우리가족	소중한 동생이 있어요
		우리 엄마가 최고야!
10	여기저기 둘러보아요	떼굴떼굴 도토리
		동글동글 콩
11	뛰뛰빵빵 자동차/배변훈련	뛰뛰빵빵 자동차놀이
		응가
12	추워요	앗, 차가워~ 얼음
1	친구야 놀자	쫄깃쫄깃 가래떡
2	이만큼 자랐어요	그대로 멈춰라, 찰칵!! 사진~
* 대주제나 프로젝트 주제는 영아들의 흥미와 관심도, 교사의 필요, 원의 사정 등에 따라 바뀔 수 있다.		

〈표 11-2〉 만 1세반 프로젝트 수업 참가 영아의 수, 월령, 실시기간

프로젝트 주제	참가영아 수	월령(월령평균)	시작한 달	실시기간
응가	5명×2개 반	18~30개월(27개월)	11월	3주
거북이	5명×3개 반	20~29개월(25개월)	6월	3주
인형	5명×3개 반	18~27개월(23개월)	4월	2주

〈표 11-3〉 만 1세반 프로젝트 수업 진행단계에 따른 활동들

진행단계	프로젝트 주제	활동들
준비단계	응가	교사의 주제 선정, 교사의 수업준비(주제망 짜기, 보육과정 영역별 내용안 짜기, 활동예상안 계획하기, 자원목록표 만들기, 환경구성, 부모에게 알리기)
	거북이	
	인형	
상호작용 단계	응가	다양한 활동(시작 · 중반 · 마무리 활동)
	거북이	다양한 활동(시작 · 중반 · 마무리 활동)
	인형	다양한 활동(첫째 주 활동, 둘째 주 활동)
평가	응가	친구 프로젝트 참고
	거북이	
	인형	

'응가' 프로젝트

1 준비단계

준비단계에서 교사는 프로젝트 주제를 선정하고 선정된 주제와 관련해서 수업을 준비한다.

1) 교사의 주제 선정

만 1세 영아반 교사는 끊임없이 영아를 관찰하고 따뜻하게 상호작용하면서 그들의 통합적 발달을 도모한다. 프로젝트 수업의 목적인 영유아의 지식, 기능, 성향, 느낌 등의 발달 가운데 영아의 경우 성향, 느낌의 발달에 보다 세심하게 신경 쓴다. 만 1세 영아와 함께 할 수 있는 주제는 영아 자신과 밀접한 것, 즉 감각적으로 직접적인 경험이 가능한 구체적이고도 친숙한 것이어야 한다. 바른 배변 습관의 형성은 영아의 핵심적인 발달 과제이므로 응가는 만 1세 영아의 적절한 주제라 할 수 있다. 응가라는 주제를 선정한 보다 상세한 배경은 <응가 프로젝트 1: 주제 선정 배경>과 같다.

2) 교사의 수업준비

교사는 주제를 선정하고 만 1세 영아의 발달특성을 최대한 고려해서 예상 주제망을 구성하고 표준보육과정 영역별 내용안을 기초로 해서 영아와 재미있게 상호작용할 수 있는 활동예상안을 계획한다. 실제 만 1세반 활동들은 교사가 이렇게 계획한 활동들이 대부분이고, 활동 과정 중 영아의 관심이나 흥미에 따라 상호작용의 정도나 활동의 기간만 달라질 수 있다. 영역별로 환경을 구성하고, 부모에게 협조나 지원을 구하기 위해 프로젝트 주제, 활동목표, 수업 진행 과정, 실시방법 등을 알린다. 응가 프로젝트에서 부모의 협조나 지원은 어린이집의 응가 활동을 가정에서도 연계해서 실시하도록 하는 일이다.

'응가' 프로젝트의 교사의 예상 주제망, 표준보육과정 영역별 내용안 및 활동예상안, 자원목록표 각각은 <응가 프로젝트 1>, <표 11-4>, <표 11-5>와 같다. 부모에게 보내는 응가 프로젝트 안내문은 친구 프로젝트나 인형 프로젝트 안내문 형식을 빌려 내용을 담도록 하고, 여기서는 생략한다.

응가 프로젝트 1

▸주제 선정 배경

대소변 가리기는 만 1세 영아의 가장 중요한 발달과제 중 하나이다. Freud는 성격발달의 두 번째 단계를 '항문기'라 일컫고 배설 훈련과정에서 벌을 받거나 고통을 당하는 경험은 아동의 성격형성에 부정적인 영향을 준다고 했다. 만 1세 영아를 대상으로 응가를 주제로 한 프로젝트는 배변의사를 표현하는 놀이 활동과 배변결과물에 대해 긍정적인 관심을 끌어낼 수 있는 민주적인 배변 훈련에 초점을 둘 것이며, 이러한 활동을 통해 배변에 대한 동기를 유발시켜 자연스럽게 배변하는 습관을 형성하도록 할 것이다. '응가' 주제 활동은 만 1세 영아들이 어린이집에 어느 정도 적응하고, 배변관련 신체기관이 발달한 18~30개월 된 영아를 대상으로 11월에 실시하였다.

▶교사의 예상 주제망

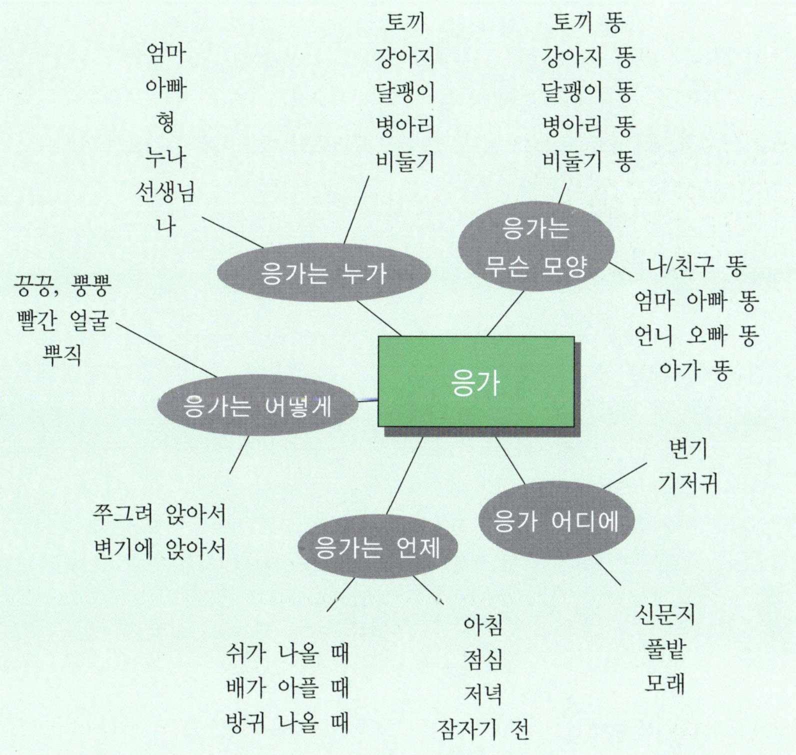
응가
응가는 누가
엄마
아빠
형
누나
선생님
나
토끼
강아지
달팽이
병아리
비둘기
응가는 무슨 모양
토끼 똥
강아지 똥
달팽이 똥
병아리 똥
비둘기 똥
나/친구 똥
엄마 아빠 똥
언니 오빠 똥
아가 똥
응가는 어떻게
끙끙, 뿡뿡
빨간 얼굴
뿌직
쭈그려 앉아서
변기에 앉아서
응가 어디에
변기
기저귀
신문지
풀밭
모래
응가는 언제
쉬가 나올 때
배가 아플 때
방귀 나올 때
아침
점심
저녁
잠자기 전

〈표 11-4〉 표준보육과정 영역별 내용안 및 활동예상안

영 역	내용안	활동예상안
기본 생활	• 규칙적인/건강한 배설습관 갖기 • 스스로 옷 입기와 벗기 시도하기	-응가 후 손 씻기 -바지 혼자 내려 보기
신체 운동	• 근육 조절해서 배변하기 • 눈-손 협응 시도하기	-변기에 앉아 응가 하기 -변기 물 내려 보기
사회 관계	• 자신의 배변 감정 느끼기 • 양육자에게 배변의사 표현하기	-응가 하고 기분 말해 보기 -'응가 할래요.'말해 보기
의사 소통	• 발성과 발음으로 배설의사 소리 내기 • 그림책에 흥미 가지기	-'쉬', '응가' 말해보기 -『어디에 응가 할래?』 동화책 보면서 듣기
자연 탐구	• 화장실 공간 탐색하기 • 응가 탐색하기	-화장실에 무엇이 있는지 말해보기 -달팽이(혹은 나) 응가 모양 살펴보기
예술 경험	• 변기 물 내리는 소리에 호기심 가지기 • 단순한 미술활동 즐기기 • 모방놀이 즐기기	-다양한 소리 구별하기(변기 물 내리는 소리, 방귀소리, 쉬 소리, 응가 물에 떨러지는 소리) -신문 구겨 응가 만들기 -블록으로 응가 만들기 -인형 응가 시켜 보기

〈표 11-5〉 자원목록표

1차적 자원	실물	영아용 변기, 토끼 인형
2차적 자원	동화 자료	『어디에 응가 할래?』 『강아지 똥』
	사진	응가를 잘 하고 있는 또래 친구의 모습이 담긴 사진들

2 상호작용 단계

프로젝트의 상호작용 단계는 준비단계에서 계획한 활동들을 진행하는 단계이다. 교사가 계획해서 교사 주도로 활동을 이끌어가되 활동 당시의 상황을 잘 파악 · 대처하면서 영아와 언어적 · 정서적

으로 풍부하게 상호작용하도록 한다. 또한 알림장을 통해 부모와 활동 과정을 가정에서도 공유한다면 학습 효과를 극대화 시킬 수 있을 것이다.

상호작용 단계를 시작활동, 중반활동, 마무리활동으로 나누었는데 이는 원래의 만 3~5세의 프로젝트 활동의 시작, 전개, 마무리 단계와는 그 성격이 다르다. 영아반 수업은 주제에 대한 깊이 있는 탐구라기보다는 주제와 관련된 다양한 활동을 영아-교사의 상호작용에 의해 진행하기 때문에 논리적 순서나 단계를 밟지 않는다. 다만 상호작용 단계가 시작활동, 중반활동, 마무리활동으로 구분시킨 것은 활동이 약간씩 심화·확장될 수도 있기 때문이다. 물론 상황에 따라 활동의 순서는 변경 가능하다. 응가 프로젝트의 경우 활동 순서를 변경해도 무리가 없을 것이다.

〈표 11-6〉 응가 프로젝트 수업 활동 과정

프로젝트 수업 활동과정	활동 시기	활 동 명	예상 활동	새 활동	표준보육과정 영역
시작활동	1주	-어디에 응가 할래?(그림책)	○		의사소통
		-응가 하고 기분 말해보기	○		사회관계, 의사소통
중반활동	2주	-바지 혼자 내려 보기	○		기본생활
		-신문지 구겨 응가 만들기	○		예술경험
마무리활동	3주	-변기 물 내리기	○		신체운동
		-인형 응가 시켜 주기	○		예술경험

1) 시작활동

교사는 연간 보육계획안에 따라 11월 응가 프로젝트 수업을 일상적인 놀이활동과 연결시켰다. 『어디에 응가 할래?』란 그림동화책을 읽어주고 영아의 반응을 살피면서 "누가 응가를 하지? 어디에 했나? 어떻게 했지?"와 같은 동화책 내용을 이야기 나누면서 활동을 전개하였다. 다음 <표 11-7>, <표 11-8>은 프로젝트 시작 활동의 예를 든 것이다.

〈표 11-7〉 응가 프로젝트 : 시작 활동 (1)

활동명	어디에 응가 할래?	표준보육과정 영역	의사소통
활동목표	배변 의사 표현법을 익힌다. 변기에 배변하는 것을 익힌다.		
준비자료	그림책		
도입	1. 교실에 배변훈련에 관한 책을 준비해 둔다.		
전개	2. 소그룹으로 동화책 읽기를 한다. 3. 『어디에 응가 할래?』란 그림동화책을 읽으며 "누가 응가를 하지? 어디에 했나? 어떻게 했지?"와 같은 동화책 내용을 이야기 나눈다. 4. 영아에게 동화책 속의 동물들이 어디에 응가 했는지 찾아보게 한다. 5. 동화를 듣고 난 후 동화 속 등장인물을 영아로 바꿔 "○○야, 어디에 응가 할래?"로 영아에게 묻는다.		
마무리	6. 영아가 변기에 응가 하는 것을 자연스럽게 익힐 수 있도록 한다.		
활동사진	 ☀ 책 속에 친구도 변기에 응가 한대요. ☀ 나도 화장실 변기에 응가 할래요.		

〈표 11-8〉 응가 프로젝트 : 시작 활동 (2)

활 동 명	응가하고 기분 말해보기	표준보육과정 영역	사회관계, 의사소통
활동목표	자신의 정서를 느끼고 표현해 본다.		
준비자료	변기		
도　입	1. 영아가 응가를 하려 하면 교사와 함께 화장실로 간다. "○○가 응가가 하고 싶은가 보구나. 선생님과 함께 화장실로 가자."		
전　개	2. 영아를 변기에 앉히고 응가 하는 모습을 지켜봐준다. 3. 영아가 응가를 하면 응가 하는 모습을 언어로 표현해주고 격려해준다. "끙끙, 끙끙 ○○ 응가가 나오려고 하네." "조금 더 힘을 줘서 끙끙 ○○ 응가 나와라." 4. 응가한 후 영아의 느낌을 물어본다. "퐁, 응가가 나왔네…… 우리 ○○가 변기에 응가를 했네, ○○야 응가가 나오니 기분이 어떠니?" "응가가 나오니 아이 시원해라! 우리 ○○ 배속이 시원하겠구나!"		
마 무 리	5. 영아 스스로 바지 입고 물을 내릴 수 있도록 도와준다.		
활동사진	 ☀ 이젠 변기에 앉아서 쉬~~해요. ☀ 기저귀 안녕~~ 물도 내리고 예쁜 팬티 입어 기분이 좋아요.		

2) 중반활동

이 시기에 이르면 영아들은 프로젝트 주제를 어느 정도 인식하게 되어 프로젝트 활동이 더 발전되고 촉진될 수 있다. 하지만 만 1세 영아들은 활동이 단순하고 그들의 반응에 따른 적절한 상호 작용을 좋아한다는 점을 염두에 두어야 한다. <표 11-9>, <표 11-10>은 전개단계에 이루어진 프로젝트 활동의 예를 든 것이다.

〈표 11-9〉 응가 프로젝트 : 중반 활동 (1)

활 동 명	바지 혼자 내려 보기	표준보육과정 영역	기본생활
활동목표	스스로 바지를 벗고 입는 법을 배운다.		
준비자료	변기		
도 입	1. 영아가 배변의사를 표현하면 혼자 할 수 있도록 언어로 격려한다. "○○가 쉬하고 싶구나!"		
전 개	2. 화장실에 가서 스스로 바지를 벗을 수 있도록 격려한다. 3. 영아가 소변을 보는 동안 교사가 옆에서 지켜봐 준다. "○○야 선생님은 ○○가 잘할 수 있도록 옆에서 지켜볼게. ○○가 혼자서도 잘하는 구나"		
마 무 리	4. 영아가 스스로 할 수 있도록 격려해주고 해 냈을 때는 성취감을 느낄 수 있도록 칭찬해준다.		
활동사진	 ☀ 변기에 앉기 전에 먼저 바지와 팬티를 내려요. ☀ 옷이 젖지 않게 조심조심…… ☀ 바지 입기가 어려우면 선생님이 도와줘요.		

〈표 11-10〉 응가 프로젝트 : 중반 활동 (2)

<table>
<tr><td>활 동 명</td><td>신문지 구겨 응가 만들기</td><td>표준보육과정 영역</td><td>예술경험</td></tr>
<tr><td>활동목표</td><td colspan="3">신문지를 탐색해 본다.
신문지로 응가를 만들어 본다.</td></tr>
<tr><td>준비자료</td><td colspan="3">신문지, 영아용 변기</td></tr>
<tr><td>도 입</td><td colspan="3">1. 신문지를 제시하고 영아가 자유롭게 탐색해 보도록 한다.</td></tr>
<tr><td>전 개</td><td colspan="3">2. 신문지를 다양한 방법으로 탐색해 본다.
“○○야, 이게 뭔지 알겠니?”
“이건 신문지라고 하는 거야. 신문지를 이렇게 흔들면 어때? 신문지가 팔랑팔랑 소리가 나는구나.”
3. 신문지를 구겨 응가를 만들어 본다.
“○○야, 이번에는 선생님과 신문시 응가를 만들어 볼까?”
“이렇게 손으로 구깃구깃 꾹꾹 누르면…… 이야~ 신문지 응가가 만들어 졌다.”
“신문지 응가를 어떻게 하면 좋을까? 이렇게 변기(모형 변기를 말함)에 넣어볼까?”
“○○도 변기에 신문지 응가를 넣어보자.”</td></tr>
<tr><td>마 무 리</td><td colspan="3">4. 놀이 후 영아가 스스로 신문지를 휴지통에 넣어 정리해 보도록 한다.</td></tr>
<tr><td>활동사진</td><td colspan="3"> 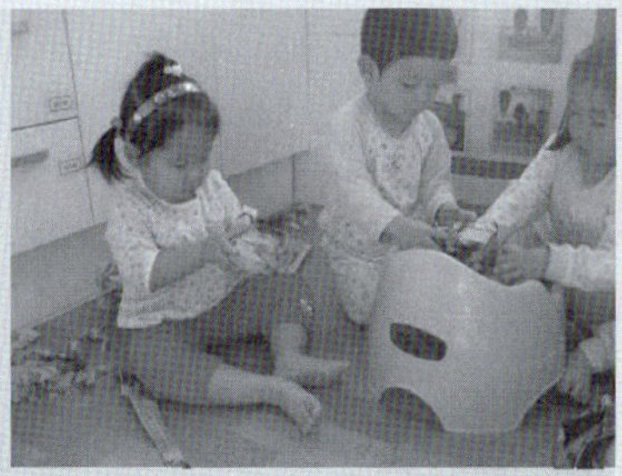 
☀ 신문지로 응가를 만들어 뿡뿡이 영아용 변기에 넣어 보아요.
☀ 응가는 변기에 하는 거지요!</td></tr>
</table>

3) 마무리활동

만 1, 2세 영아가 주제관련 활동을 어느 정도 잘 이해해서 실행하고, 교사가 준비단계에 계획했던 활동들이 충분히 다루어졌다고 판단하면 마무리하게 된다. 이 단계에서는 <표 11-12>에서 볼 수 있듯이, 같은 또래 친구들과 함께 마무리 활동을 해보는 기회를 가지는 것도 좋다.

〈표 11-11〉 응가 프로젝트 : 마무리 활동 (1)

활 동 명	변기 물 내리기	표준보육과정 영역	기본생활
활동목표	화장실 사용법을 안다. 화장실 사용 후 청결습관을 기른다.		
준비자료	변기, 수건		
도 입	1. 놀이하기 전 또는 잠자기 전에 영아의 표정이나 몸짓을 관찰하다가 "응가 하러 갈까요?"라고 배변의사를 묻는다.		
전 개	2. 영아가 변기에 앉아서 편안한 분위기에서 배변할 수 있도록 도와준다. 3. 영아가 배변을 하고 나면 칭찬하고 옷을 바르게 입을 수 있게 도와준 후 변기에 영아가 한 배변을 보며 "안녕~" 하며 물 내리기를 하도록 한다.		
마 무 리	4. 손을 씻은 후 놀이할 수 있도록 한다.		
활동사진	  ☀ 변기에 쉬~~했어요. ☀ "쉬야~안녕!" 쉬 한 후엔 물을 내려요.		

〈표 11-12〉 응가 프로젝트 : 마무리 활동 (2)

활 동 명	인형 응가 시켜주기	표준보육과정 영역	예술경험
활동목표	배변 흉내를 내본다.		
준비자료	영아용 변기, 큰 인형		
도 입	1. 영아용 변기를 큰 인형과 함께 제시해 준다.		
전 개	2. 영아가 관심을 가지면 영아에게 변기에 대해 설명을 해준다. "○○야 이건 변기라고 하는 거야. 여기에 앉아서 쉬도 하고 응가도 하는 곳이란다." 3. 인형(토끼 모양)을 가지고 배변하는 모습을 흉내 내 본다. "끄응끄응 토끼가 배가 아프대요. "○○가 토끼가 응가 할 수 있도록 도와줄까? 변기에 앉아서 응가 할 수 있도록 ○○가 도와주자."		
마 무 리	4. 휴지로 인형의 마무리를 해주도록 한다. "토끼가 응가를 다 했나보다. ○○가 휴지로 닦아주자"		
활동사진	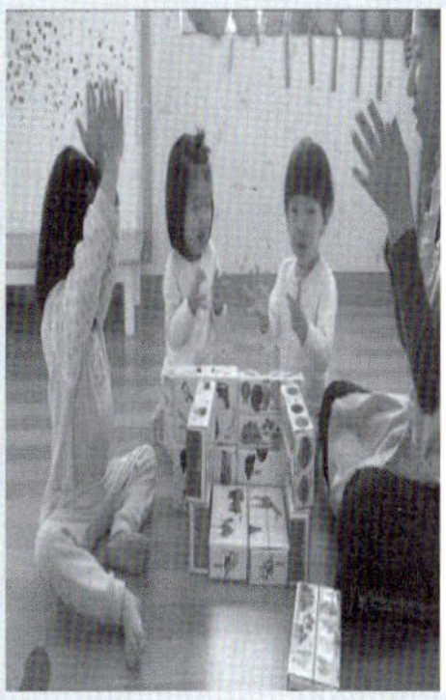  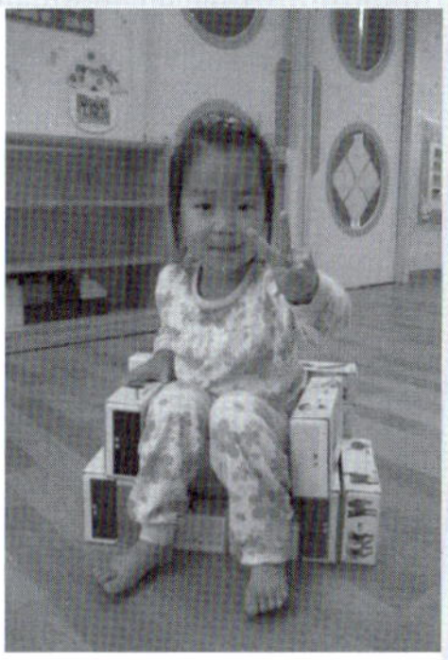 ☀ 블록으로 토끼 변기를 만들어 내가 토끼를 응가시켜요. ☀ 토끼 변기에 앉아 내가 끙끙 …… 응가해요. ☀ 이젠 변기에 앉아 쉬도 하고 응가도 잘할 거에요.		

3 평가

친구 프로젝트의 평가 부분을 참고하기 바란다.

'거북이' 프로젝트

1 준비단계

1) 교사의 주제 선정

교사가 미리 계획한 6월의 첫 번째 프로젝트 주제는 '금붕어' 였으나, 영아들이 쌓기영역에 제시되어 있는 동물 모형 중 거북이에 큰 관심을 가져 '거북이'로 주제를 변경하게 되었다.

1세 영아의 경우 한 가지의 프로젝트 주제를 가지고 보통 2주 동안 활동하므로 거북이 프로젝트의 경우도 2주 동안의 기간을 예상했었다. 하지만 영아들이 많은 흥미를 보여 1주 연장하여 3주 동안 실시하게 되었다.

2) 교사의 수업준비

주제를 선정한 후 교사는 예상 주제망, 표준보육과정 영역별 내용안 및 활동예상안, 자원목록표 등을 작성한다. 그다음 주제와 관련된 그림이나 사진을 게시하는 등의 환경구성을 한 후 부모에게 이 모든 것을 가정통신문을 통해 알린다. 교사의 예상 주제망, 표준보육과정 영역별 내용안 및 활동예상안, '거북이' 프로젝트 안내문(주제 선정 배경, 자원목록 포함)은 다음과 같다.

〈표 11-13〉 표준보육과정 영역별 내용안 및 활동예상안

영역	내용안	활동예상안	산책 및 견학/요리활동
기본 생활	• 예절 바르게 생활하기 • 위험한 상황 알고 조심하기 • 감각기관으로 거북이 등딱지 탐색하기 • 몸(혹은 주변 환경) 깨끗이 하기	-거북이에게 인사하기 -거북이 만지지 않기 -거북이 등딱지 촉감 판으로 느끼기 -거북이 집 청소하기	
신체 운동	• 거북이처럼 이동 운동 시도하기	-거북이처럼 기어보기 -거북이 경주 게임하기	-영휘원에 견학 가서 거북이 친구 찾기
사회 관계	• 다른 사람에게 관심 가지기	-친구와 거북이 집 꾸미기 -친구와 쿠키 나누어 먹기	
의사 소통	• 발성과 발음으로 소리내기 • 거북이 이름 말하기	-거북이 특징이 나타난 동시 듣고 따라 소리 내거나 말하기(의성어와 의태어) -거북이 이름 지어 말하기	-거북이 모양 쿠키 만들기
자연 탐구	• 거북이 특성에 관심 가지기	-거북이 관찰하기 (모습, 색깔, 움직임 등) -거북이 먹이주기	
예술 경험	• 단순한 미술경험 시도하기 • 모방행동 즐기기	-거북이 모양 퍼즐 맞추기 -블록으로 거북이 집 꾸며주기 -거북이 모습 흉내 내기	

거북이 프로젝트 1

▶교사의 예상 주제망

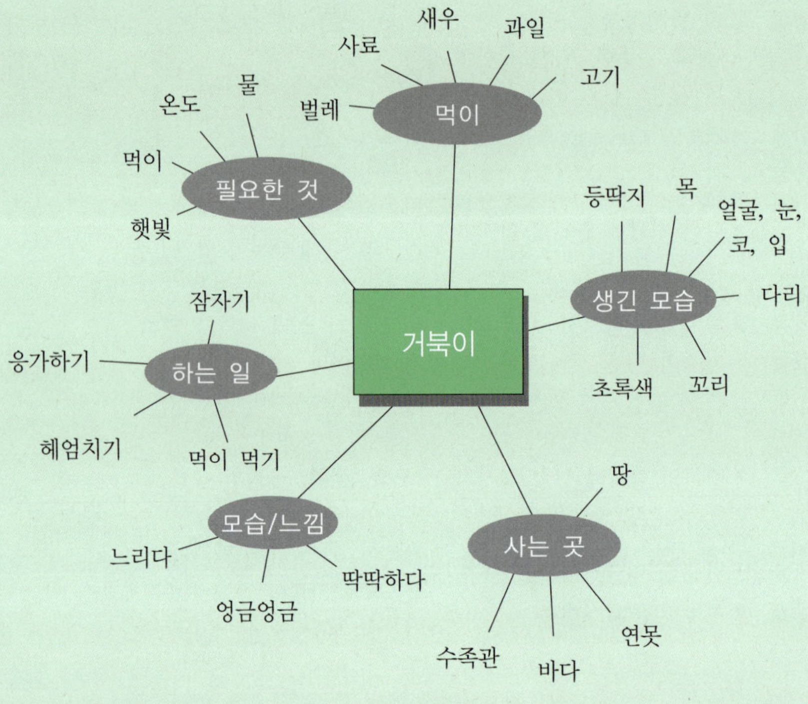

〈표 11-14〉 거북이 프로젝트 안내문

<table>
<tr><td colspan="6">○○반 부모님, 안녕하십니까! '거북이'를 주제로 6월 1주에서 2주까지 프로젝트 활동이 시작되니 부모님의 많은 관심과 협조를 부탁드립니다.</td></tr>
<tr><td>주제</td><td colspan="5">거북이</td></tr>
<tr><td>예상시기</td><td colspan="5">6월 1주 - 6월 2주</td></tr>
<tr><td>주제 선정 배경</td><td colspan="5">아이들이 평소에 동물모형들 중 거북이에 대해 가장 관심이 많았습니다. 거북이는 아이들이 실제로 기르면서 관찰할 수 있는 작은 동물이기 때문에 프로젝트 주제로 적절하다고 봅니다. 거북이에 대한 다양한 경험을 통해 거북이뿐만 아니라 여러 생명체에 대해 관심을 키우고, 소중함을 알게 되고, 장차 더욱 탐구하고자 하는 동기가 생길 것이라 믿습니다. 부모님의 많은 관심을 부탁드립니다.</td></tr>
<tr><td>기본 어휘 및 지식</td><td colspan="5">-행동을 나타내는 기본 어휘: 거북이, 목, 꼬리, 엉금엉금, 느리다, 빠르다 등
-거북이는 물 속, 땅 위 양쪽에서 살 수 있다.
-거북이는 등딱지를 가지고 있어 외부의 적으로부터 몸을 보호할 수 있다.</td></tr>
<tr><td colspan="6">* 가정에서 도와주세요. *</td></tr>
<tr><td>영아들과 함께 하세요.</td><td colspan="5">① 거북이에 대한 책이나 사진을 아이들과 함께 보며 흥미를 유발시켜 주세요.
② 가정에서 애완동물로 거북이를 직접 기르거나, 수족관이나 동물원 관람을 통해 거북이에 대한 관심을 지속시켜 주세요. 활동예상안을 참고하세요.</td></tr>
<tr><td rowspan="5">자원목록</td><td rowspan="5">1·2차적자원</td><td>실물</td><td colspan="3">거북이, 거북이 수조, 거북선 모형, 레고 블록, 동물모형, 동물 카드, 동물 퍼즐 등</td></tr>
<tr><td>사람</td><td>동물병원 수의사, 동물원 사육사, 거북이에 대해 특별한 지식을 가진 분</td><td>견학장소</td><td>거북이를 볼 수 있는 곳(경희대 자연사 박물관, 수족관)</td></tr>
<tr><td>책</td><td colspan="3">토끼와 거북이, 하늘을 나는 거북, 숲 속 동물들의 운동회, 거북이의 생활, 엉금엉금 거북이의 여행 등</td></tr>
<tr><td>시청각 자료</td><td colspan="3">-동물 다큐멘터리(파충류 편), 바다 생물 이야기, 동물의 세계 등
-거북이 알 부화 과정, (거북이) 수족관 청소과정</td></tr>
<tr><td>사진 그림 팸플릿 인터넷 자료</td><td colspan="3">-여러 종류의 거북이 사진, 그림 자료
-거북이를 기르는 모습, 거북이의 생활 모습(예: 산란하는 모습, 헤엄치는 모습)</td></tr>
</table>

○○ 반 소 식 (6월 1주)	☀ 6월 1주부터 거북이 프로젝트가 시작됩니다. 첨부된 자원목록을 확인하시고 어린이집으로 보내주세요. 자원목록에 기재된 자원 이외에도 거북이와 관련된 자원이라면 프로젝트 활동에 도움이 됩니다. 자원을 보내실 때는 이름을 꼭 적어주세요. 보내주신 자원은 교육활동 자료로 소중히 사용한 후 보내드리겠습니다. ☀ ○○반 친구들과 함께 거북이를 기르면서 관찰해보려고 합니다. 각 가정에서 거북이 한 마리씩 수요일에 보내 주세요. ☀ 이야기 수첩은 영아들이 가정과 어린이집에서 생활하는 모습을 매일 기록하는 성장일기입니다. 부모님과 교사간의 보다 긴말한 협조체제를 만들어 영아들이 더욱 행복하고 건강하게 자랄 수 있도록 협조 바랍니다. 이야기 수첩은 꼭 기록해 주세요.

동 시

거북이

김순화

똑똑 두드려도
꽝꽝 두드려도
끄떡없는 나의 집!

머리 쏙
팔 쏘-옥
다리 쏘오옥!
나 어디 있게?

동 화

토끼와 거북이 이솝우화에요.
거북이가 등장하는 동화를 통해
친구들의 생각주머니가 쑥쑥
자라납니다.

2 상호작용 단계

상호작용 단계는 교사가 준비단계에서 계획했던 활동예상안에 따라 활동들을 진행하는 단계이다. 하지만 교사가 계획한 활동이라도 영아들의 관심, 흥미, 욕구 등을 상황에 따라 적절하게 반영하도록 한다.

1) 시작 활동

거북이 프로젝트 수업의 시작은 말을 잘 못하고, 글을 모르는 영아들을 위해 활동예상안에 따른 자원을 적절하고도 충분하게 활용하도록 한다.

교사는 영아의 행동, 태도, 눈짓, 몸짓 등을 잘 살피면서 적합한 자원(실물, 그림자료, 사진 등)을 가지고 쉬운 언어로 설명해 주어 모든 영아가 공유할 수 있도록 한다. 시작활동의 예를 들면 다음과 같다.

▸교사의 거북이에 대한 이야기

▸거북이에 대한 경험나누기

교사: ○○는 거북이를 본 적 있어요?
영아: (손가락으로 쌓기영역의 동물 모형을 가리킨다.)
교사: 아~ 우리 ○○는 쌓기영역에 있는 동물모형들 중에 거북이를 봤었구나~

▶거북이 관찰하기 ▶거북이 이름 지어 말하기

→교사는 영아들과 직접 거북이 모습, 색깔, 움직일 등을 관찰하고 영아들과 함께 이름을 지어주었지요. 거북이에 대해 더 큰 관심과 지속적인 흥미를 가지기 위해서랍니다. 거북이의 이름을 '딱지', '까꿍'으로 지어 말해 보았답니다.

2) 중반 활동

영아들이 어느 정도 프로젝트 주제를 인식하게 되고 흥미를 보이기 시작하면 프로젝트 중반 활동에 들어가게 된다. 다양한 중반 활동을 제시하면 다음과 같다.

▶돌멩이 찾아 줍기 ▶돌멩이 씻기 ▶친구와 거북이집 꾸미기

→영아들에게 "거북이의 집을 꾸며주려면 어떤 것들을 넣어 주면 좋을까?"하고 물어 보았더니 원 내의 수족관에 있는 돌멩이를 가리켰습니다. 영아들은 바깥놀이 시 돌멩이를 직접 줍고, 씻고, 거북이 수조에 넣어 주어 훌륭한 거북이 집을 꾸미게 되었답니다.

▸거북이에게 인사하기 ▸거북이 모습 흉내 내고 기어보기

→등 · 하원 시 '딱지'와 '까꿍'에게 인사를 한답니다. "딱지, 안녕!", "까꿍, 안녕!"

→"거북이의 모습은 어떨까?"하는 교사의 질문에 영아 스스로 신체로 그 모습을 표상하였습니다. 엎드려 엉금엉금 기는 모습을 보여주었지요. 물론 교사가 미리 준비한 자료를 등에 붙이구요.

▸거북이 퍼즐 맞추기 ▸거북이 특징 동시로 배우기

→교사가 제작한 퍼즐(3~4조각)을 맞추어 보았어요.

→거북이의 특징이 잘 나타난 동시를 듣고 신체표현과 함께 언어로 표현해 봅니다(예: 쏘옥, 엉금엉금 등).

▸등딱지 촉감판으로 느끼기 ▸거북이 등딱지 꾸미기

→거북이를 영아가 만지지 않도록 시작단계에서부터 약속을 하였답니다. '눈으로만 보기!' 라고 반복해서 이야기 해주었지요. 이는 내 몸의 안전과 동물을 함부로 다루지 않는 동물 사랑하는 마음을 갖기 위함이었어요. 하지만 거북이 등딱지에 대한 촉감은 알아야 할 것 같아, 몬테소리 교구 중 촉감판을 제시하여 그 느낌을 간접적으로 체험하도록 하였습니다.

→거북이 등딱지를 다양한 재료를 이용하여 꾸며보는 표상활동을 해 보았지요.

▸거북이 먹이 주기 ▸거북이집 청소하기

→거북이에게 먹이를 주고, 잘 살펴봅니다. →거북이집 청소도 하고 물도 주었답니다.

▸상추 따서 거북이 먹이 주기 **▸먹이(집 상추) 주기**

→가정에서 보내준 거북이에 관한 책 자원을 보다가 거북이가 상추를 먹는다는 것을 알게 되었답니다. 그래서 영아들과 어린이집 텃밭에서 상추를 따서 먹이로 주었지요.
→가정과 연계되어 집에서 상추를 가져와 거북이에게 먹이로 주었습니다.

▸거북이 모양 쿠키 만들어 먹기

→선생님의 도움을 받아 거북이 모양 쿠키를 만들어 보았습니다. 요리활동은 정말 즐겁고, 선생님과 친구와 나누어 먹는 것도 아주 재미있었답니다.

▶딱지팀 vs 까꿍팀 게임하기 ▶거북이 친구 찾기

→딱지팀과 까꿍팀으로 나누어 거북이 경주 게임을 하였습니다. 이기고 지는 것보다 신체활동의 즐거움을 느낄 수 있었지요

→바깥놀이 시 거북이의 친구를 찾아보았답니다. 놀이터에서 가장 쉽게 볼 수 있는 개미 친구를 찾았습니다. (영아들이 개미에 대한 흥미가 매우 많아 자연스럽게 다음 프로젝트 활동의 주제로 개미가 어떨지 생각하게 되었다.)

▶거북이 선물 찾기 ▶과자 따먹기 게임하기

→현장견학으로 '영휘원'에 갔답니다. 거북이에게 줄 선물을 찾아보기로 했는데 많은 친구들이 솔방울을 주었네요.

→거북이와 개미 팀으로 나누어 과자 따먹기 게임도 하였습니다.

3) 마무리 활동

만 1세반 프로젝트의 마무리 단계는 주제와 관련되어 예상했던 다양한 활동들이 충분히 다루어졌다고 교사가 판단하여 마무리 활동을 수행하게 되었다. 마무리 활동은 프로젝트 전 과정에서 배운 학습내용을 토대로 새로운 활동을 계획하거나, 지금까지 다루었던 활동 가운데 영아가 좋아하는 대표적인 활동 한두 가지로 심화활동하거나, 지금까지 모아두었던 활동사진 전체를 전시할 수도 있다. 거북이 프로젝트 마무리 활동은 다음과 같이 지금까지 다루었던 활동들을 기억하면서 심화·확장하기로 했다.

▸거북이에 대한 기억들

→마무리 활동을 해 보았습니다. 그림으로 제시해 준 주제망을 보며 거북이에 대해 다시 한 번 기억해 보았고요, 거북이의 특징을 떠올리며 거북이 다리를 지문으로 찍어 표현하였습니다.

▸블록으로 수조 만들기

▸거북이 먹이 주기

→직접 거북이 집을 꾸며주었던 활동을 기억하며 다양한 블록을 가지고 거북이 집을 만들었습니다. 그리고 소꿉놀이 영역에서 음식을 가져와 거북이(모형 거북이)에게 먹이도 주었지요.

▸우리 반 아이들의 솜씨

→다양한 재료를 이용하여 거북이 모양을 꾸며 솜씨 게시판에 게시하여 보았답니다. 그동안 너무나 재미있었던 거북이 프로젝트를 마치게 되었습니다.

3 평가

친구 프로젝트의 평가 부분을 참고하기 바란다.

거북이 프로젝트를 수행한 교사의 평가를 그 예로 들면 다음과 같다.

① 영아의 통합발달 목적 성취도 교사 평가표

영아이름	○○○					일시	5월 31일 ~ 6월 19일			
프로젝트 주제: 거북이 프로젝트										
지식 및 기능의 습득				성향의 계발				느낌의 발달		
이해력	표상력	신체기능	말하기	흥미	탐구심	사회성	협동심	성취감	자신감	만족감

★양호: 가로줄, 많이 발전: 세로줄, 노력바람: 격자줄★ ★영아의 월령에 따라 통합발달 목적의 내용(위 항목)이 다를 수 있으므로 특정 항목을 제외시킬 수 있음										

② 영아교사의 프로젝트 수행능력 평가표

교사이름	○○○	주 제	거북이	일 시	5월 31일 ~ 6월 19일

평가항목		수행능력				
		양 호	많이 발전	최선 다함	조금 부족	노력 필요
1	주세선성 능력	√				
2	수업의 계획과 준비		√			
3	인적·물적 자원 확보		√			
4	교사의 활동 수행력 (영아의 관심·흥미·집중력의 정도)		√			
5	표준보육과정 영역별 활동 정도		√			

6	발현된 활동에 대한 민감성		√			
7	활동의 심화와 확장을 위한 교사의 발문			√		
8	동료교사와의 협동		√			
9	부모와의 관계능력		√			
10	평가결과의 활용도			√		
11	영아별 포트폴리오 파일 관리			√		

③ 전반적인 교사의 소감과 부모들의 반응

〈교사의 소감〉

-영아들이 처음부터 높은 관심과 흥미를 보여준 주제이면서 쉽게 주변에서 접할 수 있는 주제이기 때문에 계속적으로 큰 흥미와 적극적으로 탐구하는 모습을 보였다. 주제에 대한 이해도도 높았다.

-프로젝트 활동을 오랫동안 기억하여 다음 주(주말을 지낸 후)에도 영아-교사, 영아-영아 간의 이야기 나누기를 할 수 있었다.

-가정과의 연계가 잘 이루어져서 영아의 흥미를 높일 수 있었다. 그러나 간혹 가정과의 연계가 순조롭지 않아 협조가 부족한 경우 진행에 어려움이 따랐다.

-주제와 관련된 어휘를 다양한 활동들을 통해 반복적으로 알려준 결과 언어발달에 긍정적인 영향을 미쳤다.

-프로젝트의 주제에 따라 제시되는 책이 한정되어 아쉬웠다.

〈부모들의 반응〉

교사의 소감에서 나타난 부모들의 반응은 대체로 다음과 같았다.

-이전의 수업활동(단원중심의 수업을 말함)보다 프로젝트 주제를 통한 활동을 하니까 어린이집에서 체계적인 수업을 하는 것 같은 느낌을 받는다.

-어린이집에서 흥미로운 활동을 하고 난 뒤 집에 오면 어린이집에서의 활동내용을 신나게 이야기하곤 한다.

-어린이집 뿐 아니라 가정에서도 프로젝트 활동을 위한 자원을 준비해야하므로 자연스럽게 어린이집의 스케줄(일과 내용)이나 수업내용에 관심이 생기면서 자녀와 공유할 수 있는 것들이 많아졌다.

-다양한 그림책 듣기, 자유로운 이야기 나누기와 같은 활동을 통해 언어발달이 급격히 이뤄지는 것 같다.(부모-영아 대화 예: 어린이집에서 거북이 관련 책에 나온 가재를 기억하여 집에서도 책을 보며 '가재'를 가리키며 "가재야!"라고 말함)

'인형' 프로젝트

1 준비단계

준비단계에서 교사는 프로젝트 주제를 선정하고 선정된 주제와 관련해서 수업활동을 준비하고 이를 부모에게 알린다. 세부적 내용은 응가 프로젝트나 거북이 프로젝트를 참고하기 바라고 여기서는 생략한다.

'인형'을 주제로 선정한 배경, 교사의 예상 주제망, 표준보육과정 영역별 내용안 및 활동예상안, 인형 프로젝트 안내문(지원목록 포함)은 다음과 같다.

인형 프로젝트 1

▸주제 선정 배경

피아제에 의하면 영아기에는 '감각 운동놀이(sensori-motor play)', '상징놀이(symbolic play)'가 나타난다. 감각 운동놀이란 즐거움을 주는 활동을 끊임없이 반복하는 놀이를 말하고, 상징놀이란 시간, 공간, 역할 및 사물이 실제와는 다르게 변형되는 놀이를 말한다. 상징놀이는 '상상놀이', '가상놀이', '역할놀이'라고도 불리는데 공통적인 특징은 가작화 요소(as-if elements)가 포함된다.

인형은 영아의 많은 놀이도구 중 하나로 감각 운동놀이 도구이자 상징놀이 도구이다. 특히 영아는 인형과의 상징놀이에서 인형이 친구, 동생, 엄마, 아빠 등 다양한 인물이 될 수 있어 이들과 의사소통하면서 즐거움을 경험하고 영아의 언어, 정서, 사회, 인지, 신체 발달을 도모하게 된다. 이와 같이 인형이 지닌 다양한 발달적 자원을 고려할 때 인형이란 주제는 영아에게 매우 적합한 프로젝트의 주제가 될 수 있을 것이다.

교사의 예상 주제망

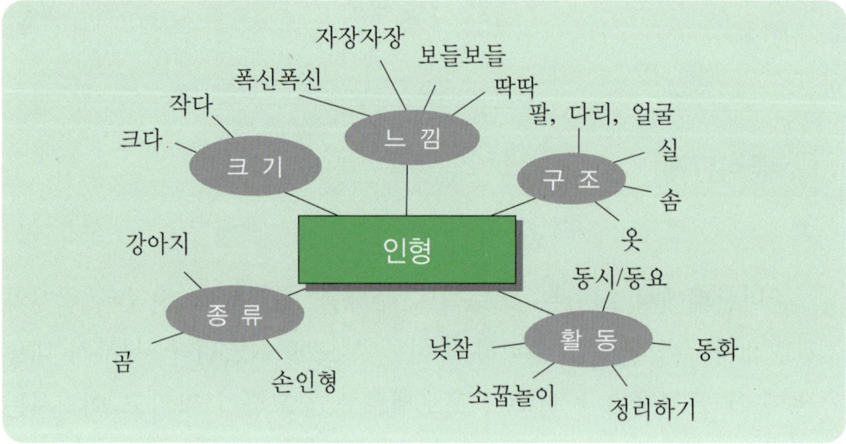

표준보육과정 영역별 내용안 및 활동예상안

영역	내용안	활동예상안	산책 및 견학
기본생활	• 놀잇감을 제자리에 정리하기 • 놀잇감을 용도에 맞게 사용하기	-인형 집에 쏙~(정리하기) -인형을 물거나 망가뜨리지 않기	- 인형과 햇볕 쪼이기 - 인형을 볼 수 있는 곳 구경 가기 (문구점)
신체운동	• 근육조절 및 균형감 기르기	-인형 붙잡고 서있거나 안기	
사회관계	• 자신의 정서를 느끼고 표현하기 • 또래에게 관심가지기	-인형이 아파요 -인형 건네주기(친구야, 인형 여기 있어. 고마워) -친구와 인형 옷 입히기	
의사소통	• 친숙한 사물의 이름 말하기 • 그림책에 흥미가지기 • 리듬 있는 짧은 말 즐겨듣기	-내가 가지고 온 인형 이름 소개하기 -(동화) 에밀리의 토끼인형(플레쉬 동화), 빨간 모자(손가락 인형놀이) 듣고 보기 -(동시) 예쁜 곰 인형 듣기	
자연탐구	• 놀잇감 반복해서 탐색하기 • 놀잇감 비교하기	-인형 탐색하기(모양과 생김새: 눈, 코, 입, 손, 발 등) -친구의 인형과 내 인형은 달라요	
예술경험	• 단순한 모방행동 즐기기 • 단순한 미술경험 시도하기 • 노래 듣기 즐기기	-인형아, "맘마먹자", "어부바", "코자" 등 -내 인형 옷 꾸미기 -블록으로 인형 집 만들기 -노래(예쁜 아기 곰)즐기기	

인형 프로젝트 안내문

<table>
<tr><td colspan="4">○○ 부모님, 안녕하십니까! '인형'을 주제로 프로젝트 활동이 시작되니 부모님의 많은 관심과 협조를 부탁드립니다.</td></tr>
<tr><td>주제</td><td colspan="3">인형</td></tr>
<tr><td>예상시기</td><td colspan="3">4월 1주 - 4월 2주</td></tr>
<tr><td>주제 선정 이유</td><td colspan="3">가정에서 흔히 볼 수 있는 인형은 영아의 놀이와 밀접한 관계가 있습니다. 인형은 영아의 상징놀이에서 친구, 동생, 엄마, 아빠 등 다양한 인물이 되어 영아의 발달을 증진시키는 훌륭한 놀이도구가 될 수 있습니다. 인형을 통해 놀이의 즐거움을 경험하고, 상징놀이를 촉진시켜 줄 수 있기 때문에 프로젝트 주제로 선정하게 되었습니다.</td></tr>
<tr><td>'인형' 에 관한 어휘</td><td colspan="3">기본 어휘: 인형, 옷, 크다, 작다, 신체명칭, 동물이름, 인형의 이름 등
느낌을 타나내는 말: 보들보들, 폭신폭신 등
행동을 나타내는 말: 자장자장, 아파요, 먹다, 놀다 등</td></tr>
<tr><td colspan="4">* 가정에서 도와 주세요 *</td></tr>
<tr><td>영아들과 함께 하세유</td><td colspan="3">① 영아들이 좋아하는 인형에게 이름을 지어주세요.
② 활동예상안을 참고하시어 영아들과 함께 놀이해 주세요.
③ 인형에 대한 간단한 질문에도 귀 기울여 주시고 질문을 이야기수첩에 적어 주세요.</td></tr>
<tr><td rowspan="5">자원협조</td><td rowspan="5">1 · 2 차적 자원</td><td>실물</td><td>내 인형: 옷, 가방, 신발, 동화책, 앨범 등</td></tr>
<tr><td>사람</td><td>인형에 대한 정보를 가지고 있는 사람
(예: 인형을 만든 경험이 있으신 부모님)</td></tr>
<tr><td>견학장소</td><td>시장 내 문구점(인형을 볼 수 있는 곳들 방문해 보아요)</td></tr>
<tr><td>책</td><td>에밀리의 토끼인형, 가장 사랑받는 곰 인형, 내 인형이야, 어디 있어, 곰돌아, 손가락 인형놀이 빨간 모자 그 외 인형과 관련된 동화책</td></tr>
<tr><td>사진, 그림, 팸플릿, 인터넷자료</td><td>인형 사진(인형과 함께 찍은 사진, 다양한 종류의 인형 사진 또는 그림 자료)</td></tr>
<tr><td>○○ 반
소 식
(4월 1주)</td><td colspan="3">☀ 4월 1주부터 '인형'을 주제로 프로젝트 활동이 시작됩니다.
☀ 프로젝트 수업의 자원과 관련하여 부모님들의 적극적인 협조는 수업환경을 더욱 풍족하게 만듭니다. 부모님들의 많은 관심과 자원협조 부탁드립니다.
자원을 보내실 때는 이름을 꼭 적어주세요. 보내주신 자원은 교육활동 자료로 소중히 사용한 후, 보내드리겠습니다.
☀ 매일 산책을 나가오니, 영아가 활동하기 편한 옷차림과 신발을 신겨 주세요.
☀ 4월 6일(화)에는 영아가 좋아하는 인형 하나씩 꼭 보내주세요.</td></tr>
</table>

2 상호작용 단계

프로젝트의 상호작용 단계에서는 준비 단계에서 계획한 활동들을 수행하게 된다. 교사가 계획한 활동을 교사 주도로 이끌어 가되 풍부한 언어적 정서적 상호작용을 소홀히 하지 않도록 한다. 또한 프로젝트 안내문을 통해 부모와 가정에서도 프로젝트 활동을 공유한다면 학습 효과를 극대화 시킬 수 있을 것이다. 상호작용 단계를 응가 및 거북이 프로젝트에서는 시작활동, 중반활동, 마무리활동으로 나누었는데 인형 프로젝트에서는 주별(첫째 주, 둘째 주)로 나누어 활동했으며 그 예들을 사진자료로 제시했다.

1) 인형 프로젝트: 첫째 주 활동

다음 사진 자료는 인형 프로젝트 첫째 주 활동의 예들을 담아 부모님께 보내 드린 것이다.

인형 프로젝트 (첫째 주 활동)

대 주 제	놀잇감이 많아요	기 간	4월 5일~10일
프로젝트 주제	인형		

인형 프로젝트

기본생활

인형을 물거나 망가뜨리지 않기

신체운동

인형을 붙잡고 안을 수 있어요

사회관계

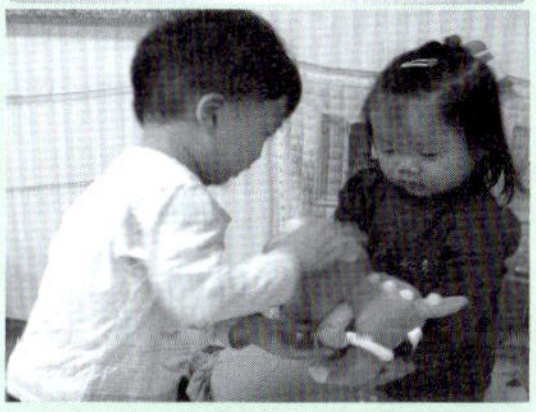

친구야, 인형 여기 있어 고마워~☺

의사소통

내가 가지고 온 인형 이름 소개하기

자연탐구

인형 탐색하기

예술경험(1)

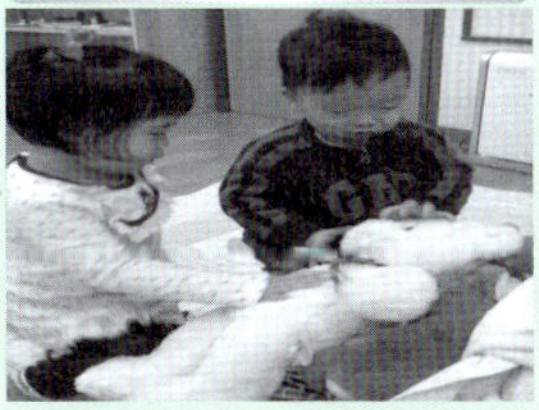

인형아, "코 자"

예술경험(2)

내 인형 옷 꾸미기

예술경험(3)

인형 집 만들기

부모님께	○○반 친구들과 친숙한 놀잇감인 인형으로 첫 프로젝트를 시작해 보았습니다. 내가 좋아하는 인형을 품에 안고 등원하는 날, 아이들의 얼굴에는 기쁨으로 미소가 가득했답니다. 우리 아이들에게 '인형'이 무엇인지 물어보았더니 호랑이, 곰돌이, 뿡뿡이와 같은 인형의 종류를 말하기도 하고, 아빠·엄마가 사주었다고 말하기도 하였습니다. 또한 자신의 인형뿐만 아니라 다른 친구 인형에 대해서도 관심을 가지며 비교해 보곤 했습니다. 영아들과 표준보육과정 6개영역에 맞추어 여러 가지 재미있는 활동들을 해 보았습니다. 아직 아이들에게는 프로젝트 활동이 익숙하지 않습니다. 가정에서도 아이와 인형놀이를 하면서 격려해 주시면 아이들은 어린이집의 활동에 더욱 흥미를 가지고 적극 참여할 수 있을 것입니다. 부모님의 많은 관심과 협조 부탁드립니다.

2) 인형 프로젝트: 둘째 주 활동

다음 사진 자료는 인형 프로젝트 둘째 주 활동의 예들을 담아 부모님께 보내 드린 것이다.

인형 프로젝트 (둘째 주 활동)

대주제	놀잇감이 많아요	기 간	4월 12일~17일
프로젝트 주제	인형		

인형 프로젝트

기본생활

인형 집에 쏙~
(정리하기)

의사소통(1)

『에밀리의 토끼인형』을 보고 있어요.

의사소통(2)

인형놀이 기억하며 이야기 나누기

자연탐구

친구의 인형과 내 인형은 달라요

예술경험(1)

인형아, "맘마먹자"

예술경험(2)

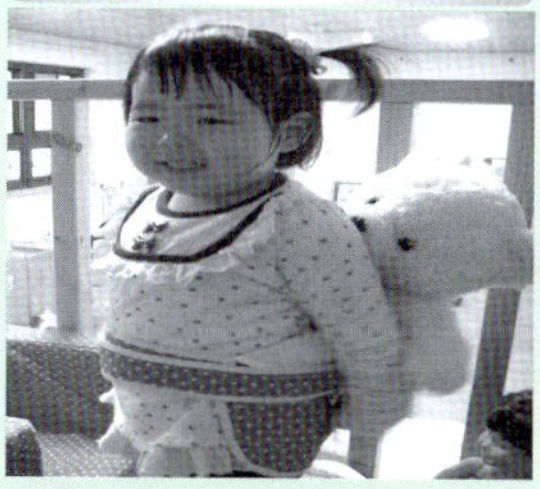

인형아, "어부바"

예술경험(2)

인형아, "어부바"

산책

인형과 햇볕을 쬐어요

부모님께

인형 프로젝트 2주차에 접어들었습니다. 주말을 보내고 왔지만 영아들은 인형과 함께 한 놀이를 기억하였습니다. 첫 주와 마찬가지로 표준보육과정 6개 영역에 근거해 인형들끼리 비교하고 친구들과 함께 모방놀이를 즐기면서 다양한 표상활동을 전개하였습니다. 2주간의 활동을 마치면서 마지막 시간엔 인형과 함께 했던 놀이를 다시 기억하면서 이야기 나누어 보았고, 인형과 산책을 나가 햇볕을 쬐어 보았답니다.

지난 2주 동안 '인형'이라는 한 가지 주제를 다각도로 탐구하고, 다양한 방법으로 표상하여 영아의 생각이 쑥쑥~ 자라나는 시간을 가졌었습니다. 부모님들께서도 프로젝트를 하면서 아이들의 어떤 모습을 발견 하셨는지요? 1년 동안 함께 할 프로젝트에 학부모들께서도 많은 관심 가져주세요. 아이들과 함께 시도해 보았던 프로젝트 수업에 협조해 주신 부모님께 다시 한 번 감사드립니다.

3 평가

친구 프로젝트 평가 부분과 거북이 프로젝트 전반적인 소감을 참고하기 바란다.

부 록

- ‘결혼’ 프로젝트 주제망
- ‘김치’ 프로젝트 주제망
- ‘닭’ 프로젝트 주제망
- ‘병원’ 프로젝트 주제망
- ‘소금’ 프로젝트 주제망
- ‘바다’ 프로젝트 주제망
- ‘빵’ 프로젝트 주제망
- ‘수박’ 프로젝트 주제망
- ‘우산’ 프로젝트 주제망
- ‘신문’ 프로젝트 주제망
- ‘소리’ 프로젝트 주제망
- ‘책’ 프로젝트 주제망
- ‘산’ 프로젝트 주제망
- ‘우체국’ 프로젝트 주제망
- ‘주유소’ 프로젝트 주제망
- ‘컴퓨터’ 프로젝트 주제망
- ‘아버지’ 프로젝트 주제망
- ‘딸기’ 프로젝트 주제망

'결혼' 프로젝트 주제망

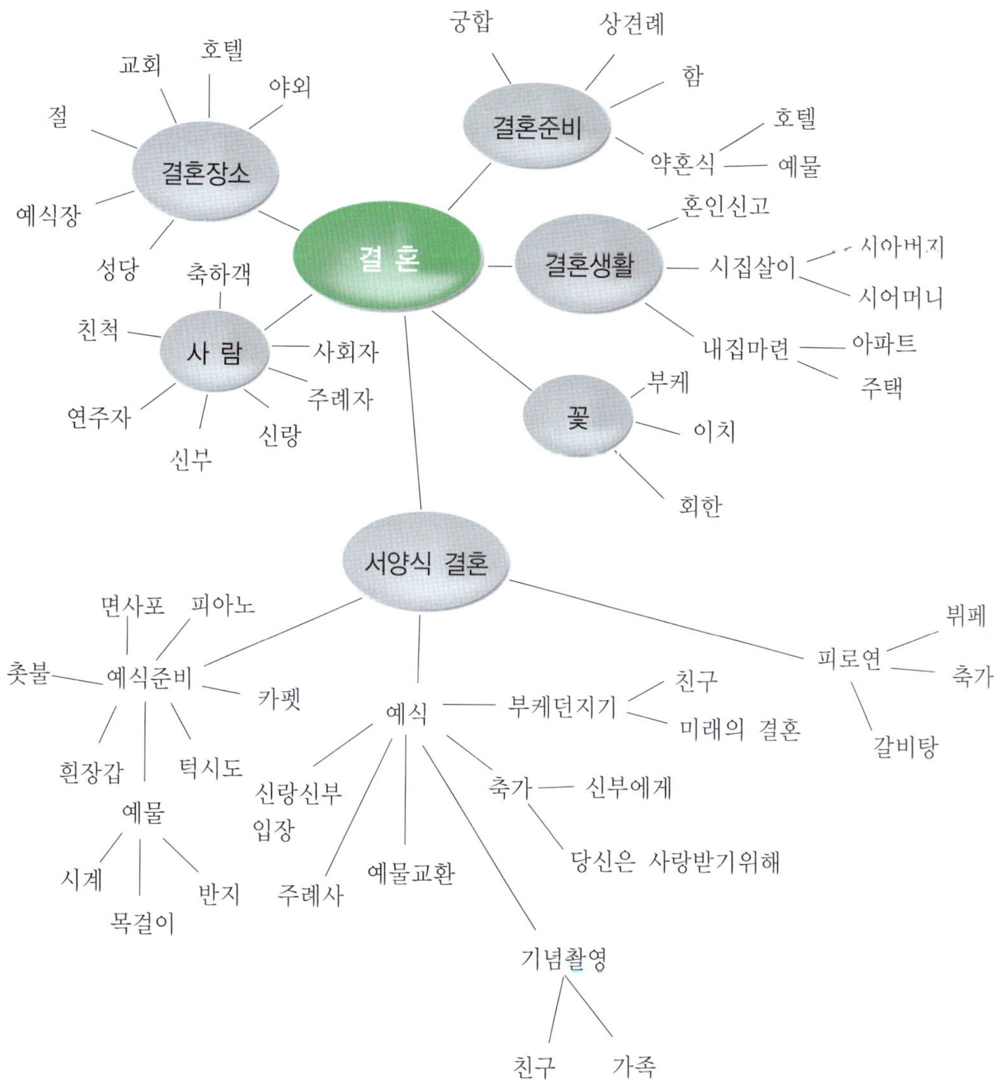

자료출처: 유아교육기관 교사를 위한 프로젝트 접근법의 이론과 실제. 전남련 지음. 양서원.

'김치' 프로젝트 주제망

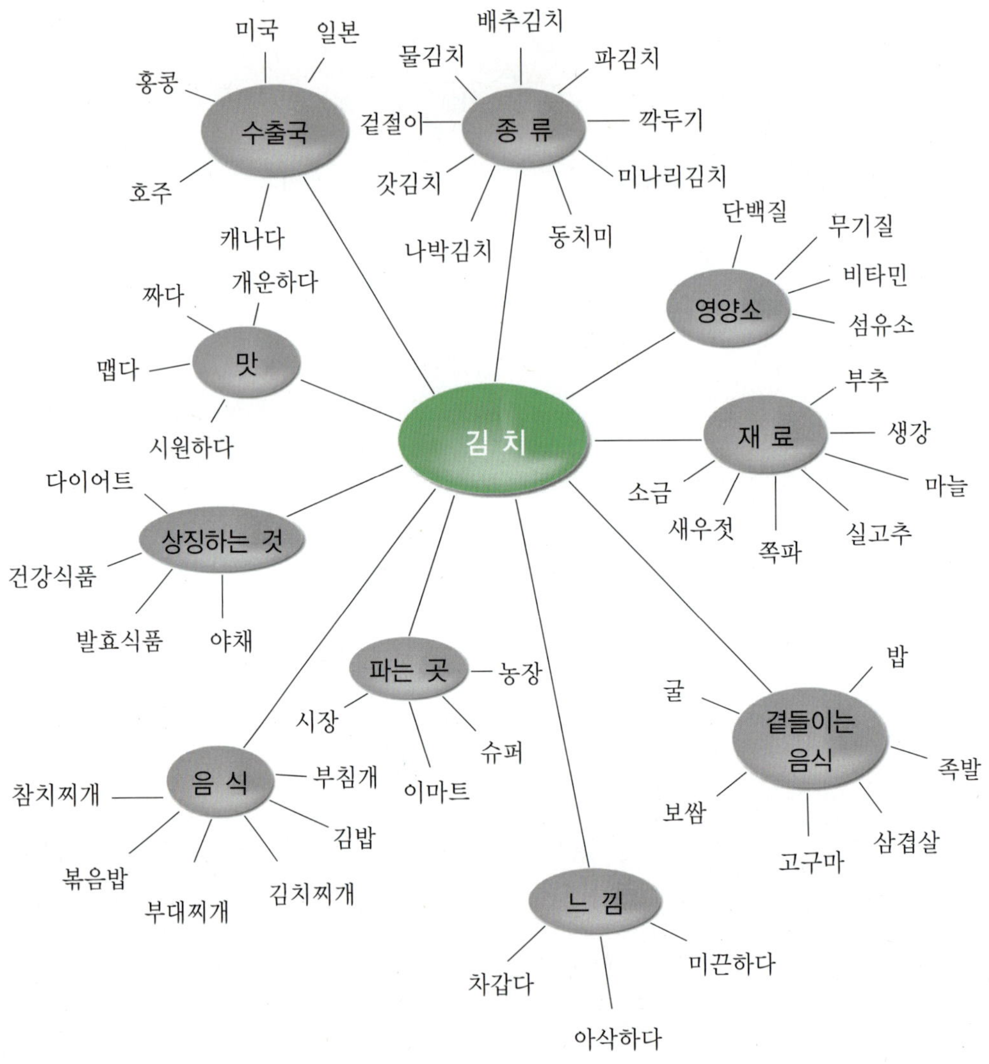

자료출처: 유아교육기관 교사를 위한 프로젝트 접근법의 이론과 실제. 전남련 지음. 양서원.

'닭' 프로젝트 주제망

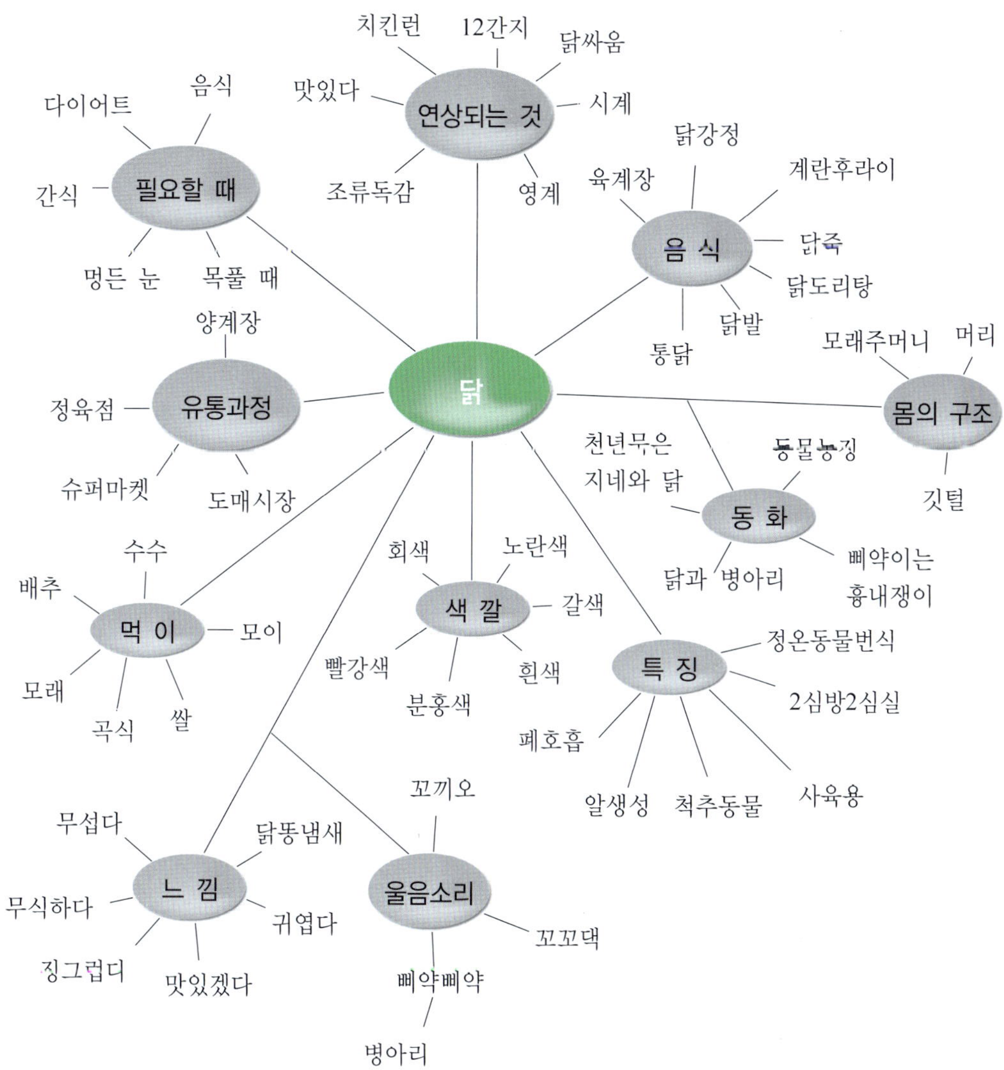

자료출처: 유아교육기관 교사를 위한 프로젝트 접근법의 이론과 실제. 전남련 지음. 양서원.

'병원' 프로젝트 주제망

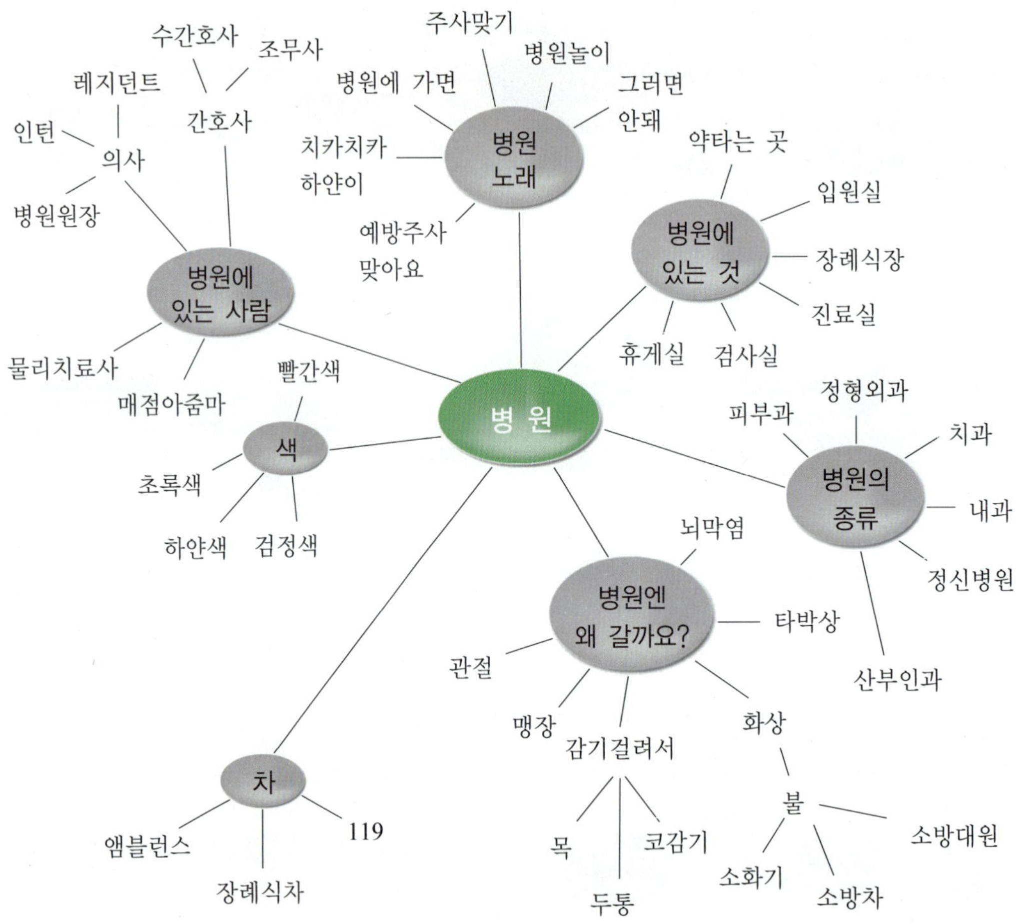

자료출처: 유아교육기관 교사를 위한 프로젝트 접근법의 이론과 실제. 전남련 지음. 양서원.

'소금' 프로젝트 주제망

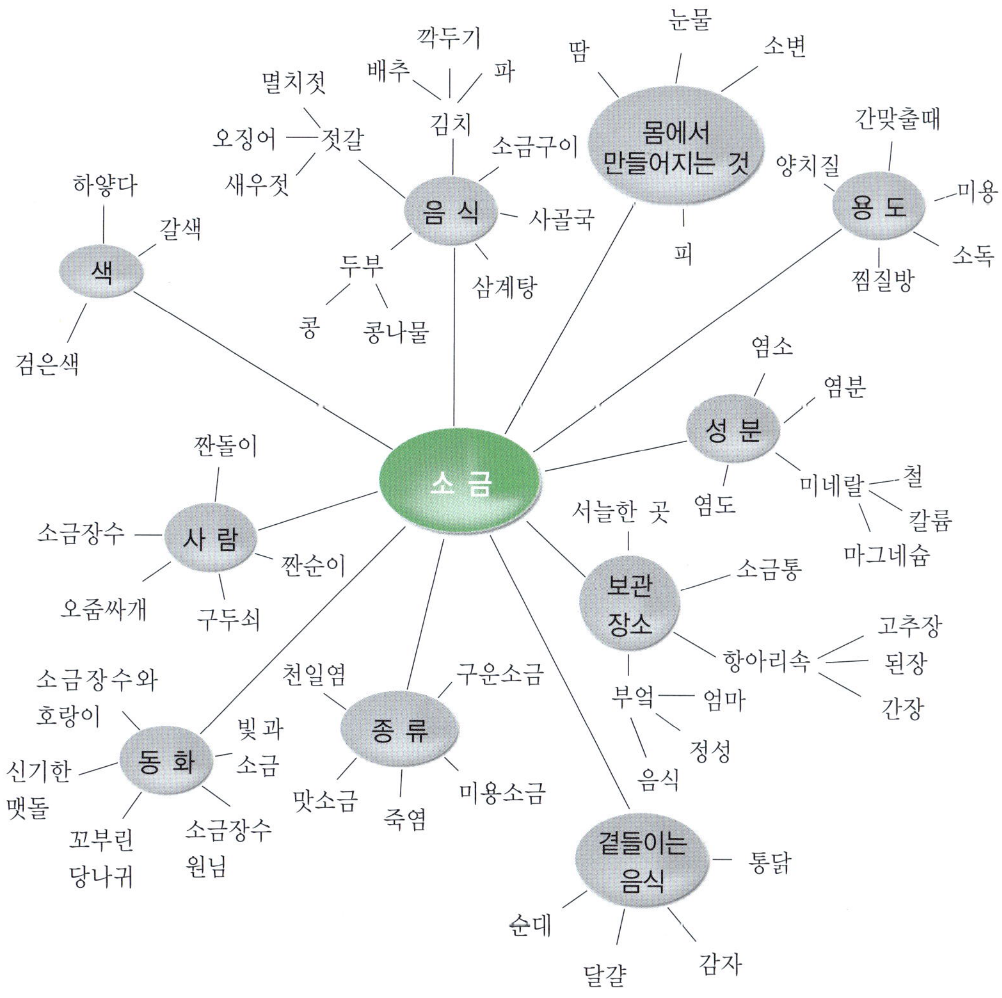

자료출처: 유아교육기관 교사를 위한 프로젝트 접근법의 이론과 실제. 전남련 지음. 양서원.

'바다' 프로젝트 주제망

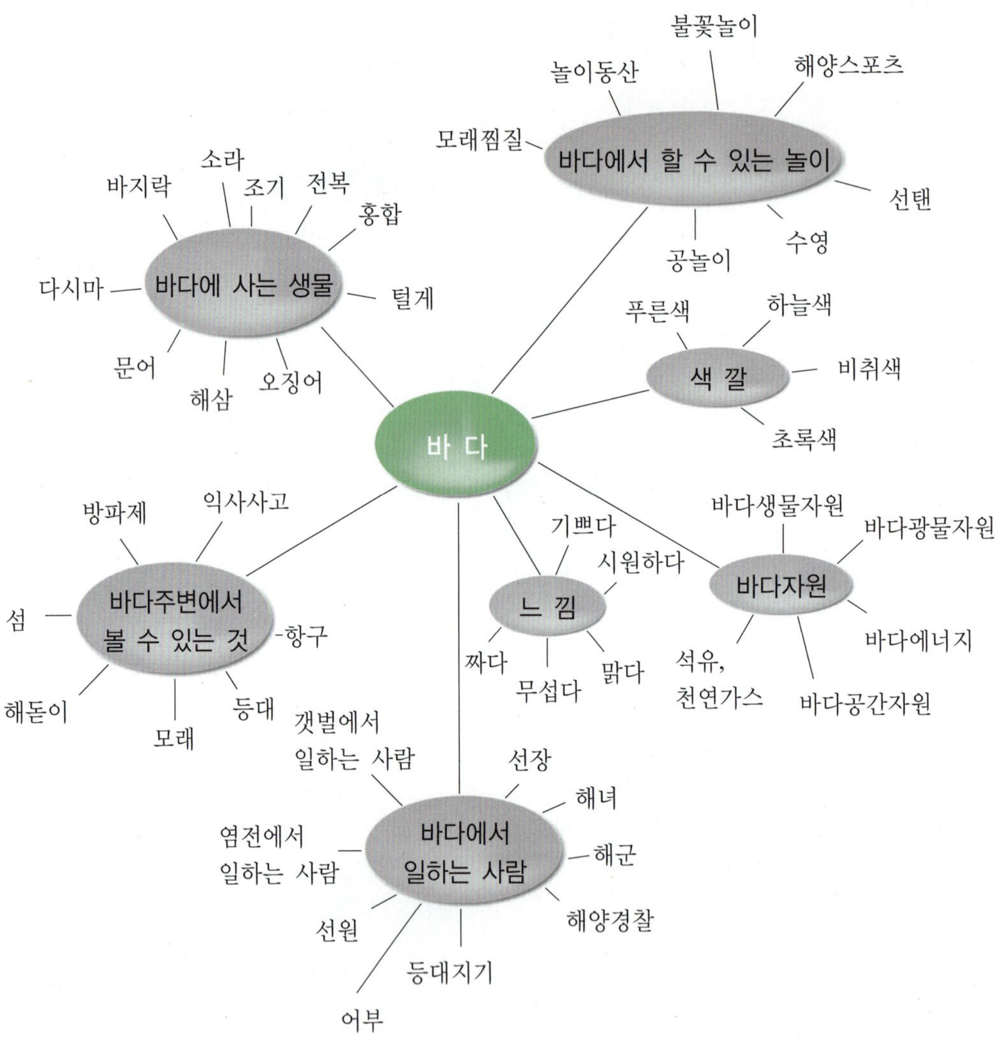

자료출처: 유아교육기관 교사를 위한 프로젝트 접근법의 이론과 실제. 전남련 지음. 양서원.

'빵' 프로젝트 주제망

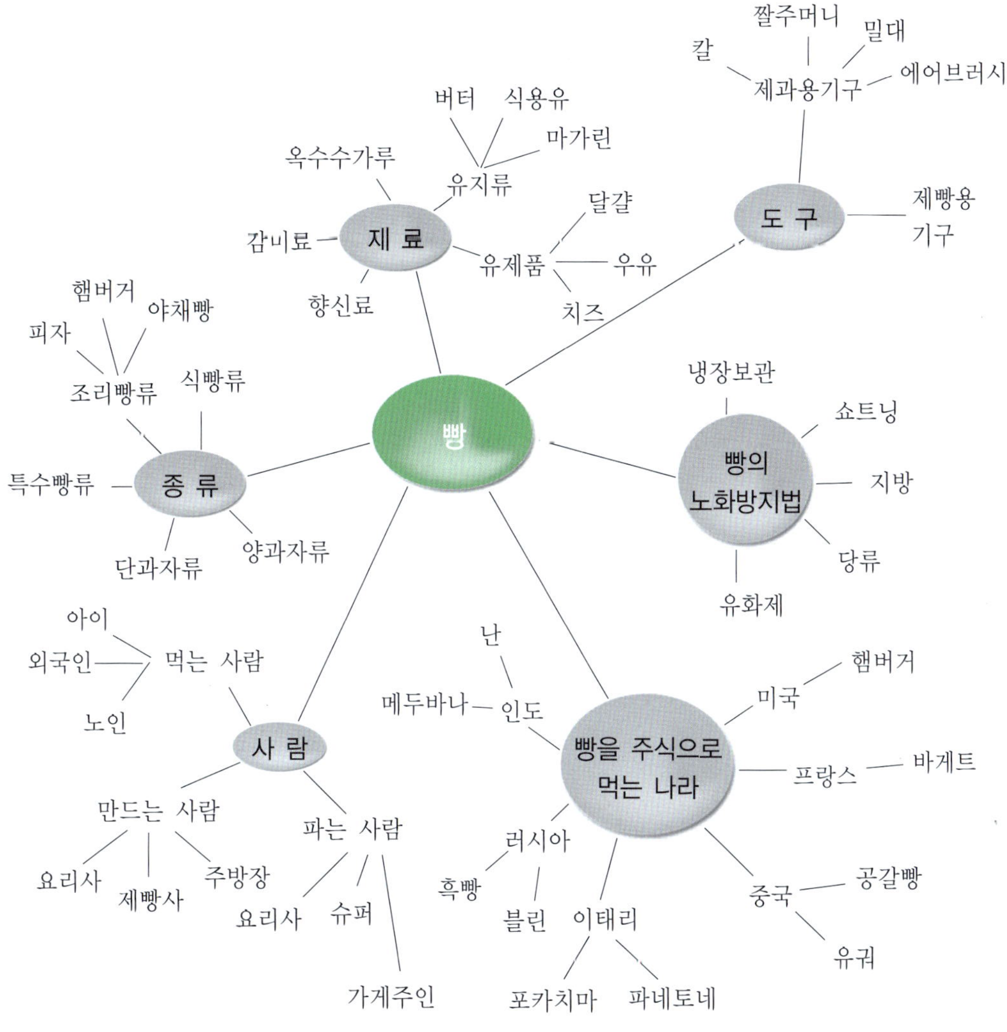

자료출처: 유아교육기관 교사를 위한 프로젝트 접근법의 이론과 실제. 전남련 지음. 양서원.

'수박' 프로젝트 주제망

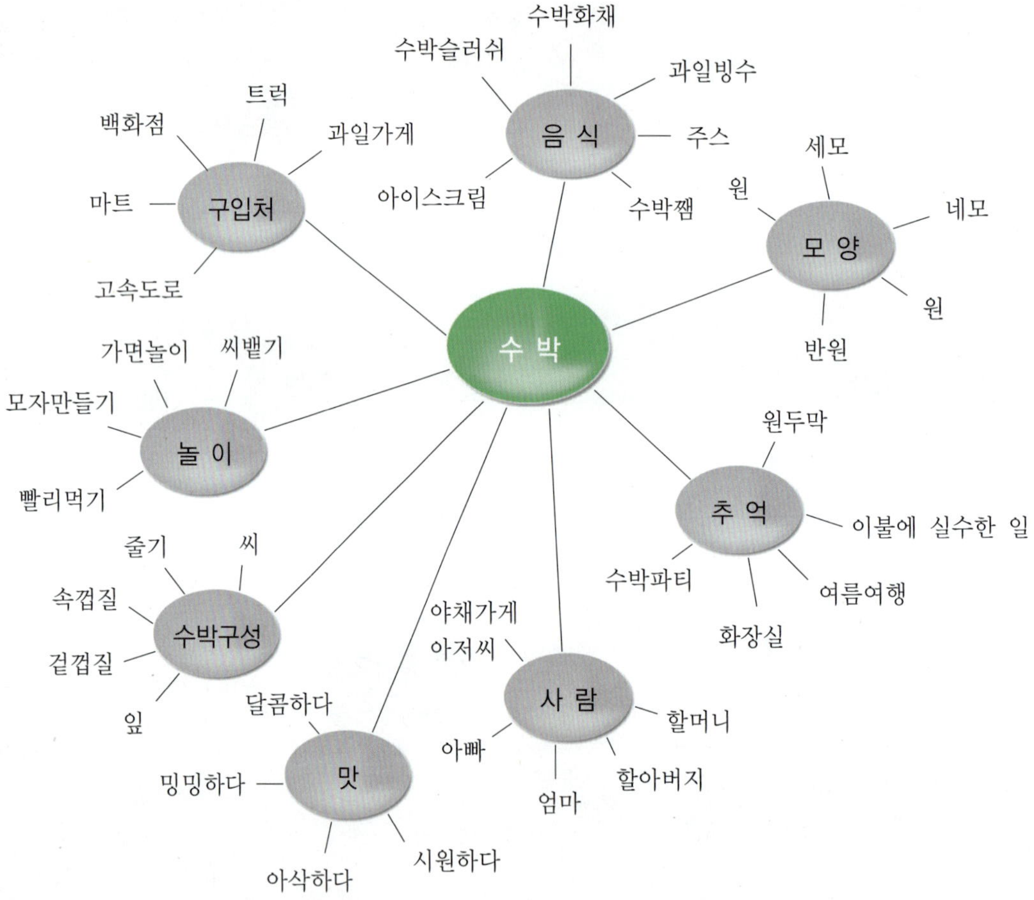

자료출처: 유아교육기관 교사를 위한 프로젝트 접근법의 이론과 실제. 전남련 지음. 양서원.

'우산' 프로젝트 주제망

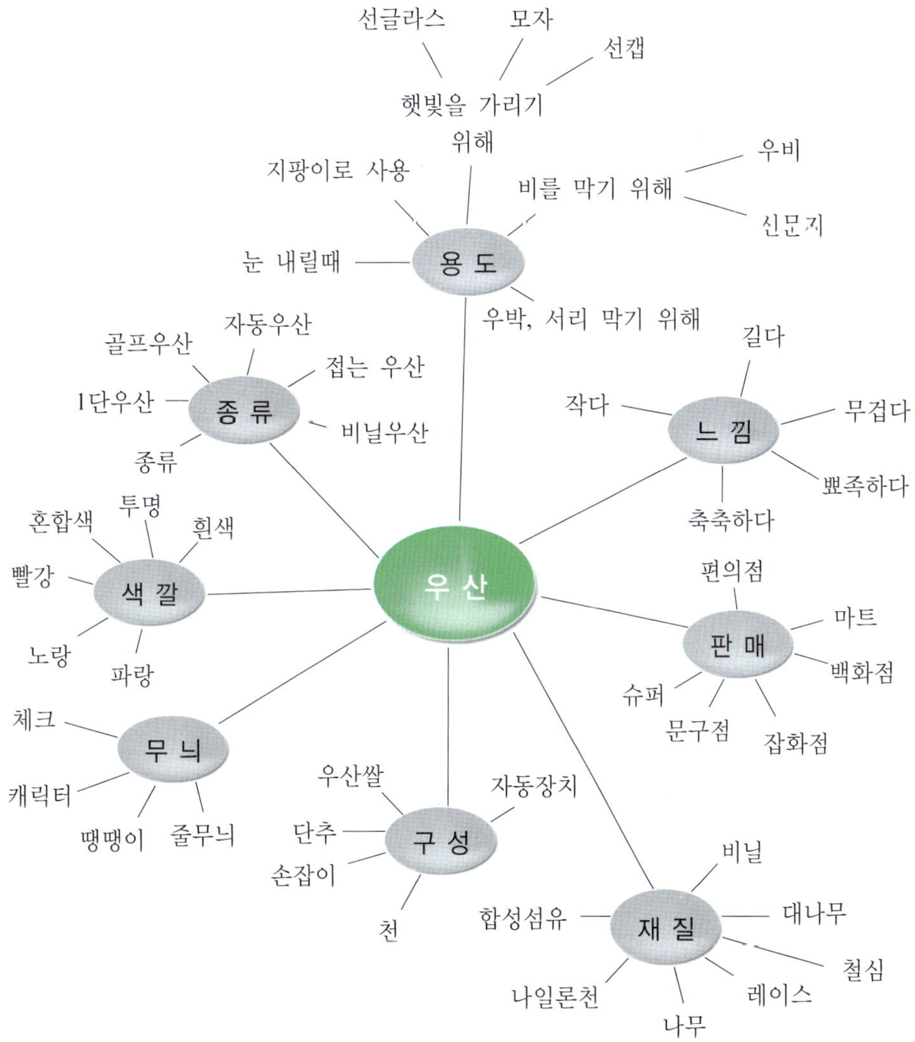

자료출처: 유아교육기관 교사를 위한 프로젝트 접근법의 이론과 실제. 전남련 지음. 양서원.

'신문' 프로젝트 주제망

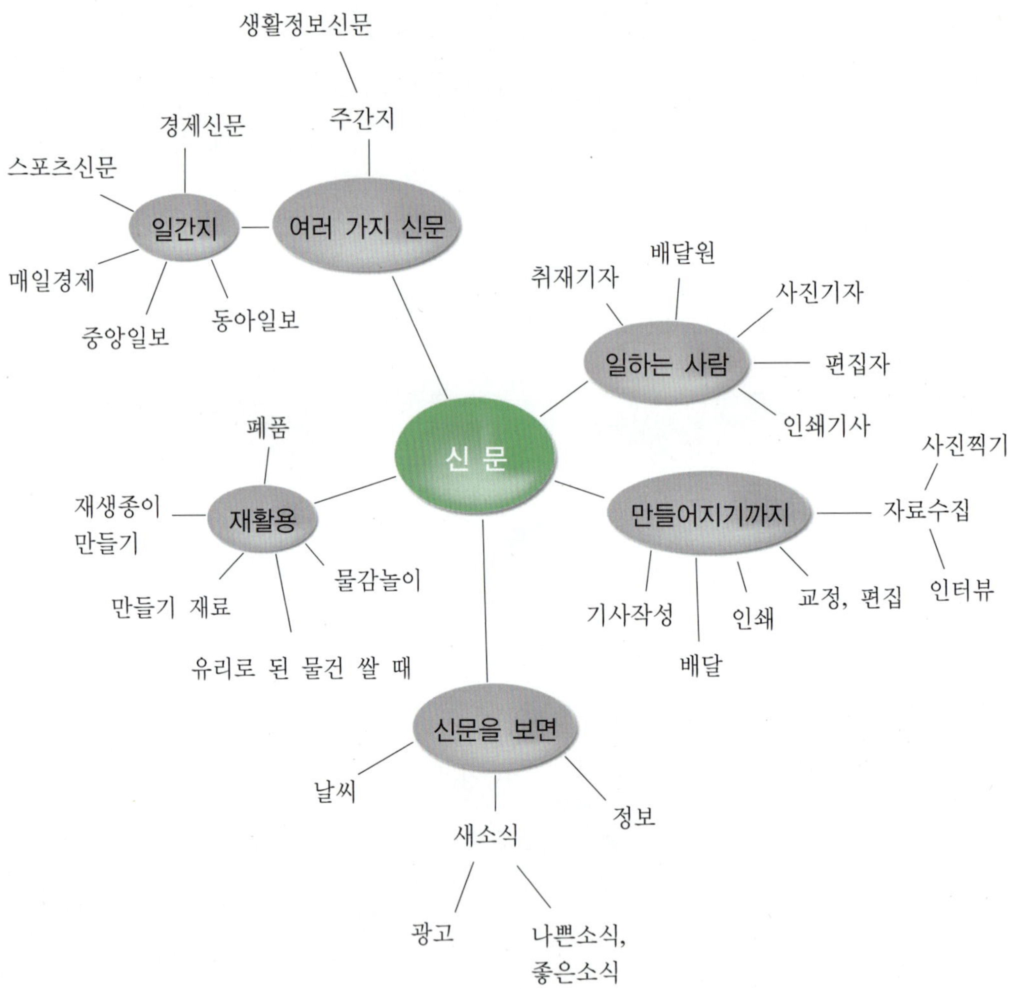

자료출처: 유아교수 · 학습방법. 이희경 저. 동문사.

'소리' 프로젝트 주제망

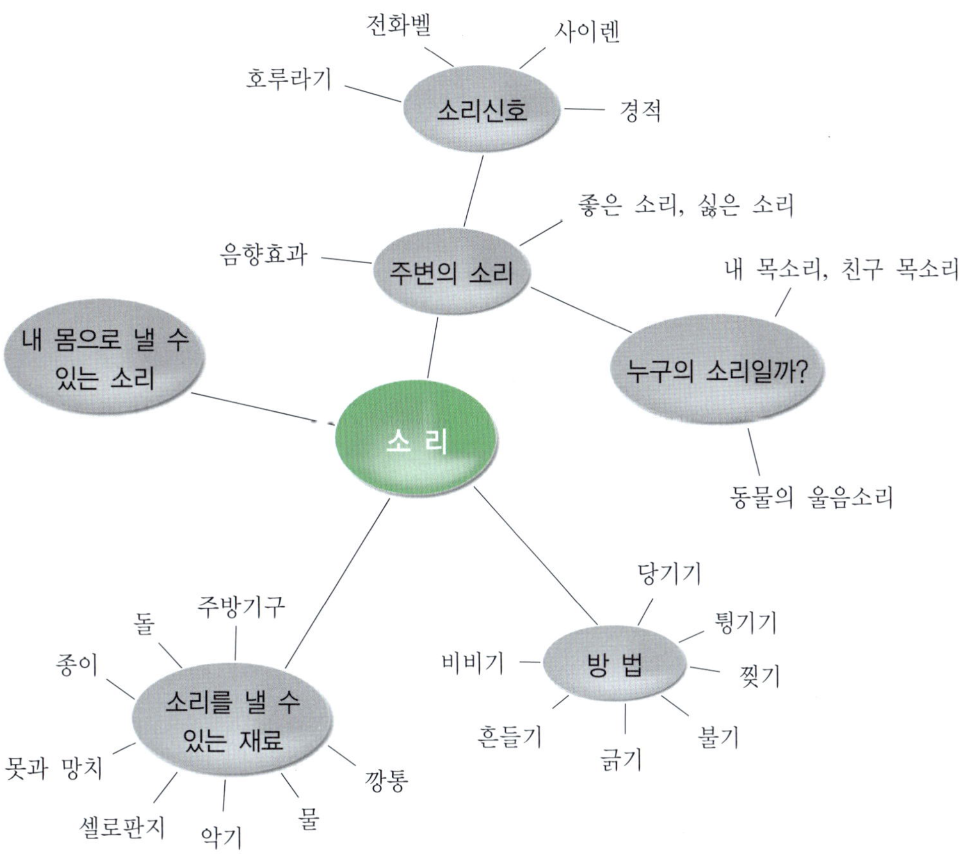

자료출처: 유아교수 · 학습방법. 이희경 저. 동문사.

'책' 프로젝트 주제망

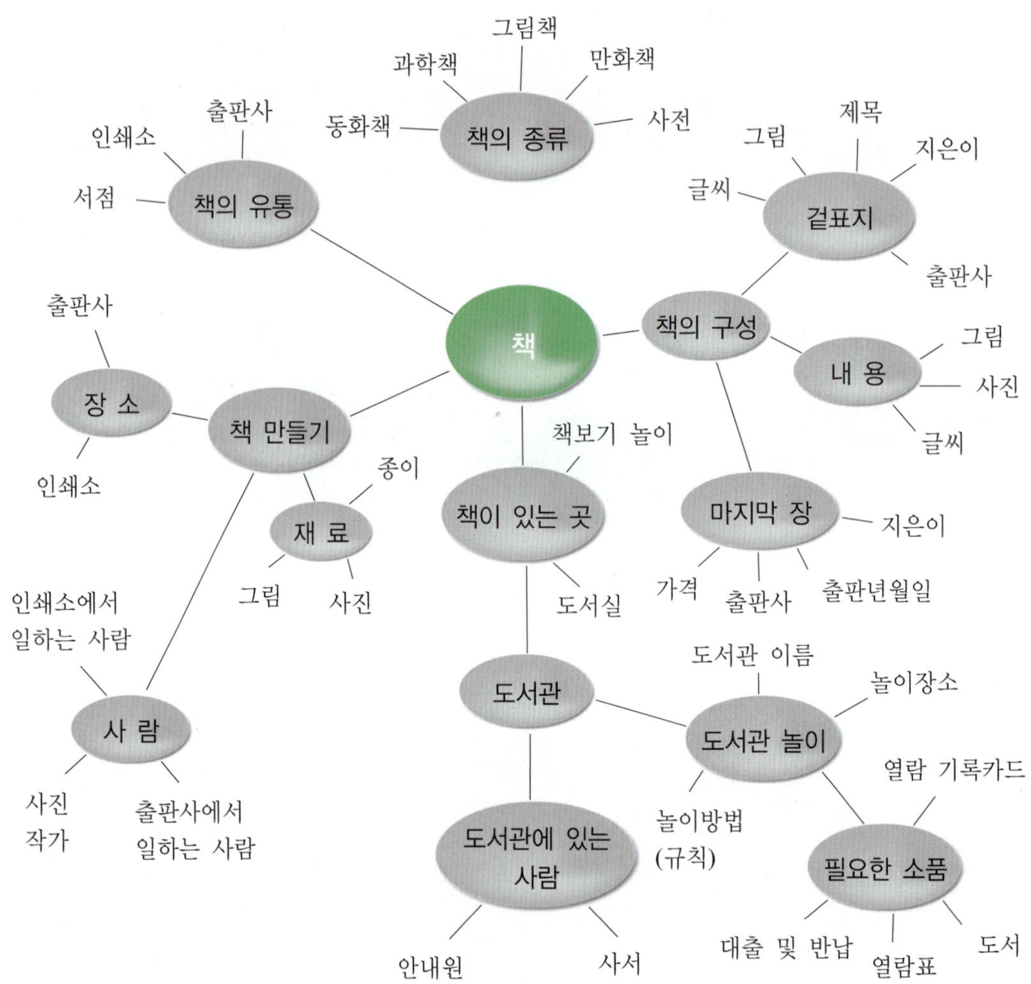

자료출처: 유아교수 · 학습방법. 이희경 저. 동문사.

'산' 프로젝트 주제망

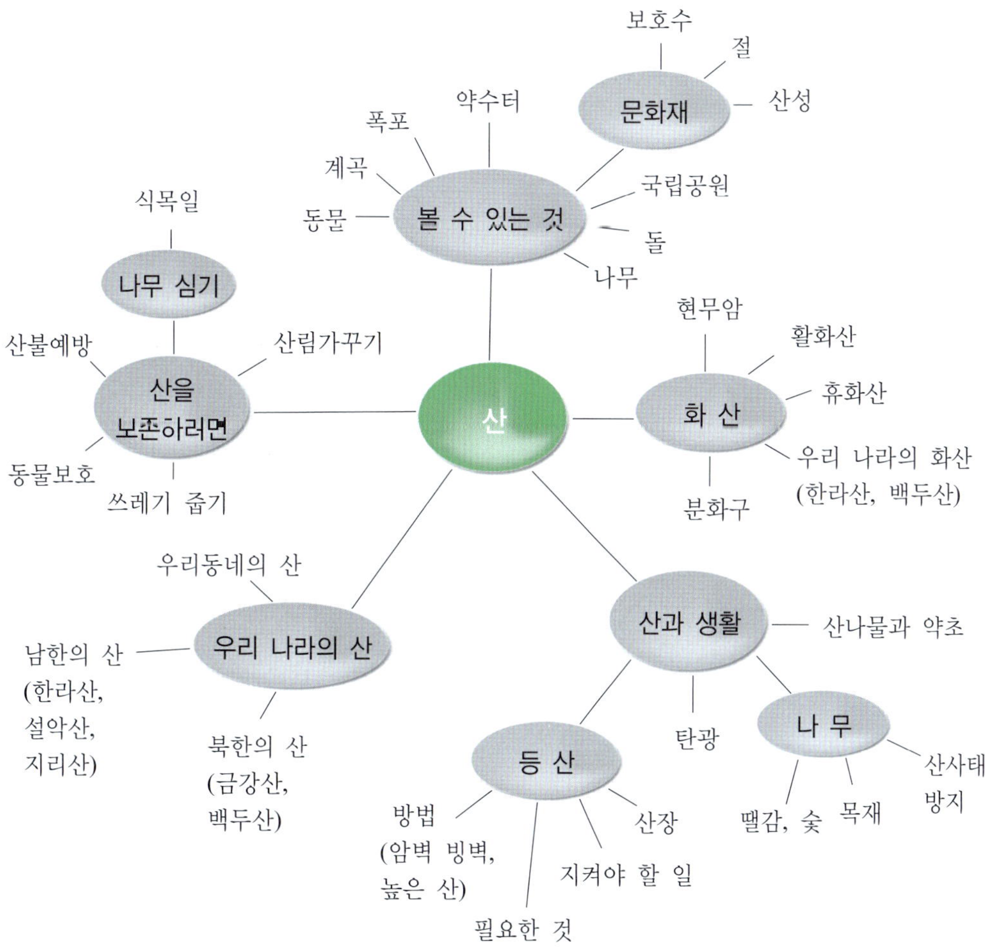

자료출처: 유아교수 · 학습방법. 이희경 저. 동문사.

'우체국' 프로젝트 주제망

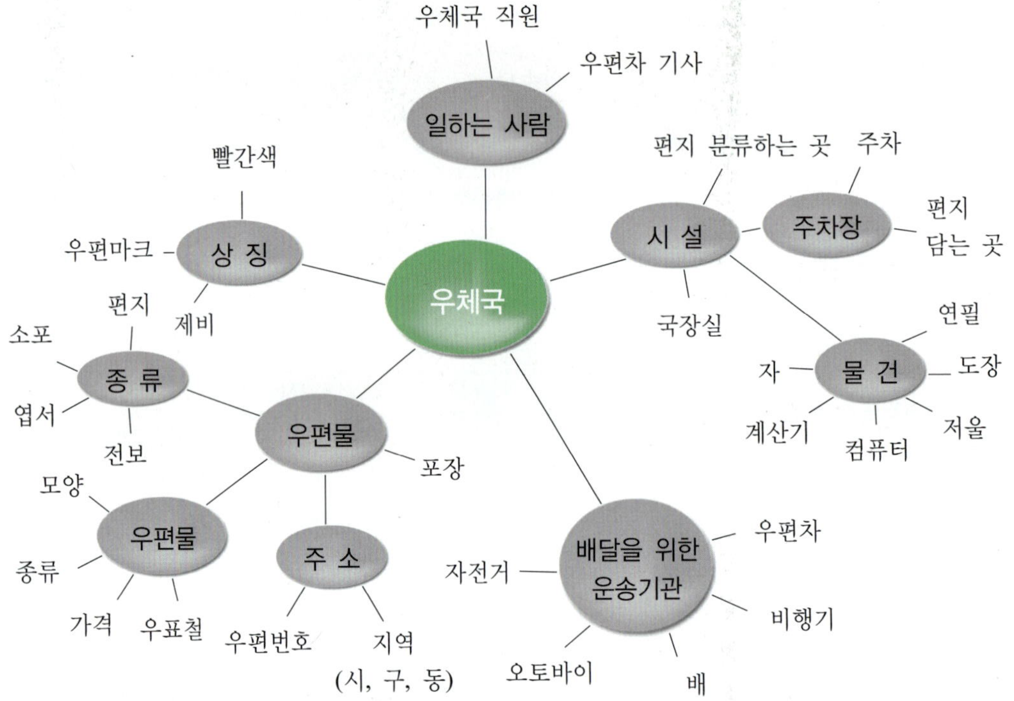

자료출처: 유아교수 · 학습방법. 이희경 저. 동문사.

'주유소' 프로젝트 주제망

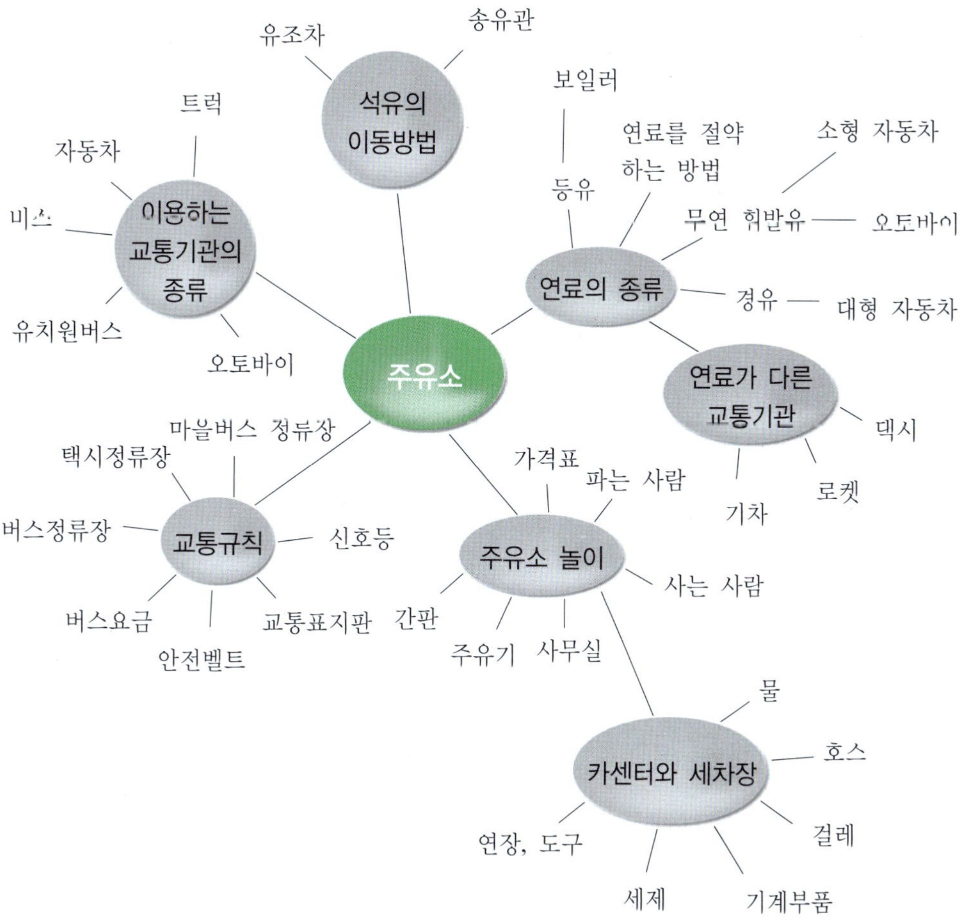

자료출처: 유아교수 · 학습방법. 이희경 저. 동문사.

'컴퓨터' 프로젝트 주제망

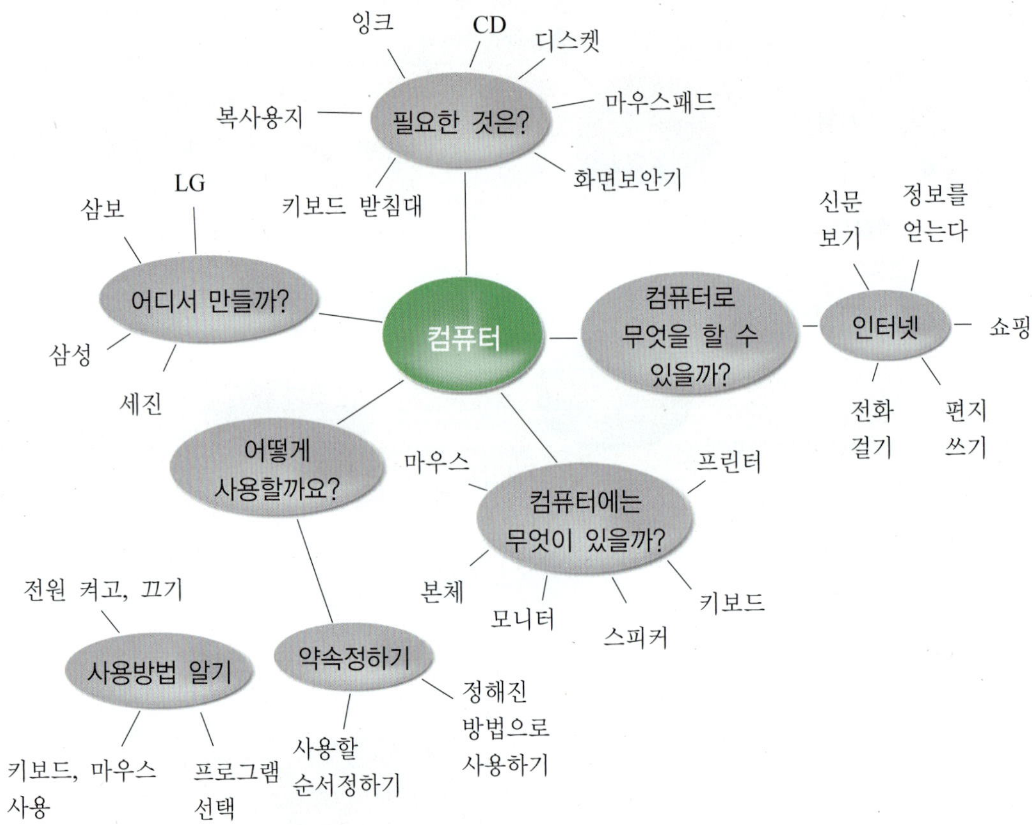

자료출처: 유아와 함께하는 프로젝트 접근방법의 이론과 실제. 하순련 · 오영희 저. 양서원.

'아버지' 프로젝트 주제망

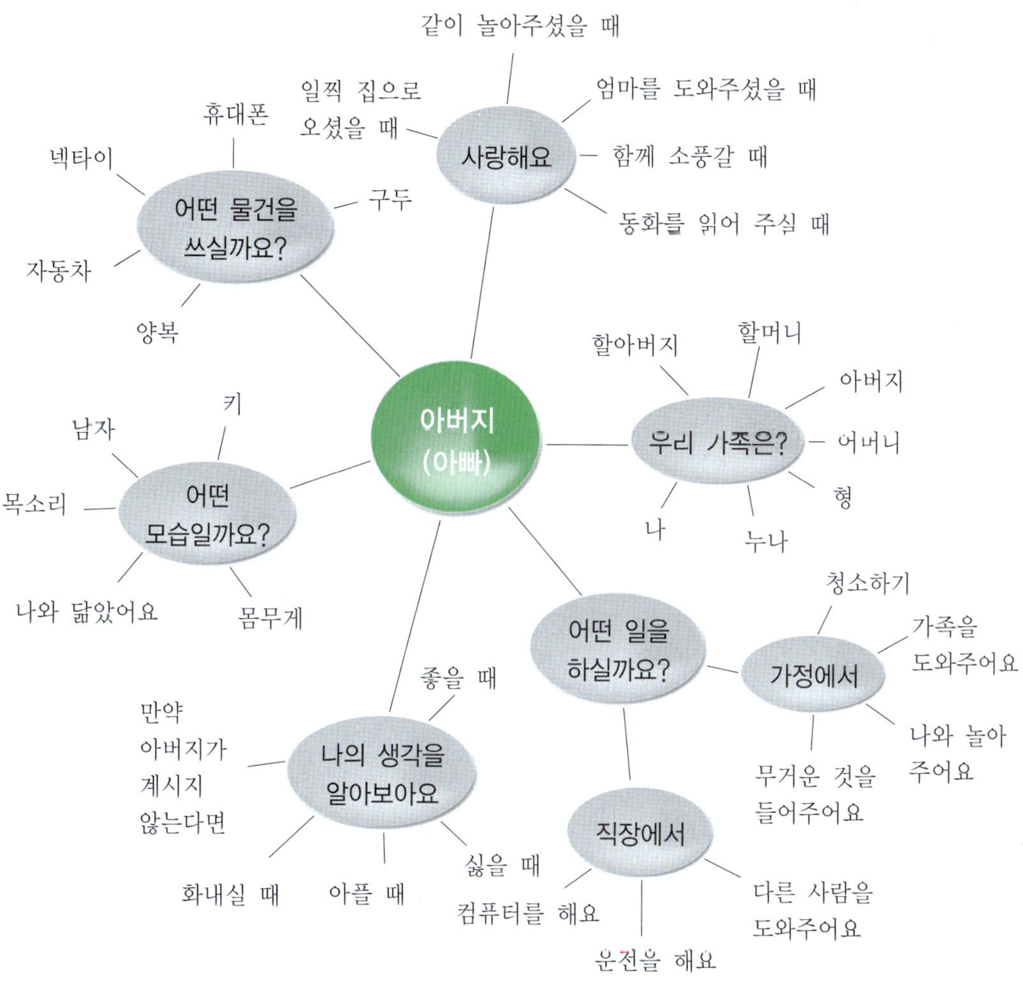

자료출처: 유아와 함께하는 프로젝트 접근방법의 이론과 실제. 하순련 · 오영희 저. 양서원.

'딸기' 프로젝트 주제망

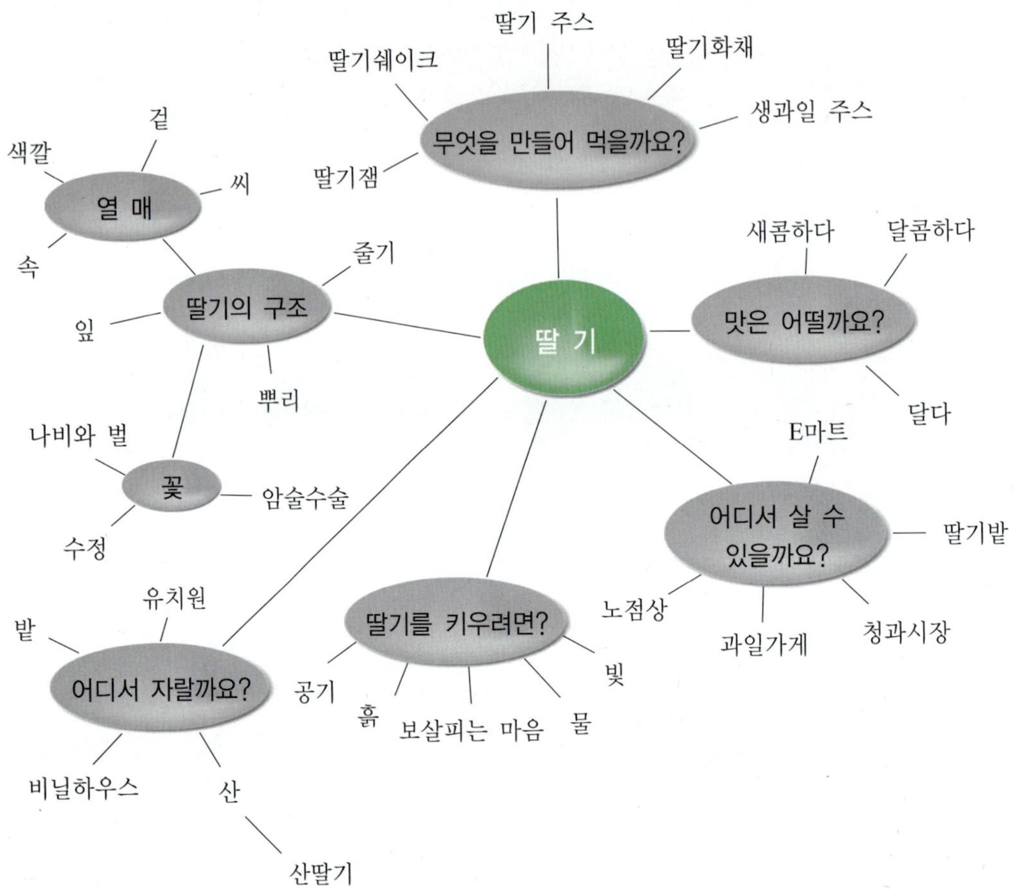

자료출처: 유아와 함께하는 프로젝트 접근방법의 이론과 실제. 하순련 · 오영희 저. 양서원.

참고문헌

김성숙(2000). 협동적 문제해결활동이 유아의 창의성에 미치는 효과. 중앙대학교 석사학위청구논문.

김혜민(2004). 유아교육에 있어서 레지오 에밀리아 접근법과 프로젝트 접근법 비교 연구. 숙명여자대학교 석사학위청구논문.

민성혜, 이화영(2003). **이해하기 쉬운 프로젝트 교사 지침서**. 창지사.

선지은(2005). 미적요소에 기초한 협동미술작업이 유아의 창의성, 사회성에 미치는 영향. 원광대학교 석사학위청구논문.

송응식(2004). 유아의 협동학습 모형의 탐색에 관한 연구. **제주관광대학 논문집, 제10집,** 111-128.

안소영(1998). 프로젝트 접근법이 유아의 상호작용에 미치는 효과. 숙명여자대학교 대학원 석사학위논문.

윤기옥, 정문성, 최영환, 강문봉, 노석구(2002). **수업모형의 이론과 실제**. 학문출판.

이기숙, 김정원, 이현숙, 전선옥(2008). **영유아교육과정**. 서울: 공동체.

이명조(2005). **영유아 발달과 교육**. 양서원.

이명조, 김소아(2009). **교육심리학**. 교문사.

이명조, 배미희(2007). **유아교육현장에서 쉽게 적용할 수 있는 프로젝트접근법**. 동문사.

이수련(2008). 유아를 위한 협동학습 모형 개발 및 적용 효과. 성균관대학교 대학원 박사학위청구논문.

정선영(2004). 프로젝트 접근법이 유아의 사회·정서 및 언어 발달에 미치는 영향, 원대학교 교육대학원 석사학위 논문.

지옥정(2005). **프로젝트 학습 공동체를 통한 프로젝트 접근법의 유아교육현장 적용.** 창지사.

지옥정(2006). **유아교육현장에서의 프로젝트 접근법**. 창지사.

지옥정, 최일선(2005). 유아교육기관에서의 프로젝트 과정 중 소집단활동의 현황과 문제점. **열린유아교육연구, 10**(4), 251-276.

최형원(2001). 협동학습이 유아의 사회적 유능감에 미치는 효과. 광주대학교 산업대학원 석사학위청구논문.

하순련, 오영희(2001). 유아와 함께하는 프로젝트 접근방법의 이론과 실제. 양서원.

하은미(2001). 복합지능에 입각한 협동학습이 유아의 사회·정서 및 창의성 발달에 미치는 효과. 부산대학교 교육대학원 석사학위청구논문.

Arterberry, M. E., Cain, K. M., & Chopko, S. A.(2007). Collaborative problem solving in five-year-old children: Evidence of social facilitation and social loafing. *Educational Psychology, 27*(5), 577-596.

Berger, K. S.(2004). *Development through the lifespan*. NY.: Worth.

Bergstrom, J. M., & O''Brien, L. A.(2001). Themes of discovery. *Educational Leadership, 58*(7), 29-33.

Blank, M.(1985). Classroom discourse: The neglected topic of the topic. In M. M. Clark(Ed.), *Helping communication in early education*(pp 13-20). Education Review Occasional Publication No. 11. Birmingham, England: University of Birmingham.

Bruner, J. S.(1966). *Toward a theory of instruction*. NY: Norton.

Cadwell, L. B. & Fyfe, B. V.(1997). Conversation with children, In J. Hendrick(Ed.), *First Steps toward the Reggio Way*(pp. 84-100). NJ.: Prentice Hall.

Chard, S. C.(1992). **프로젝트 접근법: 교사를 위한 실행지침서**[*The project approach: A practical guide for teachers.*](지옥정 역, pp. 1-91). 창지사.

__________(1994). **프로젝트 접근법: 교사를 위한 실행지침서**[*The project approach: A second practical guide for teachers.*](지옥정 역, pp. 94-197). 창지사.

Cohen, E. G.(1994). *Designing group work: Strategies for the heterogeneous classroom*(2nd ed.). NY: Teachers College Press.

Collins, A., Brown, J. S., & Newman, S. E.(1989). Cognitive apprenticeship: Teaching the crafts of reading, writing, and mathematics, In L., B. Resnick(Ed.), *Knowing, learning, and instruction: Essays in honor of Robert Glaser*(pp. 453-494). Hillsdale, NJ: Lawrence Erlbaum.

Collings, E.(1923). *An experiment with a project curriculum*. NY: Teachers College Press.

Damon, W.(1984). Peer Education: The untapped potential. *Journal of Applied Developmental Psychology, 5,* 331-343.

Deci, E. L., & Ryan, R. M.(1982). Curiosity and self-directed learning. In L. G. Katz(Ed.), *Current topics in early childhood education*(Vol 4, pp. 71-86). Norwood, NJ: Ablex.

Dewey, J.(1938). *Experience and education*. NY: Macmillian.

Dewey, J.(2007). **민주주의와 교육**[*Democracy and education*].(이홍우 역, 개정증보판). 교육과학사.

Dweck, C. S.(1986). Motivational processes affecting learning. *American Psychologist, 41*(10), 1040-1048.

____________(1991). Self-theories and goals: Their role in motivation, personality, and development. In R. A. Dienstbier(Ed.), *Perspectives on motivation*(pp. 199-236). Lincoln, NE: University of Nebraska Press.

Forman, G.(1993). The constructivist perspective to early childhood education, In J. L. Roopnarine & J. E. Johnson, *Approaches to Early Childhood Education*(2nd)(pp. 137-155). NY : Macmillan.

Gardner, H.(1993). **다중지능의 이론과 실제**[*Frames of mind: the theory of multiple intelligences*].(김명희, 이경희역). 양서원.

Greeno, J. G., Collins, A. M., & Resnick, L. R.(1996). Cognition and learning. In D.C. Berliner & R. C. Calfe(Eds.), *Handbook of educational psychology*(pp. 15-46). NY: Macmillan.

Harpaz, Y., & Lefstein, A.(2000). Communities of thinking. *Educational Leadership, 58*(3), 54-57.

Johnson, D. W., & Johnson, R. T.(1999). *Learning together and alone: Cooperation, competition, and individualization*(5th ed.). Boston: Allyn & Bacon.

Johnson, D. W., Johnson, R.. Dudley, B., Ward, M., & Magnuson, D.(1995). Impact of peer meditation training on the management of school and home conflicts. *American Educational Research Journal, 32*, 829-844.

Jolliffe, W.(2007). *Cooperative learning in the classroom: Putting it into practice.* London: Paul Chapman Publishing.

Kagan, S.(1992). *Cooperative learning resources for teachers.* San Juan Capistrano, C.A.: Resources for Teachers.

Katz & McClellan,(1997). *Fostering children's social competence: The teachers' role.* Washington, DC: National Association for the Education of Young Children.

Katz, L. G.(1995). *Talks with teachers of young children: A collection.* Norwood, NJ: Ablex.

Katz, L. G., & Chard, S. C.(1989). *Engaging children's mind: The project approach.* NY: Stanford: Ablex.

Katz, L. G., & Chard, S. C.(2000). *Engaging children's mind: The project approach*(2nd ed.). Stanford: Ablex.

King, A.(2002). Structuring peer interaction to promote high-level cognitive processing. *Theory in Practice, 41*(1), 34-35.

Marcon, R. A.(1995, May). Fourth-grade slump: The cause and cure. *Principal,* 17-20.

Mathes, P. G., Torgeson, J. K., & Allor, J. H.(2001). The effects of peer-assisted literacy strategies for first-grade readers with and without additional computer-assisted instruction in phonological awareness. *American Educational Research Journal, 38*(2), 371-410.

McCullers, J. C., Fabes, R. A., & Moran, J. D.(1987). Does intrinsic motivation theory explain the adverse effects of rewards on immediate task performance? *Journal of Personality and Social Psychology, 52*(5), 1027-1033.

Needles, M., & Knapp, M.(1994). Teaching writing to children who are undeserved. *Journal of Educational Psychology, 86,* 339-349.

Palincsar, A. S.(1998). Social constructivist perspectives on teaching and learning. In J. T. Spence, J. M. Darley, & D. J. Foss(Eds.), *Annual Review of Psychology*(pp. 345-375). Palo Alto, CA: Annual Reviews.

Paris, S. G., & Paris, A. H.(2001). Classroom applications of research on self-regulated learning. *Educational Psychologist, 36*(2), 89-101.

Parker, J., & Asher, S.(1987). Peer relations and later personal adjustment: Are low-accepted children at risk? *Psychological Bulletin, 102*(3), 357-389.

Prawat, R. S.(1996). Constructivism, modern, and postmodern. *Issues in Education: Contributions from Educational Psychology, 3,* 215-226.

Rawciffe, F. W.(1927). *Practical problem project(1924-1927).* Chicago: F. E. Compton & Company.

Rekrut, M. D.(1992, April). Teaching to learn: Cross-age tutoring to enhance strategy acquisition. Paper presented at the annual meeting of the American Educational Research Association, San Francisco.

Resnick. L. B.(1987). Learning in school and out. *Educational Researcher, 16*(9), 13-20.

Salomon, G., & Perkins, D. N.(1998). Individual and social aspects of learning. In P. D. Pearson & A. Iran-Nejad(Eds.), *Review of research in education*(pp. 1-24). Washington, DC: American Educational Research Association.

Skinner, E. A., Zimmer-Cembeck, M. J., & Connell, J. P.(1998). Individual differences and the development of perceived control. *Monographs of the Society for Research in Child Development, 63*(2-3, Serial No. 254).

Slavin, R. E.(2004). **교육심리학-이론과 실제**[*Educational psychology*(7th ed.)](강갑원, 김정희, 김종백, 박희순, 이경화, 장인실 역). 시그마프레스.

Slavin, R. E.(2006). *Educational psychology: Theory and practice*(8th ed.). Boston: Allyn and Bacon.

Spiro, R. J., Feltovich, P. J., Jacobson, M. L., & Coulson, R. L.(1991). Cognitive flexibility, constructivism, and hypertext: Random access instruction for advanced knowledge acquisition in ill-structured domains. *Educational Technology, 31*(5), 24-33.

Stewart, J.(1986). *The making of the primary school*. Milton Keynes: Open University Press.

Tanner, D. & Tanner, L. N.(1980). *Curriculum Development*. NY: Macmillan.

Waxman, H., Padrón, Y., & Arnold, K.(2001). Effective instructional practices for students placed at risk of academic failure. In G. Borman, S. Stringfield, & R. Slavin(Eds.), *Title I: Compensatory education at the crossroads*. Mahwah, NJ: Erlbaum.

Woolfolk, A. E.(2007). **교육심리학**[*Educational Psychology*(10th ed.)](김아영, 백화정, 정명숙 역). 박학사.

Yelland, N. J.(1995). Encouraging young children's thinking skills with Logo. *Childhood Education, 71*(3), 152-155.

Young, S.(2008). Collaboration between 3- and 4- year-olds in self-initiated play on instruments. *International Journal of Educational Research, 47*(1), 3-10.

Zimmerman, B. J.(2002). Becoming a self-regulated learner: An overview. *Theory into Practice, 41*, 64-70.

찾아보기

LT 모형…66

가상적 표상활동…75
감각등록기…23
강의법…62
개념도…24
개별 책임감…65
개별적인 목표 구조…41
개요…25
개인이해지능…27
격려…22
경쟁적인 목표 구조…41
계획하기…25
공간지능…27
공동학습자…57
관례적 표상활동…75
교사주도…77
교수적 대화…63
구어적 표상활동…75
궁금이 상자…95
근접발달영역…18, 19
긍정적 상호 의존…65
기능의 습득…33, 34
기록 작업…47

나선형 교육과정…21
내면화…21
논리-수학지능…27
눈 맞춤…24
느낌의 발달…33

다상징적 매체…47
다상징적 표상물…45
다이어그램…24
다중지능이론…27
단기 · 작동기억…23
단기기억…24
단기저장…23
단서…22
대면적 상호작용…65
대본지식…33
대인관계지능…27
동작적 표상활동…75
또래교수…63, 64

레지오…43
레지오 에밀리아…43
레지오 접근법…43

마법의 중간지대…19
망각…23
매개체…24
모둠 토의…116, 163
몰입…81
문제해결학습…62

반성적 사고…72
발견법…62
발견학습…61, 241
발현적 교육과정…45, 46
발현적 특성…72
발현적 행동…101
백 가지 언어…44, 45, 46
뱅크 스티리트 접근법…13
복합적인 학습 환경…20
부모 평가…128
부호화…23, 25
분산연습…24
브레인스토밍…62, 91
비계…19

비계설정···45

사건지식···33
사회적 성향···40
사회적 협력기술···65
사회적 협상···20, 22
상보적 질문···64, 106
상상망···83
상위인지···21, 22
상징화 주기···46, 47
상향식 수업···61
상황학습···20
생각 모으기···91
생활중심 교육과정···76
설명···22
성취도···125
성향의 계발···33, 35
소집단 협동 활동···103
수업···77
수행목적···39
스펙트럼···30
시각적 단서···24
시각적 표상활동···75
시범···22
시연···23, 24
신체-운동지능···27
실마리···22
실존지능···28

아뜰리에···50
아뜰리에리스타···49
암시···22
언어···44
언어지능···27
연습과···36
예상 주제망···83
예증···22
음악지능···27
이중부호화 학습전략···25
인지적 도제···59
인지전략···23
인출···23, 25
일상생활경험···16

자기 평가···58
자기주도학습···66
자발적인 놀이···57
자연탐구지능···28
자유학교운동···12
장기기억···23, 24
재창조 작업···120, 123
전시 활동···70
전이···26
전체 토의···116
점검하기···25
정교화···24
정보저장소···23
정보처리단계···23
정보처리이론···22
조사 활동···70
조언···22
조절하기···26
조직화···23
주 단위 평가···126
주의집중···22, 23, 24
주제망 구성···92
주제선정···80
준비도···42
중심개념···170
지식···33
지식의 획득···33
지적 성향···36
질문···22
질문 종이···96

질문거리…151
질문게시판…95
질문꽂이 봉투…96
질문상자…95
집중연습…24

참 과제…20, 22, 62
청각적 단서…24
체계적 교수…57
초인지…25
초인지적 사고…106
총체적 어린이…45

토론…22
토의활동…68
통합발달 목적 성취도…125, 272
통합적 발달…42
투명성의 원리…50

페다고지스타…49
평가…80
포트폴리오…273
포트폴리오 파일…129
표상지식…33
표상활동…46, 102, 241
표준보육과정…74
표현 활동…69
프로젝트 단계별 평가…127
프로젝트 수행능력…272
프로젝트 스펙트럼…29
프로젝트 접근법…13
프로젝트 종료 후 평가…127
프로젝트 지원체제 평가 …128
프로젝트 지향 교육…44
프로젝트 지향 교육과정…43
프로젝트 파일…130, 166
프로젝트법…12, 13
피드백…37
피아자…50

하향식 수업…61
학문중심 교육과정…12
학습목적…39
행동지식…33
현장 활동…69
협동적인 목표 구조…41
협동학습…64
협동학습의 요소…105
협상전략…106
형태주의 심리학…22
혼합여령…46
활동 평가…126
흥미…37

저 자
인 지

영유아 프로젝트 수업

초판 1쇄 발행 / 2010년 8월 30일
초판 3쇄 발행 / 2018년 2월 20일

저 자 / 이 명 조
발행인 / 이 중 수
발행처 / **동 문 사**

서울특별시 서대문구 홍제원 1길 12
(홍제동 137-8)
Tel : 02)736-3718(대), 736-3710, 3720
Fax : 02)736-3719
등록번호 : 제9-17호
가격 : 18,000원

ISBN : 978-89-8251-443-2(93370)
E-mail : dong736@naver.com
www.dongmunsa.com